本书获得以下项目资助：

◆ 国家自然科学基金项目"全域土地综合整治助推乡村振兴
（项目编号：72373153）、"乡村振兴战略实施中政府与市场的关系及其协调研究"（项目编号：71933004）、"乡村地域贫困类型及其分异机制研究"（项目编号：41871183）

◆ 中国人民大学科学研究基金项目"农村土地整治的社会经济和生态效应研究"（项目编号：22XNA022）

周扬

著

中国乡村发展与乡村振兴

Rural Development and Rural Revitalization in China

经济管理出版社

ECONOMY & MANAGEMENT PUBLISHING HOUSE

图书在版编目（CIP）数据

中国乡村发展与乡村振兴/周扬著. —北京：经济管理出版社，2024.4
ISBN 978-7-5096-9684-2

Ⅰ.①中⋯　Ⅱ.①周⋯　Ⅲ.①农村—社会主义建设—研究—中国　Ⅳ.①F320.3

中国国家版本馆 CIP 数据核字（2024）第 090907 号

组稿编辑：杨　雪
责任编辑：杨　雪
助理编辑：付姝怡
责任印制：许　艳
责任校对：王淑卿

出版发行：经济管理出版社
　　　　　（北京市海淀区北蜂窝 8 号中雅大厦 A 座 11 层　100038）
网　　　址：www. E-mp. com. cn
电　　　话：（010）51915602
印　　　刷：北京晨旭印刷厂
经　　　销：新华书店
开　　　本：720mm×1000mm/16
印　　　张：13.25
字　　　数：245 千字
版　　　次：2024 年 4 月第 1 版　　2024 年 4 月第 1 次印刷
书　　　号：ISBN 978-7-5096-9684-2
定　　　价：98.00 元

前　言

　　可持续发展作为满足当代人需求而不损害后代人满足其需求能力的一种发展模式，其重要性日益凸显。乡村不仅是农业生产和生态维系的基础，而且在保障粮食安全、文化传承及可持续发展中扮演着至关重要的角色。乡村可持续发展是指在保障乡村生态环境质量和自然资源合理利用的前提下，通过科学技术和制度创新，推动乡村经济、社会、文化和生态四个维度的和谐发展，实现乡村地区长期稳定、全面进步的发展模式。乡村可持续发展对区域可持续发展的重要性体现在多个层面：首先，从生态角度看，乡村地区作为自然资源和生物多样性的重要承载地，乡村可持续发展对维护生态平衡、实现生态系统服务的可持续性具有基础性作用。其次，在经济层面，乡村可持续发展通过优化产业结构、提升农业现代化水平，为区域经济增长提供新的动能，也有助于缓解城乡发展不平衡的问题。再次，从社会维度考量，乡村可持续发展有助于促进社会公平与包容，通过改善乡村基础设施和公共服务，提高农村居民的生活质量和幸福感，推动社会稳定与和谐。最后，乡村可持续发展还关乎乡村传统优秀文化的传承与创新，通过保护和活化传统文化、促进文化多样性，不仅能丰富区域文化内涵，也有助于增强民族文化自信。此外，乡村可持续发展不仅是实现区域均衡发展、促进生态文明建设的重要途径，更是构建人与自然和谐共生的现代化建设必由之路。习近平总书记强调"民族要复兴，乡村必振兴"。没有乡村的振兴，就没有中华民族的伟大复兴。在全面建成小康社会和全面建成社会主义现代化强国两大百年奋斗目标的指引下，我国实施了精准扶贫、乡村振兴、可持续发展等国家重大战略，旨在实现农业农村现代化，最终实现共同富裕。其中，通过实施精准扶贫战略，中国政府已成功使数千万农村贫困人口摆脱了绝对贫困，实现了 2020 年底前消除绝对贫困和解决区域性整体贫困的宏伟目标，成为实现第一个百年奋斗目标的关键里程碑。

新时代，中国社会的主要矛盾已经转变为人民日益增长的美好生活需要与不平衡不充分发展之间的矛盾，其中城乡发展不平衡和农村发展不充分问题最为突出。为解决这一矛盾，中共中央审时度势，在党的十九大报告中提出实施乡村振兴战略。该战略的总方针是坚持农业农村优先发展，总目标为农业农村现代化，总要求涵盖产业兴旺、生态宜居、乡风文明、治理有效、生活富裕等方面。从脱贫攻坚迈向乡村振兴，不仅是工作重心的转移，还是相关发展目标、战略任务、工作机制的系统性继承与创新发展。脱贫攻坚聚焦于解决农村绝对贫困问题，而乡村振兴则更广泛地关注整个农村地区的全面发展，包括经济多元化、社会建设、文化保护、环境改善等方面，致力于缓解相对贫困，缩小收入差距，实现共同富裕。

乡村振兴与乡村可持续发展相互依存、相辅相成。某种意义上，乡村振兴可以视为乡村可持续发展的外在表现，而乡村可持续发展则是实现乡村振兴的前提和基础。乡村可持续发展要求在发展农业生产、改善农民生活的同时，注重生态环境保护和文化传承，与乡村振兴战略目标相一致。乡村振兴战略的实施，为乡村可持续发展提供政策支持、技术创新和资本输入，推动乡村经济、社会、文化和生态全面发展。乡村可持续发展强调更长远、更全面、更可持续的发展目标，注重未来农村的长期繁荣；而乡村振兴则是可持续发展战略在实际行动上的体现，通过一系列政策措施和努力在特定时期内提升乡村发展水平。

本书在探讨乡村可持续发展道路的必要性、城市与乡村作为区域可持续发展的有机体以及乡村振兴与乡村可持续发展辩证关系基础上（第1章）；辨析乡村发展的基本概念，总结回顾乡村可持续发展的基础理论（第2章）；阐述中华人民共和国成立以来中国乡村发展的历程与阶段特征，总结改革开放以来中国乡村发展取得的伟大成就，明确中国乡村可持续发展面临的现实挑战（第3章）；系统分析中国乡村振兴战略的背景、科学内涵、目标要求和体制机制优势（第4章）；全面阐述推进乡村振兴战略的重要举措、主要成就与面临的挑战，以及推进乡村振兴需要处理好的十大关系（第5章）；从系统论要素—结构—功能的视角阐述实现乡村振兴的机理与实现路径，并通过典型案例总结提炼乡村振兴的经验与模式（第6章）。本书全面梳理了中华人民共和国成立以来中国乡村发展的阶段历程、主要特征、伟大成就、启示意义，系统总结了乡村振兴战略的提出背景、内涵、总体目标，推进乡村振兴战略的体制机制优势，以及中国推进乡村振兴战略的主要举措、重要成就、现实挑战，提出推进乡村振兴战略的实现路径，尝试回答为什么要实行乡村振兴（Why）、什么是乡村振兴（What）、乡村何时振兴（When）、如何推进乡村振兴（How）等关键问题，研究结果对于理解乡村发展规律、推进乡村振兴战略落地具有重要的理论价值和实践价值。

本书由周扬负责总体设计，中国人民大学农业与农村发展学院王世元、欧阳威、刘振、汪恒、黄薇、杨惠仪，文学院张瑞，公共管理学院孙政隆，劳动人事学院王静雅等参与撰写、审校。本书的完成，离不开中国人民大学农业与农村发展学院程国强教授、仇焕广教授、王祥瑞副教授、叶紫薇助理教授等老师的大力支持；书中部分理论认知得益于中国科学院地理科学与资源研究所刘彦随研究员的指导。本书撰写过程中还得到湖南师范大学贺艳华教授的大力支持和帮助。感谢河南省内黄县、安徽省无为市、湖南省浏阳市、四川省大英县、浙江省温岭市、河北省阜平县等地前期所做的土地整治工作与对乡村振兴调研工作的大力支持。本书还得到了国家自然科学基金项目"全域土地综合整治助推乡村振兴的机理、效应及优化路径研究"（项目编号：72373153）、"乡村振兴战略实施中政府与市场的关系及其协调研究"（项目编号：71933004）、"乡村地域贫困类型及其分异机制研究"（项目编号：41871183），以及中国人民大学科研基金项目"农村土地整治的社会经济和生态效应研究"（项目编号：22XNA022）的资助，在此一并表示衷心的感谢。

周　扬

2024 年 1 月 20 日于北京

目　录

1 绪论

1.1 研究意义与价值

本书的研究意义与价值主要体现在以下四个方面：

（1）乡村可持续发展是实现人与自然和谐共生的关键举措

乡村可持续发展在当今时代背景下显得尤为重要。它不仅关系到乡村地区的经济、社会和生态协同发展，更是实现全球生态文明建设和构建人类命运共同体的重要举措。深入探讨这一话题不仅具有重要的理论价值，更具有重要的现实意义。从全球视角看，乡村地区作为人类社会的活动场所，其发展状况直接影响着全球社会的可持续性。在全球化和信息化的时代背景下，乡村面临着诸多挑战，包括人口老龄化、资源环境约束日益趋紧、经济发展不平衡等。这些挑战不仅阻碍了乡村地区的发展，也对全球生态环境和社会稳定构成了严重威胁。例如，人口老龄化不仅减少了农业劳动力，也会导致农业知识和技能的流失；资源环境压力表现在水资源短缺、土地退化等问题，这不仅影响农业生产，也威胁到生态系统的稳定。因此，探索乡村可持续发展道路，既是对农业和乡村地区振兴的努力，也是对全球可持续发展目标的重要贡献。

乡村可持续发展的核心是实现经济、社会和生态的协同进步。经济层面上，需要通过发展现代农业、提升农业生产效益，来推动乡村地区的经济发展。这包括引入高效节水灌溉系统、农业机械化、生物技术等现代农业技术，提高农业生产的效率和质量。同时，需要发展多元化的乡村经济，如发展休闲农业、乡村旅游等新兴产业，为乡村经济注入新的活力。在社会层面上，乡村可持续发展要求注重乡村文化的传承与创新，改善乡村公共服务体系，提高农民的生活质量和幸福感。这包括加强乡村教育、医疗、文化等基础设施建设，提供更优质的公共服务，改善农民的生活条件。同时，需要保护和传承乡村的传统文化，促进乡村文化的多样性和活力。在生态层面上，乡村可持续发展需要保护和修复乡村自然环境，推动农业绿色发展和生态循环利用，实现人与自然的和谐共生。这意味着要采取可持续的农业生产方式，如生态农业、有机农业等，减少对化肥和农药的依赖，保护农业生态环境。同时，需要加强对乡村生态系统的保护和恢复，如湿地保护、森林植被恢复等，以维护生物多样性和生态平衡。

乡村可持续发展道路是实现人与自然和谐共生及构建人类命运共同体的关键路径。深入理解其重要性，加强理论研究和实践探索，对推动乡村地区实现经济、社会和生态的协同发展具有重要意义。这不仅有利于乡村地区的全面进步，也将为全球可持续发展目标的实现贡献重要力量。

（2）城市与乡村是区域可持续发展的有机体

在现代社会发展的大背景下，城市与乡村之间形成了密不可分的相互依存关系，共同构成了区域发展的有机体（Liu and Li，2017）。城市的繁荣与乡村的稳定相辅相成，只有两者相互支持、协调发展，才能真正实现区域的可持续发展。这种城乡相互作用的机制，既是区域发展的重要动力，也是实现社会全面进步的关键。一方面，城市发展依赖于乡村的支持。乡村地区作为传统农业生产的主要场所，是城市粮食供应和原材料的主要来源地。城市的工业和服务业发展，需要依靠乡村提供的农产品、能源和原材料等。此外，乡村在维护生态平衡、保护生物多样性、提供清洁水源等方面，对城市的可持续发展也至关重要。乡村的生态服务功能，如净化空气、调节气候等，是城市环境质量的重要保障。因此，乡村的稳定发展是城市可持续发展的基础。另一方面，乡村发展也需要城市发展的带动。城市作为经济、文化、科技的中心，对乡村地区具有重要的辐射和带动作用。城市提供的市场、资本、技术和信息等资源，对于推动乡村产业升级、改善基础设施、提升农民素质具有重要意义。随着城市化进程的加快，城乡交流日益频繁，城市的先进理念、管理经验和发展模式可以传输到乡村，促进乡村的现代化进程。城市对乡村劳动力的需求，也为乡村提供了就业机会，有助于改善农民的生活水平和经济状况。

在区域发展中，城市与乡村的相互依存和互动关系是不可忽视的。城市的发展为乡村提供了市场、资本和技术等资源，帮助乡村实现产业升级和经济发展；而乡村的发展则为城市提供了食品供应、生态服务和文化资源等，支持城市的可持续发展。这种城乡互动，形成了区域发展的动力机制，促进了社会经济的全面进步和区域的均衡发展。然而，实现城市与乡村的良性互动和区域的可持续发展，需要克服一系列挑战。首先，要解决城乡发展不平衡的问题，缩小城乡在经济、社会、文化等方面的差距。这需要政府在政策制定和资源配置上给予乡村更多的支持，促进乡村基础设施建设、教育医疗服务改善和产业多元化发展。其次，要加强城乡规划和管理，优化城乡布局，实现城乡一体化发展。这包括加强城市对乡村的经济带动和文化辐射作用，同时要保护乡村的生态环境和传统文化，避免城市化进程中的盲目扩张和资源浪费。最后，还需要加强城乡居民的交流与合作，提升他们对可持续发展的认识和参与度，共同推动区域的可持续发展。

总之，城市与乡村是区域发展中的有机整体，两者的相互支持和协调发展是实现区域可持续发展的关键。城市和乡村展现出一种深刻的相互依赖性，城市作为经济、文化和社会活动的中心，对多种资源有着极大的需求。而乡村地区作为重要的资源提供者，为城市提供粮食、水源、能源等基本生产要素及大量劳动力。乡村地区的农田、水资源和能源供给不仅是城市经济正常运转的基础，还承担着如水源涵养、空气净化等城市生态功能。只有通过合理的政策引导、有效的资源配置和积极的居民参与，才能实现城乡互动、共同繁荣，推动区域社会经济的全面进步和长期稳定。

（3）乡村振兴与乡村可持续发展相辅相成

民族要复兴，乡村必振兴。全面建设社会主义现代化国家，实现中华民族伟大复兴，最艰巨最繁重的任务依然在农村，最广泛最深厚的基础依然在农村。党的十九大报告首次提出实施乡村振兴战略，党的二十大报告明确强调全面推进乡村振兴战略。实施乡村振兴战略，是党中央作出的重大决策部署，是全面建设社会主义现代化国家的重大历史任务，是新时代"三农"工作的总抓手。乡村振兴是实现中华民族伟大复兴的一项重大任务。全面推进乡村振兴是全面建设社会主义现代化国家的内在需要。

乡村振兴与乡村可持续发展相辅相成。实施乡村振兴战略总目标是实现农业农村现代化。坚持农业农村优先发展是总方针，产业兴旺、生态宜居、乡风文明、治理有效、生活富裕是总要求。实施乡村振兴战略的路径是"五大振兴"，即乡村产业振兴、人才振兴、文化振兴、生态振兴、组织振兴。乡村可持续发展是指通过平衡经济增长、社会发展和环境保护的关系，确保当前和未来世代的人们都能满足其需求和享有更好的生活质量，包括经济、社会、环境的可持续发展。乡村可持续发展强调更长期的、全面的、可持续的发展目标，更加注重农村的长期繁荣；而乡村振兴则是可持续发展战略在实际行动上的体现，主要关注某个特定时点上乡村发展的状态，两者相互依存、相辅相成。乡村振兴侧重于具体的政策和行动，强调通过一系列政策措施实现乡村产业、人才、文化、生态和组织的全面振兴。相对而言，乡村可持续发展是一种发展理念，旨在追求经济、社会和环境的协调发展，以满足当代人需求而不损害未来世代的需求。乡村振兴可以看作是乡村可持续发展的外在表现，而乡村可持续发展是实现乡村振兴的前提和基础。

（4）系统开展乡村振兴战略研究有助于丰富乡村发展理论

乡村振兴战略的提出和实施是在中国特色社会主义进入新时代、全面建设社会主义现代化国家的历史背景下进行的。随着我国经济社会发展进入新常态，城乡差距、农村产业发展不平衡等问题成为制约社会主义现代化建设的瓶颈。乡村振兴战略的提出，旨在通过全面提升农业农村发展水平，加快缩小城乡差距，促进社会全面进步和人的全面发展。乡村振兴战略内涵丰富，涵盖经济建设、政治建设、文化发展、社会进步、生态文明五个方面，全面反映了乡村全面振兴的发展要求。乡村振兴战略目标清晰，分阶段实现农业农村现代化，最终实现农业强、农村美、农民富的总目标。研究乡村振兴战略的历史背景、战略内涵与目标，对于深刻理解国家发展战略、指导农村实际工作具有重要的意义和科学价值，有助于我们认识到乡村振兴不仅是农业农村的振兴，更是全面建设社会主义现代化国家的重要组成部分。

实施乡村振兴战略的体制机制优势明显，以党的领导为核心，形成了政府主导、市场运作、社会参与的多元化推进体系。重要举措包括推进农村土地制度改革、实施乡村建设行动、发展农村经济、加强农村社会治理等，这些举措旨在解决乡村发展中的关键问题，促进农村经济社会全面发展。乡村振兴战略至今已取得显著成就，如农业生产条件明显改善、农村面貌焕然一新、农民生活水平显著提高等。然而，仍存在一些问题和挑战，如部分地区发展不平衡、农村人才短缺、乡村治理机制待完善等。系统研究乡村振兴战略的实施过程、成就与问题，不仅有助于总结经验、发现不足，对于优化相关政策、提高治理效能、推动乡村持续健康发展也具有重要的现实意义和深远的科学价值。通过深入研究和实践乡村振兴战略，可以为中国特色乡村发展理论和实践创新提供重要参考。

1.2　研究内容

本书主要从以下几个方面对中国乡村发展与乡村振兴展开研究：

一是乡村可持续发展的基础理论研究。全面总结乡村、乡村可持续发展和乡村振兴相关基本概念，同时系统归纳总结乡村发展及可持续发展相关理论的历史背景、理论内涵、核心观点、理论应用、存在的不足及其对乡村可持续发展的启示意义，相关理论主要包括可持续发展理论、生态经济理论、社会资本理论、生计资本理论、地方性理论、人地关系地域系统理论、乡村地域系统理论、新乡村主义理论、城乡二元结构理论、农业多功能理论、乡村多功能性理论、分层协同减贫理论、城乡融合理论等。

二是中国乡村发展的历程、特征与成就研究。系统总结 1949 年中华人民共和国成立以来中国乡村发展的历程、阶段特征、发展成就和启示意义；从粮食生产、农民增收、城乡居民收入差距缩小、全面消除绝对贫困、乡村治理水平提升等维度全面总结 1978 年改革开放以来中国乡村发展取得的伟大成就。

三是乡村振兴战略的背景、内涵和体制机制优势研究。系统剖析中国乡村振兴战略提出的历史背景，包括城乡发展不平衡、区域发展不均衡、乡村发展不充分、解决相对贫困问题和实现共同富裕目标的需要等；阐述中国乡村振兴战略的科学内涵、战略目标和总体要求、逻辑体系和保障体系；系统解析中国实现乡村振兴战略的体制机制优势，包括坚持正确的发展方向、发挥制度优势、坚持农业农村优先发展政策导向、坚持规划先行、以系统思维推进、借鉴脱贫攻坚经验和浙江省"千万工程"经验等。

四是研究推进乡村振兴战略主要举措、重要成就和现实挑战。首先，全面梳理中国推进乡村振兴战略的主要举措，包括政策体系、法治建设、主要行动与计划、重大工程部署等；其次，系统总结中国推进乡村振兴战略取得的重要成就和阶段成果；再次，系统解析全面推进乡村振兴战略落地见效面临的主要挑战，包括乡村系统的人（人口流失、人口老龄化）、地（村庄空废化、产业发展用地不足）、业（产业链条短、附加值低）、钱（资金需求巨大、农村金融体系不健全）等核心要素，以及农民持续增收困难、乡村振兴成效难测度等问题；最后，全面总结推进乡村振兴战略需要处理好的十对关系，包括人地关系、新型城镇化与乡村振兴的关系（城乡关系）、长期目标与短期目标的关系、效率与公平的关系、生产与生活的关系、乡村建设与生态保护的关系、市场与政府的关系、顶层设计与基层探索的关系、小农户经营与现代农业发展的关系、增强群众获得感和适应发展阶段的关系。

五是中国乡村振兴的实现路径与经验模式研究。从系统论的要素—结构—功能视角解析实现乡村振兴的作用机理与实现路径。

六是从党建引领、全域土地综合整治、荒山地综合开发、土地制度改革、乡村旅游、康养产业、光伏发电、数字经济、农村金融、劳动技能培训、易地搬迁安置等视角，全面剖析乡村振兴的作用机理、实现路径与经验模式。以期为中国全面推进乡村振兴战略落地、促进城乡融合发展和实现共同富裕目标提供理论指导和实践支撑。

1.3　逻辑框架

本书遵循为什么—是什么—怎么做的逻辑框架（见图1-1），在系统阐述乡村可持续发展和乡村振兴的重要意义的基础上，提出为什么乡村要振兴，即乡村振兴战略提出的背景，阐述乡村振兴的重要意义和科学价值。接着全面阐述乡村振兴是什么，即乡村振兴战略的目标和内涵，以及乡村何时振兴，即推进乡村振兴战略的体制机制优势。在此基础上，阐明乡村如何振兴，包括中国推进乡村振兴的主要举措、取得的重要成就及面临的现实挑战。最后阐述中国如何实现乡村振兴，即乡村振兴的作用机理和实现路径，总结提炼乡村振兴的典型实践经验。

乡村可持续发展		绪论		研究背景
农业强国建设				重要意义
农业农村现代化		乡村发展理论基础		基本概念
共同富裕				基础理论

乡村为什么要振兴

中国乡村发展历程、特征与成就
- 时代背景
- 发展历程
- 阶段特征
- 发展成就
- 实际意义

乡村振兴是什么

乡村何时振兴

中国乡村振兴战略的背景、内涵、目标和体制机制优势
- 历史背景
- 战略内涵
- 战略目标
- 体制机制优势

中国乡村振兴的举措、成就与挑战
- 主要措施
- 重要成就
- 现实挑战

乡村如何振兴

中国乡村振兴的机理与实现路径
- 作用机理
- 实现路径

中国乡村振兴的典型实践
- 成功经验
- 典型模式

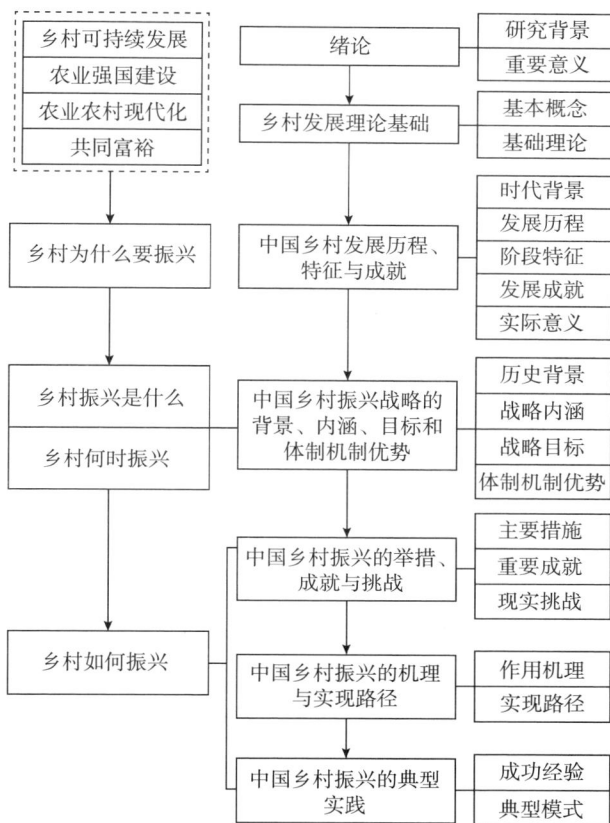

图 1-1　本书的逻辑框架

2 理论基础

从人类社会发展的历程来看，乡村孕育了城市，是城市的母体。在早期的人类历史中，农业的发展和稳定的粮食生产是人类从游牧生活向定居生活转变的关键。这种定居生活首先在乡村地区形成，随着农业生产的发展，产生了过剩的粮食，促进了人口增长和社会结构的复杂化，为城市的产生提供了基础。随着农业技术的进步和生产力的提高，乡村社会出现生产过剩和一定的物质财富积累，这些过剩逐渐促进了商品交换、专业分工和市场的形成，成为城市发展的催化剂。可以说，历史上城市的形成和发展是以乡村为基础的，乡村是城市文明的起源地和支撑点。在现代社会，尽管城市化进程显著，但乡村依然是城市发展的重要支持。乡村作为城市生产资料的供给地和粮食生产的主要场所，对城市可持续发展起着关键作用；乡村是生态系统的重要组成部分，对于维护生物多样性、保护自然环境、减缓和适应气候变化都有着不可忽视的作用；乡村不仅是自然资源和生态环境的守护者，也是传统文化和社会习俗的承载地。乡村可持续发展是社会稳定和进步的重要保障，也是实现人类社会整体可持续发展的关键环节。在全球化、城市化不断加深的今天，重视和推动乡村的可持续发展，不仅有利于提升乡村自身的发展质量和水平，而且对维护全球生态环境平衡、推动社会经济的全面和谐发展具有深远意义。乡村发展过程作为人类社会与自然环境相互作用的历史进程，可以深刻地体现人类如何不断地利用自然资源以及适应自然环境变化的过程。本章重点辨析乡村发展相关基本概念及其内涵，系统总结乡村发展的基本理论、核心观点和启示意义，旨在构建乡村可持续发展的理论体系。

2.1 基本概念

乡村可持续发展涉及聚落、村庄、乡村、农村、乡村性、乡村经济、农村经济、乡村系统、乡村地域系统、乡村多功能性、乡村多元价值等基本概念，部分概念学界常常混用，辨析乡村可持续发展相关概念有助于理解乡村发展的过程、规律和特征，对于深入研究乡村振兴、农村发展策略具有重要意义。

2.1.1 聚落和村庄

聚落是一定人群聚集而居的地域，包括居民区、建筑物和相关基础设施，也可以认为是指人类为了满足居住、生产等需要，在一定地理环境中形成的相对稳定的居住地点（陈茹等，2020）。它可以是村庄、城镇或其他形式的人类居住区域，这些地方通常具有社区组织和公共设施，如学校、商店和宗教场所，以满足居民的生活需求。聚落作为人类生活的空间形态，不仅是居住的地点，也是人们进行经济活动、社会活动、文化活动的场所。聚落的类型和规模因地区和文化的不同而异。根据不同的标准和特征，可以对聚落进行分类。从规模和人口密度来看，可以分为村庄、小镇、城市等。从地理位置来看，可以分为山区聚落、平原聚落、沿海聚落等。从功能来看，可以分为农业聚落、工业聚落、商业聚落等。从民族特色来看，可以分为少数民族聚落、汉族聚落等。另外，聚落还可以根据建筑风格进行分类，如传统聚落和现代化聚落。

村庄是乡村地区的基本行政单位和社会组织形态，是农业生产和农民生活的主要场所。其特征是以农业为主的生产方式、较为单一的经济结构和传统的社会结构。村庄的主要功能是农业生产，同时承载着农村居民的居住、社会交往和文化传承等多重功能。按照经济类型，村庄可分为农业型村庄、工业型村庄、服务型村庄三种类型；按照地理位置，可分为平原村庄、山区村庄、沿海村庄；按照发展水平，可分为发达村庄、欠发达村庄、相对贫困村庄；按照人口规模，可分为大型村庄、中型村庄、小型村庄；按照村庄形态，可分为集聚型村庄、分散型村庄、线形村庄、环形村庄、网络型村庄和星状村庄等（周扬等，2019）。

聚落和村庄既有区别也有联系。区别体现在，聚落强调的是人类居住的空间形态，具有更广泛的含义，可以包括城市、乡村等不同类型。而村庄则特指乡村地区的居住形态，具有更明确的农业生产和农村生活特征。在功能上，聚落更侧重于空间层面的划分，而村庄更侧重于社会、经济功能。两者的联系在于村庄是聚落的一种具体表现形式，特别是在乡村地区，村庄是聚落的主要类型。在发展历程中，村庄的变化直接影响着聚落的结构和功能。

2.1.2　农村和乡村

在中国的语境下，"农村"与"乡村"这两个词汇常被混同使用，但在学术和政策分析中，两者具有各自独特的侧重点和应用背景。乡村是一个相对于城市而言的地域概念，指城市建成区以外的广大乡土地域（刘彦随等，2019）。《中华人民共和国乡村振兴促进法》中也清晰地指出，乡村是指城市建成区以外具有自然、社会、经济特征和生产、生活、生态、文化等多重功能的地域综合体，包括乡镇和村庄等。城市与乡村是两种不同类型的地域综合体，两者在功能定位、人口分布、产业活动、社会结构和文化特色等方面均具有明显的差异（魏后凯，2023）。乡村承担着生产、生活、生态、文化等多重功能，人口分布较为分散，产业活动以农业经济为主，社会结构以农民（农户）为主体，有独特的民俗风情和生活方式。乡村是一个复杂的巨系统，包含着社会、经济、生态等方面的内容，具有动态性、复杂性、综合性特征（张小林，1998）。

农村是指以从事农业生产为主的劳动者聚集区，其特点是人口密度相对较低，经济活动主要集中在农业及与之相关的行业（熊先根，1992）。农村不仅包括农田、农业生产设施，还包括农民的居住区和一定的公共设施等。由于城乡二元结构和城市倾斜发展战略，农村地区交通、医疗、教育等方面的基础设施和公共服务相对落后、就业机会更少、生活消费水平更低、社会资源更少。作为与城市（镇）相对应的概念，农村和乡村经常相提并论。有学者认为，"农村"与"乡村"这两个概念尽管在用法上有所差别，但其本质内涵都是承担乡村功能且具有自身独特性的地域综合体（魏后凯，2023）。但也有学者认为，随着工业化和城市化的快速推进，"农村"和"乡村"的概念内涵并不一致。他们认为，"农村"的概念带有较强的产业色彩，"乡村"的概念具有地域的清晰性、确定性和社区特征的明显性等良好特征，因而具有更强的包容性和适用性（王洁钢，2001；肖唐镖，2004）。乡村的内涵更为丰富，它不仅包含了农业生产的物质基础，还涵盖了乡村社会结构、乡村文化传统、生态环境及其变迁等方面，强调地域和社区的综合性特征；农村的内涵相对狭窄，其概念更倾向于经济活动类型的划分，主要集中在农业生产、农村居民生活及其社会关系等方面。由于"乡村"的概念以法律形式得到清晰的定义，本书主要采用"乡村"的概念，行文中出现的"农村"可视为"乡村"的等价概念。

2.1.3 乡村性与地方性

乡村性（Rurality）指的是与农村地区相关的特征和属性，包括经济、社会、文化、生态等方面。它通常涉及农业生产方式、传统文化和社会结构、自然生态环境的保护等方面，反映农村地区的生活方式、价值观念和社会组织形式（Cloke，2006；Heley and Jones，2012）。学界目前主要从功能性视角、政治经济学视角、社会建构视角对乡村性做出定义（孙萍，2021）。总的来说，乡村性涉及人们对乡村多功能性的需求和乡村整体的体验与感知，是有别于城市的本质属性（李开宇，2005；李红波和张小林，2015）。乡村地区通常以广阔的农田、农村景观、自然资源和环境为特点，包括农田、山岭、河流、湖泊、森林，以及与之相伴的生物多样性。乡村地区还保留着丰富的传统习俗和文化遗产，包括传统的农耕方式、乡土建筑、手工艺制作、民俗节庆和口头传统等。乡村地区的社会结构通常以紧密的社区关系为特点，乡村社区的共同体意识和社区参与度较高，社区成员之间的互助关系紧密，社区成员之间通常具有共同的价值观、传统和文化认同。乡村性重点表现为注重自给自足、与自然和谐相处，注重社区合作和互助精神，强调家庭和社交关系的重要性。此外，乡村地区的价值观可能更加注重传统、稳定性和可持续发展。随着社会的发展和城乡一体化的推进，乡村地区的特点和乡村性也在发生变化。因此，乡村性的定义和特征可能因地域、文化、历史和时代而有所差异。

地方性（Locality）指特定地域内的社会、文化、经济和政治特征，强调的是一个地区独特的地理和文化属性（Newby，1986），包括地理环境、历史背景、文化传统、社会习俗等因素，反映了一个地区的独特性和个性化特征。乡村性更多强调农村特有的属性和特点，而地方性则强调一个地区无论是农村还是城市的独特性。乡村性侧重于农村地区的共性，而地方性则注重个体差异。乡村性和地方性是相互关联的，每个乡村地区都具有自己的地方性，而地方性又常常在乡村地区得到特别的体现。乡村性是地方性的一个子集，特定的地方性可以赋予乡村独特的地域特色。

2.1.4　农村经济与乡村经济

农村经济是指农村中的各项经济活动及由此产生的经济关系，包括种植业、养殖业、林业、渔业等传统农业活动（李雪莲等，2020）。农村经济的内涵主要围绕农业生产展开，但也包括与农业生产直接相关的加工、销售等环节，以及为满足农民生产生活需要而展开的服务业等非农业经济活动。农村经济具有单一性（以农业生产为核心，较少涉及非农产业）、传统性（注重传统农作物的种植和动物的养殖）、地域性（主要发展在农村地区，受地理环境和自然条件的影响较大）等特点（刘凤权和李增秋，1991）。

乡村经济是指在乡村地区开展的各类经济活动，包括但不限于农业生产，涉及农业以外的诸多经济活动，如乡村旅游、地方手工艺、乡村服务业等（石忆邵，1991）。乡村经济具有广泛性、多元化和综合性等特征（赵政，2021）。其中，广泛性是指其不仅包括传统的农业生产，还包括乡村工业、服务业等多种形式；多元化是指乡村经济涵盖农村地区的农、林、牧、渔业及非农产业；综合性是指乡村经济通常可以结合农村地区的资源、文化和社会特征，形成的多样化的经济结构。

乡村经济与农村经济在概念和范围上有所区别。乡村经济的范围更广泛，不仅包括农业，还包括乡村工业、服务业等；而农村经济则主要集中在农业领域。乡村经济更强调多元化和综合性，而农村经济则更侧重于农业生产和传统农业活动。两者相互联系、相互依赖。农村经济是乡村经济的重要组成部分，农业是乡村经济的基础；乡村经济的发展，需要农村经济的稳定和持续发展作为基础。两者共同推动了乡村地区的经济发展和社会进步。农村经济的健康发展是乡村经济多元化和综合性发展的基础，而乡村经济的繁荣又能促进农村经济的转型升级。

2.1.5　乡村系统与乡村地域系统

乡村系统是指在一定的地理区域内，以农业生产为主要经济活动，形成的具有特定社会、经济和文化特征的社会系统（张富钢和刘彦随，2008）。乡村系统是一个多元复合的社会经济系统，其核心由乡村地区的社会结构、经济活动及与外部世界的关系构成。这一概念不仅涉及农业生产活动，还包括乡村的社会组织、文化传统、生态环境及其在更广泛的区域发展中的角色。乡村系统有其丰富的内涵。从经济维度来看，乡村系统的经济基础主要是以农业为中心的生产活动，包括农作物种植、畜牧业、渔业等，同时也涵盖农村第二产业、第三产业的发展。从社会维度来看，乡村系统的社会结构，包括家庭、宗族、村落等基本社会单位，以及乡村的社会关系、治理模式、文化习俗。从生态维度来看，乡村系统涉及乡村地区的自然资源利用、生态保护和可持续发展问题，强调人与自然的和谐共生。乡村系统具有多样性、动态性、复杂性和可持续性等基本特征。其中多样性是指由于地理环境、历史文化、社会经济发展水平的差异，不同地区的乡村系统展现出显著的多样性；动态性是指乡村系统随着社会经济的发展和政策导向的变化而不断演进，体现出显著的时代性和发展性；复杂性是指乡村系统是一个多因素、多层次、多维度交织的复合体系，各要素间相互作用和影响；可持续性是指乡村系统的发展需要平衡经济增长与生态环境保护，实现社会、经济和环境的可持续发展。基于系统结构的视角，乡村系统包括乡村地域内核系统、乡村地域外缘系统（吴传钧，2001）。在现代化和全球化的背景下，这两大系统不断进行着物质、能量、信息的交换（屠爽爽等，2015）。

乡村地域系统强调的是乡村作为一个地理单元的属性，指的是在一定地理区域内，以乡村为基本单元，形成的经济、社会和文化等多方面互动的综合体（刘彦随，2018；龙花楼和屠爽爽，2018）。乡村地域系统不仅关注农业生产，还包括乡村地域的自然环境、地理位置、区域发展政策等多方面因素，强调的是乡村在区域发展中的作用和地位。乡村地域系统是人地关系地域系统的重要组成部分，具有复杂性、开放性、动态性、综合性和耗散结构等特征（张富刚和刘彦随，2008；刘彦随，2020），其演化是一个非线性的动态变化过程（龙花楼和屠爽爽，2017；周扬等，2019）。

乡村系统与乡村地域系统既有区别也有联系，两者常被混用。乡村系统更侧重于社会组织和经济活动，而乡村地域系统则更强调地理、环境及区域政策等方面的影响。乡村系统侧重于内部结构和功能，乡村地域系统不仅关注系统内部，还侧重于与系统外部之间的互动。两者紧密相连，从某种意义上来看，乡村系统是乡村地域系统的重要组成部分，乡村地域系统的发展又反过来影响乡村系统的结构和功能。它们相互作用，共同推动乡村地区的发展。

2.1.6　可持续性与乡村可持续发展

按照1987年世界环境与发展委员会（WCED）在《我们共同的未来》报告中给出的定义，可持续发展是"既满足当代人的需求，又不对后代人满足其需求的能力构成危害的发展"。不合理的经济活动会对社会和环境产生负面影响，可持续发展致力于在人类需求与自然环境之间取得平衡（Wu，2013；邬建国等，2014）。有学者进一步提出了三重底线（TBL）的概念，强调了可持续发展的三大维度，即环境、经济和社会（Elkington，2004）。因此，可持续性分为经济可持续性、社会可持续性、环境可持续性，强调在经济、社会和环境三个方面的平衡与协调，以确保资源的合理利用、环境的保护和社会的公正。经济可持续性强调经济发展与资源利用之间的平衡，追求经济增长、就业机会和繁荣，同时确保资源的有效管理和利用，以避免资源枯竭和环境破坏；此外，经济可持续性还鼓励创新和技术发展，以促进经济的长期发展和竞争力。社会可持续性强调满足当前和未来世代的社会需求和福祉，关注社会公正、包容性和平等，确保人们的基本权利和需求得到满足，包括教育、健康、住房、就业和文化等方面；此外，社会可持续性还强调社区参与、民主决策和社会权利的保护。环境可持续性强调保护和保持自然环境的健康和完整性，涉及对自然资源的合理管理和保护，包括土壤、水资源、空气质量和生物多样性等；此外，环境可持续性还鼓励低碳经济、可再生能源的使用、废弃物管理和环境污染的减少，以减少对生态系统的破坏和气候变化的影响。实现可持续性需要政府、企业、社会组织和个人的共同努力，通过政策、创新和行动来推动可持续发展。

乡村可持续性是指在维系环境承载力和保护乡村性的前提下，满足乡村居民基本需求和城市居民对农产品及其他生态、文化服务方面需求的能力（贺艳华等，2020）。实现乡村可持续性的过程，或乡村可持续发展，是指在乡村地区实现经济、社会和环境的可持续性，以提高农村居民的生活质量、保护自然资源和促进乡村社区的繁荣。乡村经济的可持续发展要求在农业、农村产业和乡村经济活动中实现经济增长和繁荣，同时确保资源的合理利用和管理。这包括推动农业现代化、提高农产品的附加值、促进农村产业多元化和创新，以及支持农民的可持续农业生产和农村企业的发展。乡村社会的可持续发展强调保障农村居民的基本权益、提高生活质量和保持社会公正。这包括改善乡村居民的教育、医疗、住房和社会保障条件，促进社区参与和民主决策，保护和传承乡村地区的文化遗产，以及提供平等的机会和公正的社会环境。乡村环境的可持续发展涉及保护和保持自然资源、生态系统的健康和完整性。这包括可持续土地利用和农业实践，水资源的合理管理和保护，森林和生物多样性的保护，以及低碳农村的建设和环境污染的减少。乡村可持续发展的最终目标是在乡村地区实现经济、社会和环境的协调发展，以提高农村居民的生活质量、促进乡村社区的繁荣，并保护和保持自然环境的健康。

2.1.7 农业多功能性与乡村多功能性

农业多功能性强调农业不仅仅是生产食物和原料的活动，还包含了生态保护、文化传承、社会稳定等多重功能（Van Huylenbroeck et al.，2007；Zasada，2011；彭建等，2014）。农业最基本的功能是生产粮食和其他农产品，满足人类的基本生活需求。农业的生态功能是指农业对自然环境的维护，如土壤保持、水源涵养、生物多样性保护等，是农业多功能性的重要组成部分。农业的社会功能是指农业在维持社会结构稳定、促进农村就业、保障食品安全等方面发挥着重要作用。农业的文化功能是指农业活动承载和传递着农耕文明和传统文化，是优秀文化传承的重要途径。农业的经济功能指农业对区域经济发展的贡献，如促进农村经济多元化、增加农民收入等。农业多功能性概念突破了传统上对农业单一经济功能的认识，强调了农业在生态环境保护、社会文化维护、区域经济发展等多方面的重要作用，这种理解更加全面地反映了农业在现代社会中的多元价值和重要地位。

乡村功能是指乡村为满足居民生态、经济、社会、文化等方面需求所提供的各类服务的总和（谭雪兰等，2017）。乡村多功能性是指乡村地区具备多种不同功能和服务，以满足居民的多样化需求，并促进乡村社会全面发展的特质。乡村多功能性表明乡村不仅具备生产和生活功能，还具备多元化经济功能、社会功能、环境功能、文化功能等（瞿若频等，2022）。乡村地区立足于农业产业，具有多元化的经济功能，包括农业产业的发展，如农产品种植、畜牧业、渔业等，同时促进非农产业的兴起，如制造业、服务业、创意产业等。乡村多功能性鼓励乡村地区通过多元化经济发展来提供就业机会和增加收入。乡村地区的社会功能包括社区组织、社会服务和社交活动等，包括社区组织和居民的参与、社会服务设施的提供，如学校、医疗机构、文化中心等，以及社交活动和文化传统的保护与传承。乡村多功能性强调社会联系、社会资本和社区凝聚力的培育和发展。乡村地区的生态功能包括自然资源的保护、生态系统的管理和可持续利用，包括土地、水资源、森林、矿产等的管理和保护，以及生态系统服务的提供，如水源涵养、土壤保持、生物多样性保护、气候调节等。乡村的生态功能强调在经济发展的同时要保护和恢复乡村的自然环境。乡村的文化功能包括传统文化的保护与传承，以及文化活动的举办和支持，包括乡村地区的历史、风俗习惯、艺术、手工艺等传统文化的保护和传承，同时也包括文化活动、节庆和旅游等的举办，以提升乡村地区的文化魅力和吸引力。乡村多功能性的概念强调乡村地区的综合发展和整体性视角，将农业、经济、社会、环境和文化等多个方面综合考虑，提升乡村多功能性，促进乡村地区的可持续发展，增加居民的福祉，并提高乡村地区的整体竞争力。地方政府应当充分挖掘乡村多功能性，形成一种不可替代的社会资本（林若琪和蔡运龙，2012；瞿若频等，2022）。

农业多功能性更侧重于农业活动本身的多重价值和作用，而乡村多功能性则涵盖了乡村地区更广泛的社会、经济、文化和生态等方面的功能。两者紧密相连，农业多功能性是乡村多功能性的重要组成部分。农业作为乡村的基础活动，其多功能性对乡村多功能性的实现起着基础和支撑作用。农业多功能性与乡村多功能性虽有所区别，但两者相互依赖、相互促进，共同构成乡村发展的复合体系，为乡村振兴和可持续发展提供理论与实践支撑。

2.1.8 乡村多元价值

乡村多元价值是指乡村地区所具有的多种不同的、有价值的特点、资源和潜力。乡村价值在很长时间内表现为较为单一的农业生产与生活居住价值，随着经济社会的发展和理论研究的深入，乡村的自然、文化、社会、经济和生态等价值逐渐得到彰显（瞿若频等，2022）。乡村地区的自然价值是指乡村地区通常拥有丰富的自然资源和自然景观，如山川河流、湖泊湿地、森林和野生动植物等。这些自然价值对于维持生态平衡、保护生物多样性及提供清洁空气和水资源等方面具有重要意义。乡村地区的文化价值是指乡村地区常常富有丰富的历史和文化遗产，包括传统的建筑风格、民俗文化、乡间艺术和手工艺等。这些文化价值对于保护地方特色和传统文化、促进文化交流和旅游业发展等方面具有重要意义。乡村地区的社会价值是指乡村地区通常具有社区凝聚力和社会资本的优势，在人们之间的互助合作、社区参与和共同价值观等方面具有重要意义。乡村社会价值的发挥对于社区发展、社会和谐及居民幸福感的提升具有重要意义。乡村地区的经济价值是指乡村地区通常具有发展农业、林业、渔业等传统农业产业的潜力，也有发展非农产业、乡村旅游和创业创新的机会。乡村经济价值的发挥对于增加就业机会、提升农民收入、促进乡村经济多元化具有重要意义。乡村地区的生态价值是指乡村地区的生态系统对于土壤保持、水资源管理、气候调节等方面具有重要作用。乡村生态价值的发挥对于可持续发展、生态环境改善和生态系统服务的提供具有重要意义。乡村多元价值的概念强调了乡村发展的多样性和综合性，认识到乡村地区的价值不再局限于农业和经济方面，还包括自然、文化、社会和生态等多个领域。近年来，我国乡村产业蓬勃发展，乡村的经济价值、生态价值、社会价值和文化价值得到彰显（农业农村部，2021）。这有助于推动乡村地区的可持续发展，实现乡村地区的多元化发展路径，并提高乡村的吸引力和整体发展水平。

2.1.9 乡村发展与乡村振兴

乡村发展指的是乡村地区在经济、社会、文化、生态等多方面的进步和提升，是一个包含多个层面的综合过程。乡村发展是阶段性和连续性的统一，是循序渐进的动态过程（郭远智和刘彦随，2021）。乡村发展的核心目标是实现农村地区经济、社会、环境和文化的可持续发展。乡村经济发展旨在推动农村经济的增长和多元化。这包括提高农业生产效率、促进农村产业升级、发展农村非农产业和服务业、推动农产品加工和价值链延伸、促进乡村创业创新等。经济发展是乡村发展的基础，为农民增加收入、改善经济条件提供支撑。乡村社会发展注重改善农村居民的生活质量和社会福利。这包括提供基础设施和公共服务，如教育、医疗、交通、通信等，改善农村住房条件、社会保障和社会服务体系，促进农村社会公平和社会资本的培育。社会发展旨在提升农村居民的生活水平和社会融入度。乡村环境方面的发展强调在经济增长的同时保护和改善农村地区的生态环境。这包括可持续土地利用、水资源管理、生态保护、气候变化适应等方面的努力。乡村发展需要在保护生态环境的前提下实现资源的合理利用和环境的可持续性，以确保未来农村地区的可持续发展。乡村文化方面的发展重视保护和传承农村地区的传统文化和历史遗产。这包括保护乡村建筑风貌、传统技艺、民俗习惯，推动文化产业发展和文化旅游，加强文化教育和文化交流等。文化保护与传承是乡村发展的重要组成部分，有助于增强农村地区的文化自信和吸引力。乡村可持续发展需要综合考虑农村地区的特点、资源和需求，制定并实施符合当地实际的发展战略和政策。同时，乡村可持续发展需要政府、企业、社会组织和农民等各方的积极参与和合作，形成多方共治的发展格局，以促进乡村地区的全面发展和繁荣。

乡村振兴是指通过一系列的政策、措施和行动，促进农村地区的全面发展和提升，实现农业农村现代化的过程。乡村振兴要求乡村系统在与外界环境交互作用下，不断调整其功能、要素构成及系统运行状态，提高自我发展能力与适应性，进而实现可持续发展（刘彦随等，2019）。乡村振兴的实现路径包括产业振兴、人才振兴、生态振兴、文化振兴和组织振兴。乡村振兴的重要目标之一是推动农村经济的发展和繁荣，鼓励农民创业创新，发展农村新兴产业和服务业，促进农民就业和收入增长；乡村振兴注重改善农村居民的生活条件和社会福利，致力于消除农村贫困，提升农民的生活质量和社会融入度；乡村振兴还强调在经济发展的同时，要保护和改善农村地区的生态环境，倡导绿色发展理念，实现经济与生态的协调发展。此外，乡村振兴重视传承和弘扬农村地区的传统文化和历史文化。

乡村发展与乡村振兴有所区别，两者是相辅相成的关系。乡村发展更加强调乡村地区在多个方面的持续进步，而乡村振兴则侧重于在现代化、全面深化改革的背景下，通过政策支持和制度创新，对乡村系统进行全面的振兴。乡村发展为乡村振兴提供了基础和条件，而乡村振兴又是乡村发展的深化和提升；乡村振兴不仅包含了乡村发展的各个方面，还强调了政策创新和制度优化的重要性。乡村振兴战略实质上是对乡村发展模式的一种创新，是推动乡村全面发展、高质量发展的关键。

2.2 基础理论

乡村振兴是相对乡村衰败而言的乡村地域系统要素重组、空间重构、功能提升的系统性过程（刘彦随，2018，2019）。乡村振兴的对象及其空间载体是乡村地域系统（郭远智和刘彦随，2021）。乡村振兴本质上是推进农业农村现代化的过程，要发挥乡村应有的多重功能。通过人类活动干预，实现乡村人地关系和谐，推动乡村产业兴旺、生态保护、文化传承、生活富裕、治理有效等全方位现代化。本部分将介绍解释乡村发展相关理论，比如人地关系地域系统理论、城乡二元结构理论等。为了理解乡村振兴战略的丰富内涵和支持乡村振兴的具体实践，本部分还将介绍可持续发展理论、生态经济理论、生计资本理论、地方发展理论、乡村多功能性理论、城乡融合理论等。

2.2.1　可持续发展理论

可持续发展（Sustainable Development）理论是一种综合性理论，旨在回答人类社会在经济、社会和环境方面的可持续性挑战。可持续发展理论回答的核心问题包括资源利用、环境保护、社会公平、经济增长和人类福祉等。可持续发展理念最早来自于对自然资源的稀缺性和环境的损害等方面的反思（李晓西等，2014），其起源可以追溯到 20 世纪 70 年代，当时全球面临着严重的环境问题，例如气候变暖、环境污染、生态退化、物种灭绝等，这些问题催生了对可持续发展的需求。人们逐渐认识到，自然资源是有限的，过度消耗和浪费将导致资源枯竭和环境恶化。同时，不平等和贫困问题引发了对社会公正和公平的关注。1972年，联合国主办了斯德哥尔摩会议，首次将环境问题置于全球议程上，这次会议为可持续发展理论的兴起奠定了基础。同年，系统动力学家丹尼斯·梅多斯（Dennis Meadows）与其团队合著的《增长的极限》（*The Limits to Growth*）是可持续发展理论的重要著作之一，通过模型预测了人类社会在有限资源下的增长限制。自斯德哥尔摩会议以来，可持续发展理论得到了广泛研究和发展。在随后的几十年里，许多国际机构、学者和政府部门开始探索可持续发展的理论和实践。经济学家赫尔曼·达利（Herman Daly）从生态经济视角，强调经济活动应遵循环境的物理限制。1992 年，联合国召开了里约地球峰会，确立了可持续发展的原则和议程，并通过了《里约宣言》《21 世纪议程》等文件推动全球可持续发展。1997 年，作为可持续发展的商业领域倡导者，约翰·埃尔金顿（John Elkington）提出了"三重底线"概念，将经济、环境和社会三方面的可持续性纳入企业的考量。此后，可持续发展理论逐渐演化为一种综合性理论框架。不同学科领域的学者从经济学、环境学、社会学、政治学等多个学科视角对可持续发展进行研究，形成了多元化的理论观点和方法。

可持续发展理论的基本内容和观点为：①强调综合性思考和平衡发展，认识到经济、社会和环境是相互关联、相互依赖的系统，要求避免单一领域的片面追求，而需要在这些领域之间寻找平衡，追求整体的可持续性。②强调长期目标和跨代公平，认为不仅要满足当前需求，也要保护和改善未来世代的生存和发展条件，提倡以保护资源、环境和社会公正为基础，实现人类福祉的可持续增长。③强调环境保护，认识到环境是人类生存和发展的基础，主张保护和管理好自然资源、减少污染、保护生物多样性、推动可再生能源等环境保护措施。④强调社会公正和包容性，提倡消除贫困、促进社会平等、提供教育和卫生保健等基本服务，并确保人们的参与和权利得到尊重。⑤强调经济可行性，认为可持续发展需要在经济可行的基础上实现，主张合理利用资源、提高资源利用效率、推动绿色经济和可持续消费生产模式的发展。⑥强调各利益相关方的参与和合作，包括政府、企业、社会组织和公众等，共同推动可持续发展的实现。总的来说，可持续发展揭示了发展、协调、持续的系统本质，反映了动力、质量、公平的有机统一，创建了和谐、稳定、安全的人文环境（牛文元，2012）。可持续发展理论提供了一个统一的框架，整合了经济、社会和环境因素，使不同领域的研究者和决策者能够更好地理解和应对可持续性挑战，推动经济和社会的转型，以实现可持续发展目标（张志强等，1999）。可持续发展理论已经在全球范围内得到了广泛的应用和实践，许多国家和组织制定了可持续发展战略和政策，推动了经济、社会和环境的可持续性。

然而，可持续发展理论也存在一些局限性（陈向义，2018），比如：①复杂性和不确定性。可持续发展涉及众多因素的相互作用，包括社会、经济、环境等多个领域，因此预测和规划可持续发展的结果和效果十分具有挑战性。②实施困难。尽管可持续发展理论提供了指导原则，但将其转化为具体政策和行动仍然面临许多挑战。资源限制、技术难题、政策协调等问题可能影响可持续发展的实施效果。③利益冲突。在实际应用中，不同利益相关方之间经常存在着利益冲突。经济增长、环境保护和社会公平之间存在着权衡和折衷的难题，需要在各方利益之间寻找平衡点。④缺乏一致性。由于可持续发展涉及多个领域和利益相关方，不同国家和组织对于可持续发展的定义和实践方式存在差异。这种缺乏一致性可能导致实践结果的不一致和难以比较。

2.2.2 生态经济理论

生态经济（Ecological Economy）理论旨在探讨经济发展与环境保护之间的关系，并提出可持续发展的路径。生态经济理论回答的核心问题包括经济增长与环境之间的关系、资源约束与可持续发展，以及环境政策与经济效益。具体来说，生态经济理论探讨经济增长对环境的影响，分析经济活动与生态系统之间的相互作用，揭示经济发展对环境资源的消耗和对环境质量的影响。生态经济理论还关注资源的稀缺性和有限性，研究如何在资源有限的情况下实现可持续发展，即满足当前需求而不损害后代的生活资源。另外，生态经济理论探讨如何制定和实施环境政策，以促进经济发展和环境保护的协调。它研究环境政策对经济效益的影响，提出了可持续发展的政策措施。

生态经济理论的起源可以追溯到 20 世纪初。在工业化进程加速、自然资源过度开发的背景下，人们开始意识到经济发展与环境保护之间的矛盾。早期的环境保护运动和生态学研究为生态经济理论的形成奠定了基础。20 世纪 70 年代以后，一系列环境问题的爆发和可持续发展理念的兴起进一步推动了生态经济理论的发展。生态经济学家开始提出生态经济学的概念，并开展与环境、资源和经济发展相关的研究。生态经济理论发展初期的研究重点主要集中在环境经济学和资源经济学领域，强调经济活动对环境的影响和资源合理利用。随着时间的推移，生态经济理论逐渐发展为更加综合和复杂的理论框架。它结合了经济学、生态学、社会学和政治学等多个学科的观点和方法，通过研究生态系统的功能和服务，探讨经济与环境的相互作用。现代生态经济理论强调可持续发展的重要性，提倡在经济增长的基础上实现环境和社会的可持续性。它关注经济发展的内在约束和外部限制，探索经济系统与生态系统的协同演化。在生态经济理论不断发展完善的过程中，勃兰特兰德·科莱曼（Brundtland Coleman）、赫尔曼·达利（Herman Daly）、卡尔·波兰尼（Karl Polanyi）、尼古拉斯·斯特恩（Nicholas Stern）等在生态经济领域做出了杰出的贡献，推动了生态经济理论的发展和实践。

生态经济理论的基本内容和观点为：①强调生态系统对经济和人类社会的重要性。它研究生态系统提供的各种功能和服务，如水资源、空气净化、土壤保持等，这些服务对经济活动具有重要的支持和保障作用。②强调资源的稀缺性和有限性，研究资源的约束条件和承载能力，探索如何在资源有限的情况下实现可持续发展。③强调环境成本与经济效益，分析经济活动对环境的影响，并考虑环境成本的内部化。它探讨环境政策对经济效益的影响，提出在经济增长的同时实现环境保护的路径。④强调社会公正和包容性的重要性。它关注贫困、不平等和社会正义等问题，提倡实现经济、社会和环境的协调发展。生态经济理论融合了经济学、生态学、社会学等多个学科的观点和方法，促进了跨学科的合作和交流，为不同领域的学者提供了一个共同的平台，共同研究和解决经济与环境之间的复杂问题。同时，它提供了一个有利于经济发展和环境保护相协调的框架，为可持续发展评估、环境管理、资源规划和经济政策制定提供了参考，帮助政府和决策者平衡经济增长和环境保护的关系。生态经济理论对乡村可持续发展的贡献在于推动经济与生态系统的平衡发展。该理论倡导资源的可持续管理，强调生态服务和生物多样性的保护，实施生态补偿机制，并鼓励低碳生活方式。通过这些策略，生态经济理论不仅支持了环境保护，也促进了社会公平与经济效益的提升，从而实现乡村地区的全面可持续发展。

然而，生态经济理论也存在一些局限性：①理论复杂性。生态经济理论融合了多个学科的观点和方法，理论体系相对复杂，应用和实施难度较大。②数据不确定性。生态经济理论的应用受到数据的限制和不确定性的影响。由于环境和资源数据的获取和测量存在难度，理论的应用和评估结果可能存在一定的不确定性。③利益冲突。实施生态经济理论所提倡的政策和措施可能涉及不同利益相关者之间的冲突。在实践中，需要解决各方面的利益平衡问题，以确保政策的可行性和可持续性。

2.2.3　社会资本理论

社会资本（Social Capital）指的是个人通过社会联系获取稀缺资源并由此获益的能力（边燕杰和丘海雄，2000）。也就是说，社会资本是指社会中人与人之间的关系网络和信任，以及通过这些关系和信任所形成的资源和价值。它强调社会联系、互动和合作对社会发展和个人福祉的重要性。社会资本可以分为四个方面的内容：关系网络、信任、合作和互助，以及社会规范和价值观。社会资本可以根据其形式和来源的不同分为结构性社会资本、关系性社会资本、范式性社会资本、资源性社会资本、文化性社会资本。其中，结构性社会资本指社会网络的结构和组织形式，包括人们之间的关系网络、社会组织、社区机构等，强调人们之间的联系和互动，以及组织和机构在社会中的角色和功能。关系性社会资本指基于信任、亲密和情感纽带的人际关系，强调人们之间的信任、互助、亲密和情感连接，旨在通过建立稳固的人际关系，促进合作、共享资源和支持。范式性社会资本指共享的价值观、信仰和规范，强调共同的社会价值观和信仰对社会资本的形成和发展的影响，旨在通过共享的范式和规范来引导人们的行为和互动。资源性社会资本指通过社会关系获得的资源和信息，包括通过社会网络获得的信息、支持、机会和资源，强调社会关系对资源获取和利用的重要性。文化性社会资本指文化背景和身份对社会资本的影响，强调文化的共享和认同对社会资本的形成和发展的作用，旨在通过共享的文化价值观和身份认同来促进社会联系和互动。这些社会资本的分类并非互相排斥的，而是可以相互重叠和相互影响的。在实际情况中，不同形式的社会资本常常共同存在并相互作用，对个人和社会产生影响。社会资本可以促进信息的流动和知识的共享，提供支持和资源，增强社会凝聚力和社会认同感。但值得注意的是，与资本的积累和投资于特定的群体或社会空间时，社会资本同样会产生消极作用（张文宏，2003）。

社会资本理论是社会科学领域的一个重要理论框架，旨在研究社会关系、社会网络和社会信任等因素对个体和社会的影响。社会资本理论回答的核心问题包括社会资本的定义和测量、社会资本对个体和社会的发展的影响、社会资本形成和积累的过程、社会资本与其他资源（如经济资本和人力资本）相互作用的方式、社会资本与社会团体、社区和社会结构相关联的方式等。社会资本理论的兴起与社会变迁和转型密切相关，特别是现代化过程中社会关系和社会信任的变化。在社会科学领域，研究人员开始关注社会关系和社会网络对个体和社会发展的影响。过去，人们的研究重点主要放在个体特征和经济因素上，而社会资本理论的兴起将焦点转向了人际关系、信任和合作等社会因素。同时，社会资本理论的发展受益于社会学和经济学之间的交叉研究。社会学家对社会关系和社会结构的研究与经济学家对市场和组织的研究相互融合，为社会资本理论提供了理论基础和方法论。社会资本理论在20世纪80年代和90年代得到了广泛的发展和普及，当时许多国家经历了经济和政治的重大变革，包括市场经济改革、民主化进程和社会结构的重塑；这些变革引发了学者对社会资本概念的兴趣，人们开始思考社会资本如何促进经济发展、民主建设和社会稳定。这一时期社会学家皮埃尔·布尔迪厄（Pierre Bourdieu）和政治学家罗伯特·普特南（Robert Putnam）为社会资本理论现代形式的确立做出了突出贡献。其中，布尔迪厄对社会资本的概念进行了深入研究，将其纳入他的符号权力理论框架中，并强调社会资本在社会阶层和文化领域的重要作用。普特南的研究着重于社会资本对民主政治和社会发展的影响，提出了"社会资本减少"的概念，并通过对社区和公民参与的研究，阐述了社会资本对社会凝聚力和合作行为的重要性。

社会资本理论的基本内容和观点为：①社会资本被视为一种可用于个体和社会发展的资源。它具有价值和可转化性，由个体之间的关系网络所构成。这些关系可以是亲属、朋友、邻居、同事等社会联系。②社会资本可以分为结构性和认知性两种形式（邹宜斌，2005）。结构性社会资本强调关系网络的结构和密度，如社区组织、俱乐部等；认知性社会资本则强调共享的价值观念、信任和互惠关系。③社会资本的形成和积累是一个长期过程，涉及社交互动、互惠关系、信任的建立和维护等。这种过程可以通过参与社交活动、组织成员身份等途径来实现。④社会资本对个体和社会的影响包括经济、政治、社会和心理等多个维度，它可以促进合作、信任、社会凝聚力、公民参与等，对经济发展、民主政治和社会福利有积极作用。社会资本理论提供了一种框架，帮助我们理解社会关系、社会互动和社会网络的作用和价值，解释社会隔离、社会排斥和社会不公正等社会问题和不平等现象，为社会合作和社会凝聚力的促进提供了理论支持。同时，社会资本理论在社区发展、教育实践和经济发展中得到广泛应用，为公共政策制定者促进社会资本积累和发展、实现社会公平正义提供了理论指导。社会资本的培养和利用为乡村可持续发展提供了一个重要的支持框架，通过增强社区的内在联系和外部合作能力，为乡村地区的综合发展和持续进步奠定了基础。

然而，社会资本理论也存在一些局限性：①测量问题。社会资本的测量是一个挑战性的问题。由于社会资本涉及复杂的关系和认知因素，很难准确度量和比较不同个体或社区之间的社会资本水平。②误解与滥用。社会资本的概念容易被误解或滥用。一些人可能将社会资本简单地看作是社交网络的数量或规模，而忽视了其更深层次的含义和内涵。③个人主义倾向。社会资本理论在一定程度上强调个体与社会关系的互动和互惠，但有些批评者认为，这种强调可能过于个人主义，忽视了结构和制度对社会资本的影响。④价值观差异。不同文化和社会背景下的社会资本可能存在差异。社会资本的概念和效应在不同文化和社会环境中的适用性可能受到限制。

2.2.4　生计资本理论

生计资本（Livelihood Capital）理论的提出是在 20 世纪 90 年代初，随着可持续发展理念的兴起，特别是在对发展中国家乡村贫困和不平等现象的关注中逐渐形成（张全红和周强，2018）。1992 年联合国环境与发展会议（即"地球峰会"）后，生计资本理论开始受到国际发展组织和学术界的广泛关注。生计资本理论认为，个体或家庭的生计是建立在不同资本的基础之上，包括自然资本、物质资本、人力资本、社会资本和金融资本（Bhandari，2013）。这些资本的组合和转换能力决定了乡村居民应对风险、抵御贫困的能力。生计资本理论强调通过多种资本的累积和优化配置，增强农村家庭的抗风险能力，促进其生计的可持续性，其强调多元化生计策略的重要性，认为仅依靠单一的生计方式难以实现可持续发展。

生计资本理论自提出后，逐渐在乡村发展、扶贫减贫等领域得到广泛应用，并在实践中不断得到发展，例如加强了对社会资本和环境资本的重视，强调了地方知识和文化资本的作用。在乡村可持续发展实践中，生计资本理论被用于指导乡村规划、扶贫项目设计和实施，它帮助决策者识别不同地区农民生计的脆弱性和潜力，为提供针对性的支持策略提供了理论依据（黎洁等，2009）。生计资本理论为理解乡村居民的生计多样性和复杂性提供了有力工具，促进了对乡村可持续发展策略的多元化思考，它强调了综合考虑乡村居民的资源获取能力、生计策略及其对环境的影响，为乡村可持续发展战略的制定和实施提供了理论支持。生计资本理论的提出，为乡村可持续发展提供了全新视角，特别是在理解和解决乡村贫困、环境退化和社会不平等问题上，生计资本理论的应用有助于提升乡村振兴战略的针对性和有效性，尤其是在资源配置、扶贫政策制定和生态环境保护方面。生计资本理论在实际应用中存在一些局限性，如过于强调资本积累和配置，可能忽视了资本获得过程中的权力关系和不平等问题。

生计资本理论为理解和改善乡村生计提供了一个全面的分析框架，对于推动乡村可持续发展具有重要的理论和实践价值。这一理论强调了在乡村振兴过程中应充分考虑不同类型的资本，以及这些资本如何在乡村社区中相互作用和转化，从而为制定更有效的乡村发展策略提供了重要的理论支持。

2.2.5　地方发展理论

地方发展理论是研究地区和地方经济发展的理论框架，旨在理解地方经济的特点、问题和驱动因素。该理论关注的问题包括不同地区之间经济发展水平和差异的形成原因（如地理因素、资源禀赋、产业结构、劳动力市场和政府政策等）、地方经济增长和发展的动力机制（如投资、技术创新、创业、市场开发和国际贸易等因素）、地方产业结构的形成和演变（如产业聚集、产业链条、产业升级和产业转型等）、就业机会创造和人力资源开发（教育培训、人才引进和劳动力市场的运行等）、创新对地方经济发展的推动作用（创新系统、科技园区、科技企业和知识产权保护等）、地方经济的环境、社会和经济可持续性等。

地方发展理论的发展可以追溯到 20 世纪初，尤其是 20 世纪 50 年代后期至 60 年代。随着工业化和城市化的加速，学者开始关注地区经济发展的问题，并提出了地区经济学（Regional Economics）、地方发展规划（Regional Development Planning）、新经济地理学（New Economic Geography）、创新与地方发展（Innovation and Local Development）等相关理论。地区经济学是地方发展理论的重要组成部分，其经典著作是沃尔特·艾萨德（Walter Isard）的《地区经济理论与政策》。早期的地区经济学主要关注地区经济差异的形成原因和影响，强调地区资源、产业结构和空间布局对经济发展的影响。地方发展规划理论强调通过制定和实施合理的发展策略和政策来促进地方经济发展。这一理论框架强调政府在地方发展中的角色，并提出一系列规划方法和工具。新经济地理学强调地理因素对经济发展的影响，特别是交通、地理位置和区位优势，其经典著作是保罗·克鲁格曼（Paul Krugman）的《地理与贸易》。该理论框架关注地域之间的互动和空间经济的特征，并认为地理因素对地方发展的空间布局和区域竞争力有着重要影响。创新与地方发展理论探讨创新对地方经济增长和竞争力的重要性，强调创新的驱动因素、创新系统的构建及创新对地方经济结构和就业的影响。此外，迈克尔·波特（Michael Porter）提出钻石模型（Diamond Model）以解释地区竞争力的形成和提升，对地方竞争力理论的发展作出了突出贡献。

地方发展理论的核心观点可以归纳为：①地方特色。每个地方都有其独特的资源禀赋、文化传统和产业基础，地方发展应该根据自身特点制定适合的发展战略。②产业聚集和集群效应。相似产业在地理空间上的聚集可以带来规模经济、技术溢出和合作机会，形成集群效应，促进地方经济发展。③政府的角色。政府在地方发展中起着重要的引导和推动作用，可以通过制定政策、提供公共服务、吸引投资和培育创新等手段促进地方经济增长。④创新驱动。创新是地方发展的重要动力，地方应该注重创新能力的培养和创新环境的构建，提升竞争力和可持续发展能力。地方发展理论促进了对地方经济发展竞争力和潜力的深入理解，并为地方政府和决策者提供了促进经济增长、吸引投资、培育产业集群和提升创新能力等方面政策和规划的指导。它促进了地方合作与协调，推动了经济发展、环境保护、资源管理和民生福祉的可持续发展，并为应对不断变化的地方经济环境提供了适应性和灵活性。地方发展理论通过倡导地方资源的优化利用和增强社区参与，推动了乡村地区的经济自主性和文化保护，从而促进了乡村地区可持续发展。

地方发展理论在地方经济规划、政策制定和项目评估等方面得到了广泛的应用，然而地方发展理论也存在一些局限性。首先，不同地区的经济发展受到多种因素的影响，包括历史、文化、社会政治环境等，地方发展理论难以全面解释这些复杂的因素。其次，地方发展理论往往过于强调经济增长和竞争力，忽视了社会公平、环境可持续性等问题。再次，由于地方发展理论主要关注于经济层面，对社会和文化因素的分析相对较少。将地方发展理论与其他学科和领域的理论相结合，形成综合性的研究视角，将有助于更全面地理解和推动地方经济的发展。最后，随着全球化和技术进步的加速，地方发展面临新的挑战和机遇。传统的地方发展理论需要与新的趋势和变化相结合，如数字化经济、智能城市、可持续发展等，以更好地应对地方经济发展的新形势和全球化背景下的挑战。

2.2.6 人地关系地域系统理论

人地关系地域系统（Man-Land Relationship Territorial System）是由人类社会和地理环境两个子系统在地球表层一定区域交织形成的动态结构（吴传钧，1991）。基于该概念基础上的人地关系地域系统理论（Human-Environment Regional Systems Theory）是人文地理学领域的一种理论框架，旨在研究人类活动与自然环境之间的相互作用及其在地域尺度上的表现。该理论强调人类与环境的相互依存关系，认为人类活动和环境要素共同构成地域系统，通过相互作用和适应，塑造了地域的特征和演变。该理论关注的问题包括乡村地区的地理环境、地域差异、空间布局、资源分布、人口分布、土地利用、能源消耗、自然灾害、资源限制等，以及不同尺度上的人地关系特征和模式。

人地关系地域系统理论起源于20世纪中叶。当时，地理学逐渐从描述性学科转向理论性学科，开始关注人类与环境的相互关系。同时，人类活动对自然环境的影响日益凸显，促使地理学家探索人类与环境之间的相互作用。此外，人地关系地域系统理论的发展也受到系统科学和生态学的影响。系统科学强调整体性和相互作用，而生态学研究生物与环境之间的相互依存关系。这些学科的理论和方法为人地关系地域系统理论的形成提供了理论基础。这一理论是由美国地理学家理查德·哈特希恩（Richard Hartshorne）提出并发展起来的。他在1939年的著作《地理学的本质》（*The Nature of Geography*）中首次提出这一理论，并在之后的研究中不断完善和拓展。在理查德·哈特希恩之后，许多地理学家对人地关系地域系统理论进行深入的研究和发展，代表性的学者包括威廉·D. 帕蒂森（William D. Pattison）、彼得·戴维德·托祖维克（Peter David Tóthvik）、托马斯·塞奇勒（Thomas J. Seager）等。1991年，吴传钧提出人地关系地域系统是地理学研究核心理论，依据该理论发展出的城乡融合系统、乡村地域系统及贫困地域系统理论成为研究现代城乡关系和乡村发展问题的重要范畴（刘彦随，2018；周扬等，2021）。诸多学者通过实证研究、理论拓展和案例分析，进一步丰富了人地关系地域系统理论的内涵和应用。

人地关系地域系统理论的基本内容包括：①地域是整体系统。地域包括人类社会、经济、文化等方面的要素，以及地理环境、生态系统等自然要素。这些要素之间相互联系和相互作用，共同构成地域系统。②人类活动与自然环境相互依存，彼此之间的相互作用塑造了地域的特征和演变。③人地关系具有动态性。人地关系是动态的，随着时间的推移和环境的变化，地域系统的特征和模式也会发生变化。人类通过适应和调节与环境的关系，实现地域的可持续发展。④关注地域尺度上的人地相互作用。该理论认为地域系统的特征和结构会受到尺度和空间关系的影响。不同尺度上的人地关系呈现不同的特征和模式，需要考虑地域的空间和尺度因素。人地关系地域系统理论提供了研究乡村地区的理论框架。它将乡村看作一个整体系统，包括人类社会、经济、文化等方面的要素，以及自然环境、生态系统等自然要素。这种综合性的视角帮助人们更全面地理解乡村地区的特征、问题和发展潜力。同时，这一理论提供了分析不同尺度和空间下人类与环境之间的相互作用和相互依存关系的方法，帮助人们了解人类活动对乡村环境的影响及环境对人类活动的制约，为乡村地区可持续发展的规划、管理和决策提供更具体和有针对性的策略。

然而，人地关系地域系统理论也存在一些局限性。首先，由于地域系统的复杂性，理论的应用往往面临数据收集和分析的挑战。其次，该理论在考虑社会经济因素时较为简化，未能充分考虑经济发展和社会变迁对乡村可持续发展的影响。

2.2.7　乡村地域系统理论

乡村地域系统（Rural Territorial System）是由人文、经济、资源与环境相互联系、相互作用下构成的，具有一定结构、功能和区际联系的乡村空间体系，是一个由城乡融合体、乡村综合体、村镇有机体、居业协同体等组成的地域多体系统，具有复杂性、综合性、动态性、开放性特点（刘彦随，2018；刘彦随等，2019）。基于该概念基础上的乡村地域系统理论是一种关于乡村地域发展的理论体系，旨在回答乡村地区发展中乡村经济的结构和变迁、乡村社会的演变和变迁、乡村土地的功能分区、土地利用方式、土地资源保护、乡村地区的生态环境保护等一系列问题，探索乡村地域内各要素之间的相互作用、关系和动态演化，以及如何实现乡村地区的可持续发展。

乡村地域系统理论的起源可以追溯到地理学和区域经济学等学科的研究。起初，在地理学和区域经济学的基础上，学者们开始关注乡村地区的空间结构、功能组织和资源配置等问题。他们通过对乡村地域内各要素的研究，提出了乡村地域系统的概念，并初步揭示其内部的相互关系和相互作用。随着相关学科的交叉融合和学者研究的不断深入，乡村地域系统理论得到了进一步的发展和完善。学者们开始通过系统论、地理信息系统等方法，深入研究乡村地域系统的结构、演化和调控机制，逐渐形成了一套完整的理论体系。近年来，随着城市化的推进和农村改革的深化，乡村地区面临着结构性转型和可持续发展的挑战。乡村地域系统理论进一步与可持续发展的理念结合，强调乡村地区的生态环境保护、资源利用和社会经济发展的协调。学者们开始关注乡村地域系统的可持续发展路径和实践，提出了一系列与乡村可持续发展相关的理论观点和政策建议。乡村地域系统理论的发展离不开一批具有重要贡献的学者。如德国地理学家弗里德里希·罗斯特（Friedrich Rost）的著作《乡村地域系统理论》（*Theory of Rural Regional Systems*）系统地阐述了乡村地域系统的概念、结构和演化。德国自然科学家和地理学家亚历山大·冯·洪堡（Alexander von Humboldt）在其著作《乡村地域系统研究》（*Investigations into the Rural Regional Systems*）中强调自然环境和人文因素在乡村地域系统中的相互影响。美国地理学家和规划学家约翰·弗里德曼（John Friedmann）在《乡村地域系统与可持续发展》（*Rural Regional Systems and Sustainable Development*）将乡村地域系统的理论与可持续发展的观念结合起来，提出了一种关注乡村社会、经济和环境的综合发展路径。

乡村地域系统理论将乡村地域视为一个包含资源禀赋、空间区位、基础设施等物质性要素和人际关系、社会联系、价值观与态度等非物质性要素的复杂系统，强调要全面理解和分析乡村地域系统内部各要素之间的相互作用和影响（刘彦随等，2019）。乡村地域系统内各要素之间，以及与系统间交互作用、相互影响，形成乡村的多重功能，包括农业生产、乡村社会服务、生态环境保护等。进一步地，乡村地域系统理论认识到不同地域的乡村地区具有各自的特点和优势，强调要充分考虑地域差异性，制定差异化的发展战略和政策。结合现实需求，乡村地域系统理论还将可持续发展的理念纳入研究范畴，强调乡村地区的社会、经济和生态环境的协调发展。乡村地域系统是一个在与外部环境交互的过程中内在结构和地域功能动态变化的开放型系统，其演化具有兴衰起落的生命周期特征（周扬等，2020）。乡村地域系统理论有助于深入理解乡村地区的内在关系和发展机制，为制定综合性、可持续的乡村发展战略和路径提供了理论基础。同时，乡村地域系统理论借鉴系统论、地理信息系统等研究方法，为乡村可持续发展提供了科学的分析工具。通过运用这些方法，研究者可以更全面、准确地了解乡村地域系统的状态和变化，为乡村发展的规划、管理和决策提供科学依据。

2.2.8 新乡村主义理论

新乡村主义（New Ruralism）理论是一种关注乡村地区可持续发展的理论框架，通过强调乡村地区的社会、经济、环境和文化的整合与创新寻求一种可持续的乡村发展模式。它回答了如何实现乡村地区的可持续发展、农业衰退和人口流失、城乡关系的平衡、保护和传承乡村地区的传统文化和提升乡村居民生活质量等一系列与乡村发展相关的问题。传统乡村主义强调乡村地区的自给自足、封闭性和传统文化的保护。但随着社会经济的转型和城市化的加速，乡村地区面临着农业衰退、人口流失、资源环境破坏等挑战。同时，传统城市规划强调功能分区和汽车依赖，导致城市扩张和乡村地区的边缘化。在此背景下，学者们开始对传统城市化模式和农村发展模式提出质疑，试图通过重新思考城市与乡村的关系来探索一种更加综合和可持续的乡村发展模式。新乡村主义理论的起源可以追溯到20世纪90年代初的欧洲和北美地区，特别是荷兰和美国，它们是对传统乡村主义的一种演进和拓展。1991年，荷兰规划师凯斯·克里斯蒂安斯（Kees Christiaanse）在他的著作《新城市主义》（New Urbanism）中首次提出了新乡村主义的概念和原则。他强调城市与乡村之间的互动关系，倡导创造紧凑、可持续和人文的社区。随着许多学者、规划师和建筑师的参与及新乡村主义组织的形成，新乡村主义理论得到进一步的发展并逐渐扩展到全球范围。

新乡村主义理论的基本内容可以总结为：①综合性发展。该理论主张以综合性的视角看待乡村发展，将社会、经济、环境和文化等要素纳入考虑，寻求整体性的解决方案。②人文主义。新乡村主义理论强调人类居住环境的人文价值。它倡导以人为本的设计理念，关注社区参与和自治、文化保护和社会互动。③混合用途和紧凑型规划。该理论提倡将不同功能和用途的建筑、设施和活动集中在一个相对紧凑的空间内，以减少长距离交通运输需求，促进社区活力和可持续发展。④可持续交通。新乡村主义理论强调可持续交通方式的推广，如步行、自行车和公共交通，倡导减少汽车依赖，提供便捷的公共交通服务和友好的行人环境。⑤自然保护和绿色基础设施。该理论强调保护自然环境和生态系统，提倡在乡村地区保留绿地、湿地和农田，并提供绿色基础设施，如生态廊道和雨水管理系统。新乡村主义理论帮助我们理解乡村地区的复杂性和多样性，将社区居民的需求和意愿纳入规划过程，增加发展的可持续性和社会认可度。此外，新乡村主义理论还强调环境保护和自然资源的可持续利用，有助于实现乡村地区的生态安全和生态可持续性。许多国家和地区将其作为乡村规划和发展的指导原则，并通过实践来验证其可行性和有效性。例如，在美国，一些新乡村主义社区的规划和建设取得了巨大的成功，提供了宜居的居住环境和可持续的发展模式。在中国，新乡村主义理论也得到广泛关注，一些地方政府和开发商在乡村地区的规划和建设中采用了新乡村主义的理念和方法。

新乡村主义理论虽然提出了一种综合性的乡村发展模式，但也存在一些局限性。首先，新乡村主义理论在不同国家和地区的应用可能受到文化差异的限制。某些理念和原则可能无法直接适应特定地区的文化和传统。其次，新乡村主义理论强调紧凑、可持续和人文的社区设计。然而，在实践中，过度的规划和标准化可能导致缺乏灵活性和创新性，从而限制地方特色和多样性的发展。再次，新乡村主义理论强调社区参与和自治，但一些新乡村项目可能面临社会经济差异、社会排斥和社会平等等问题。最后，新乡村主义理论追求经济、社会和环境的可持续发展的平衡将面临目标和利益的冲突。在实践中，需要考虑文化适应性、规划和标准化的平衡、社会包容性、可持续性的平衡的挑战，以确保新乡村主义理论的有效应用和可持续发展。

2.2.9　城乡二元结构理论

城乡二元结构是城乡在生产及生活等层面体现出的一种不均衡、不对称的状态（雷明等，2022）。基于该概念基础上的城乡二元结构理论是一种关注城市与乡村之间关系的理论框架，旨在探讨城乡发展的差异、互动和影响。城乡二元结构理论回答的问题包括：城市与乡村之间的关系、城乡之间的发展差异和联系、城市化进程对乡村发展产生的深刻影响、城市化过程中的问题和挑战、实现城乡协调发展的方式、减少城乡差距和促进乡村可持续发展的措施，以及城乡二元结构对社会、经济和环境可持续性的影响等。城乡二元结构理论的起源可以追溯到20世纪上半叶，其发展主要涉及经济学、地理学、社会学和规划学等学科领域。在经济学领域，城乡二元结构理论的起源可以追溯到农业经济学的发展。20世纪初，一些经济学家开始关注农村经济与城市经济之间的差异和联系。其中一位重要的学者是经济学家阿瑟·刘易斯（W. Arthur Lewis）。他在 1954 年的著作《无限劳动力供给下的经济发展》（*Economic Development with Unlimited Supplies of Labor*）中，提出"劳动力剩余模型"，强调工业化进程中，劳动力从农村地区向城市地区的转移对经济发展的重要性。这一理论为后来的城乡二元结构理论提供了经济学基础。在地理学领域，城乡二元结构理论的起源可以追溯到对地理空间差异的研究。地理学家对城市与乡村之间的空间分异、功能分化和区域发展进行深入研究。在 20 世纪早期，地理学家欧里斯特·伯吉斯（Ernest W. Burgess）提出了同心圆模型（Concentric Zone Model），描述城市结构中的不同区域及其功能分化，为后来的城乡二元结构理论奠定了坚实基础。在社会学和规划学领域，城乡二元结构理论得到了进一步的发展和应用。约翰·弗里德曼（John Friedmann）是城市与区域规划领域的著名学者，他在 20 世纪 60 年代提出城市与地区发展的"第三波"理论（Theory of the Third Wave），强调城市与乡村之间的相互依赖和协调发展。他强调城市和乡村作为一个整体的发展，并提出解决城乡差距和促进乡村可持续发展的策略。

城乡二元结构理论的基本内容和核心观点可以概括为：①城市与乡村的差异。城市和乡村是两个相互依赖但具有明显差异的地域性空间。城市通常具有较高的人口密度、经济活动集聚、社会资源丰富、生产力和创新能力更强，而乡村则以农业、自然资源和传统社会结构为主导，社会资源匮乏，基础设施和公共服务落后。②城乡互动关系。城乡二元结构理论强调城市与乡村之间的相互依存和互动关系。城市作为经济、政治和文化中心，对乡村有着需求，如食物、能源、劳动力等资源；而乡村则为城市提供农产品、原材料、生态服务等。这种互动关系在城乡劳动力流动和经济交流中得到体现。③城乡差距和不平等。城市的发展带来经济和社会的机遇，但也加剧了城乡收入差距、教育和医疗资源的不平等等问题。这种不平等现象可能导致社会分裂和资源分配的不公平。④城乡协调发展。它提倡通过政策措施和规划策略，促进城乡之间的平衡和协调。这包括改善乡村基础设施、提升农业生产水平、促进农村非农产业发展、改善乡村教育和医疗条件等方面的努力。城乡二元结构理论认识到乡村作为城市的补充和支撑，具有独特的生态功能、经济功能和社会功能。它强调乡村的农业生产、自然资源保护、生态系统服务及传统文化的价值，为乡村可持续发展提供理论支持。城乡二元结构理论关注城乡互动与协调发展，它提倡城乡协调发展，通过政策和规划策略促进城乡之间的平衡和协调。这有助于避免城市过度扩张和乡村资源过度耗竭的问题，实现城乡共同发展。

城乡二元结构理论虽然对城市与乡村之间的关系与发展进行了重要的分析和探讨，但也存在一些局限性。首先，城乡二元结构理论将城市和乡村视为两个截然不同的空间，忽视了城乡之间的多样性和渐变性。实际上，城市和乡村之间存在着广泛的中间地带和过渡区域，这些地区具有独特的特征和发展模式，不能简单地归类为纯粹的城市或乡村。其次，城乡二元结构理论过于关注城市与乡村的差异与对立，容易忽视城乡融合发展的重要性。再次，城乡二元结构理论在分析城乡发展差异和不平等时，主要从经济角度出发，强调城市的经济增长和现代化带来的优势。然而，城乡发展差异涉及更广泛的领域，包括社会、文化、政治等方面，需要更加综合和多维度的分析。最后，城乡二元结构理论主要关注特定国家或地区的城乡关系，对全球化背景下的城乡发展问题相对较少关注。然而，在全球化进程中，城乡之间的联系和影响已经超越了国家边界，需要考虑全球城乡关系和发展趋势。

2.2.10　农业多功能性理论

学界对农业多功能性的认识是一个不断深化的过程（尹成杰，2007；孙新章，2010；彭建等，2014）。20世纪初，农业主要被视为食物和原材料的生产者，此时对农业的认识主要集中在其提供基本生活物资的功能上。到20世纪中叶，随着环境保护意识的增强，人们开始意识到农业活动与环境保护之间的密切联系。农业被视为生态系统的重要组成部分，其在生物多样性保护、水土保持、碳循环等方面的贡献受到关注。20世纪末，随着全球化和市场经济的深入发展，农业已不再局限于作为食物和原料的生产者，其在维护生态平衡、促进社会稳定及文化传承等方面的作用日益受到重视（王国平和赵敏，2005；彭建等，2014）。为应对这一新趋势，农业多功能性理论应运而生。

20世纪80年代末90年代初，多功能性农业的思想开始出现在一些文献和政策文件中。比如欧洲共同体委员会（CEC）（1988）在其著名出版物《乡村社会的未来》（*The Future of Rural Society*）著作中指出，农业具有促进经济发展、环境保护和文化保存传承等属性作用。1992年里约地球峰会发布的《21世纪议程》（第14条）首次提出农业政策应该考虑农业自身的"多功能"特征。1993年欧洲理事会关于农业法律的文件首次官方使用了"多功能农业"（Multifunctional

Agriculture）的概念（Wilson，2009）。"农业多功能性"是指农业能产生多元的、相互联系的结果和效应（Renting et al.，2009）。进入 21 世纪，国际组织，如联合国粮食及农业组织（FAO）和经济合作与发展组织（OECD）等开始重视并推广农业多功能性概念，使得该理论得到了国际社会的广泛认可，并在政策制定和实践中得到应用。近年来，随着可持续发展和生态文明建设理念的深入人心，农业多功能性理论得到进一步的丰富和深化发展，学者们更加关注农业在维持生态平衡、促进社会公平、提升生活质量等方面的作用，理论研究和实践应用变得更加多元化和深入。农业多功能性理论的发展演变过程反映人类对农业角色和功能定位的深化，以及对农业与生态环境、社会经济之间关系理解的不断提升，这一理论的发展促进农业可持续发展的理念，在全球范围内对农业政策制定和乡村发展产生深远的影响。

农业多功能性理论对乡村发展的启示是深远的，为乡村发展提供了新的思维框架和实践路径。该理论强调，农业不仅是生产食物的场所，还能提供旅游、休闲、文化和教育服务，鼓励乡村地区开发多元化的经济活动，如观光农业旅游、农村手工艺品制作等，以拓宽农民增收渠道，提高乡村经济活力。同时，农业多功能性理论强调生态保护和可持续使用自然资源的重要性，在乡村发展中，这意味着推广生态农业、有机农业等可持续农业模式，保护乡村生态环境，为乡村居民提供健康的生活环境。此外，农业和乡村作为重要的文化遗产的承载体，在乡村发展过程中，应重视保护传统农业文化，发挥农业在文化传承中的作用，例如通过发展农耕文化旅游来增强乡村文化吸引力。要实现农业多功能性对乡村可持续发展的贡献，需要相应的政策支持和资源配置。政府应制定相应政策，鼓励和指导农业向多功能方向发展，如提供财政补贴、技术支持和市场开拓等。

农业多功能性理论为传统农业发展提供了新的视角。它要求政策制定者、农业从业者和社会各界重新认识农业的价值，将农业的环境保护和社会文化功能纳入农业政策和发展战略中，促进农业与环境的和谐共生。然而，农业多功能性理论在实践中也面临一些挑战，如农业多功能的评价标准不统一，使相关政策难以制定和执行；部分农民对非生产功能的认识不足，导致理论难以深入人心。

2.2.11　乡村多功能性理论

乡村多功能（Rural Multifunctionality）是指乡村地域系统在一定发展阶段通过发挥自身属性及其与其他系统共同作用所产生的对自然界或人类发展有益作用

的综合特性（刘玉等，2011）。具体来说，乡村拥有农业生产、生态保育、栖息生活、文化传承等多种功能属性（刘玉等，2012；房艳刚和刘继生，2015；周国华等，2020）。乡村多功能性理论是一种关于乡村发展的理论框架，认为乡村不仅是农业生产地，更是农业多功能性理论的进一步深化。乡村多功能性理论回答的问题包括乡村的定义和特征、乡村的功能和价值、实现多功能发展的方式、乡村发展中平衡不同功能的关系的原则、挖掘乡村多功能性促进乡村的可持续发展等。过去几十年来，农村社会在现代化和城市化进程中发生了巨大变化，传统的农业经济模式逐渐不再适应农村经济多元化的需求。同时，人们对环境保护和可持续发展的要求不断提高，传统的农业经济模式对环境的负面影响受到关注。乡村多功能性理论的出现可以追溯到法国农业学家皮埃尔·杜布瓦（Pierre Dubois）于 20 世纪 70 年代初期提出的"多功能农业"概念，他认为农业不仅仅是为了食物生产，还有其他社会、经济和环境功能。法国农业经济学家让—路易·波塞莱尔（Jean-Louis Bosserelle）提出"多功能农业经济学"的概念。在欧洲，乡村多功能性理论得到广泛的研究和应用，并逐渐形成一套系统的理论框架。在其他地区，如北美和亚洲等地，也出现了相关的研究和理论探索，并根据当地实际情况进行适应和发展。Holmes（2006）较系统地提出了多功能乡村转型理论，指出农业产能过剩、环保意识增强等因素驱动着乡村功能转型。

乡村多功能性理论的基本内容和核心内容为：第一，乡村的多功能性。乡村不仅是农业生产的场所，还具有多种功能和价值，包括生态功能、社会功能、文化功能和经济功能等。第二，功能的平衡与协调。乡村多功能性理论认为乡村的不同功能之间存在着相互关系和影响，需要在发展过程中实现功能之间的平衡和协调。例如，农业生产与生态环境保护之间需要协调，社会功能与经济功能之间需要平衡。第三，乡村发展的整体性视角。乡村多功能性理论强调将农业、农村社会和农村经济作为一个有机的整体来考虑和研究。它具有双层内涵：一是强调乡村经济的多元化；二是将自然环境保护和人力资源开发的优先领域相结合（马历等，2019）。它强调农业经济的多元化、农村社会的多样性和乡村发展各个方面的相互关系。在该理论视角下，乡村作为一个多元化的社会经济空间，我们可以通过发掘和利用乡村的多种功能，在农业生产之外开展其他产业，提供多样化的就业机会，增加乡村居民的收入来源，改善农村基础设施和公共服务，减轻农村贫困问题，促进乡村社会的稳定和发展。同时，乡村作为自然资源和生态系统的重要组成部分，承载着生态保护和生态恢复的责任。乡村多功能性理论强调可持续发展要将农业生产与生态环境保护相结合,推动可持续农业实践的发展,促进生态系统健康和生物多样性的保护。另外,乡村也是社会交往和文化传承的重要场所,通过加强乡村社区的凝聚力和自治能力、保护和传承乡村的文化遗产、鼓励文化创意产业的发展,挖掘乡村多功能价值,增强乡村的社会认同感和自豪感,促进社会和谐与稳定。总之,乡村多功能性理论有助于避免单一功能导向的发展模式,在乡村发展中平衡各种功能需求,实现乡村资源的高效利用、社会经济的协调发展和生态环境的保护,促进乡村发展的多样性、创新性。同时,它也促使决策者和规划者考虑乡村发展的长远性和整体性,避免短期决策和利益的过度追求,从而增强乡村的竞争力和可持续性。

乡村多功能性理论虽然对乡村可持续发展提供了重要的理论指导,但也存在一些局限性。首先,乡村多功能性理论强调平衡不同功能需求,但在实践中,不同功能之间也可能存在冲突和权衡。例如,农业生产与生态保护之间可能存在矛盾,经济发展与社会公平之间可能存在矛盾。其次,现代化进程和全球化趋势可能导致乡村社区的文化传统和社会结构的变化,如何平衡传统与现代化的关系,以保护乡村的独特文化和社会特征是一大挑战。最后,乡村社会功能的实现离不开乡村社区的参与和自治,但在实践中,乡村社区的参与程度和治理能力存在差异。一些乡村社区可能面临资源匮乏、信息不对称和决策能力不足等问题,这可能影响村民有效参与乡村发展和多功能性实践的能力。

2.2.12 分层协同减贫理论

分层协同减贫(Stratified Poverty-Alleviation)理论是一种全面解析贫困现象的理论框架,它深入探讨了贫困的产生、维持和消亡过程中个体与区域之间的复杂互动关系。该理论主要基于人地关系地域系统,认为贫困不仅是个体或家庭的问题,而是与特定地理和区域因素紧密相关的结果(Zhou and Liu,2022;周扬和李寻欢,2021)。分层协同减贫理论将个体与区域相结合,旨在为理解贫困发生机制及制定科学的减贫策略提供理论支撑。

该理论的主要贡献之一在于提出了贫困地域系统的概念,认为贫困地域系统由多个子系统组成,包括以人为核心的社会子系统、以地为核心的环境子系统和以业为核心的经济子系统(Zhou and Liu,2022)。这些子系统在特定的贫困地域内通过地理区位、生态环境、资源禀赋、经济水平、社会福利等要素相互作用,形成具有开放性和动态变化特征的复杂系统。该理论还强调分层协同减贫的重要性，认为贫困包括区域贫困和个体贫困，两者是相互补充、相互联系、相互影响的共生关系。区域贫困是个体贫困的空间载体，而个体贫困则是区域贫困的现实表象。两者通过经济、社会和环境三大维度发生关联，个体贫困的累积放大效应最终形成区域性贫困。区域贫困和个体贫困研究与减贫的出发点和立足点不同。区域性贫困问题研究侧重于贫困区域的人地关系失衡，而个体贫困问题研究则侧重于贫困群体可行能力的剥夺或缺失。个体贫困的研究核心在于分析个体资源、能力、权力和机会的缺失，而区域贫困研究则关注贫困与环境（自然环境/人文环境）的关系。该理论还认为，资本、能力和福利是连接区域贫困和个体贫困的三条纽带，也是理解贫困内涵的三大核心概念（李寻欢等，2020），三者在减贫与发展中的地位和作用分别为资本是基础、能力是手段、福利是目标。

分层协同减贫理论的核心在于强调同时关注个体贫困和区域贫困的减轻，只有两者协同推进，才能从根源上减轻甚至消除贫困。中国实施的精准扶贫战略即是此理论的成功实践，它不仅瞄准特困地区和贫困人口，还通过基础设施和公共服务设施建设等政策支持来营造良好的发展环境，同时侧重于提升贫困群体自身的发展能力，实现了消除个体绝对贫困和区域整体贫困的共赢（Zhou and Huang，2023）。

分层协同减贫理论不仅丰富了贫困研究的理论体系，也为解决贫困问题提供了更为科学、全面和有效的策略。它揭示了贫困现象的复杂性和多维性，强调了在减贫过程中既要关注个体的贫困状态，也要重视贫困地区的整体发展。通过这种综合的视角，可以更有效地实现贫困的根本消除。

2.2.13　城乡融合理论

城乡融合（Urban-Rural Integration）理论是一种研究城市和农村融合发展的理论体系，旨在解决城乡发展不平衡、城乡差距扩大等问题（何仁伟，2018；刘守英和龙婷玉，2022）。城乡融合理论的出现是对城乡二元结构和城乡差距问题的反思。在快速城市化和农业现代化的过程中，城乡之间出现了明显的经济差距、社会差距、文化差距，城乡二元结构也制约了经济社会的发展。因此，城乡融合理论的提出旨在寻求一种方法和路径，实现城乡一体化发展，推动城乡共同繁荣。城乡融合理论起源于中国的城乡发展实践，并得到了学者们的深入研究和推广（刘彦随，2018；方创琳，2022）。中国特色社会主义理论体系中关于城乡融合发展的观点和路径，为城乡融合理论的形成提供了理论基础。此后，一系列学者在实践中总结经验,提出了城乡融合理论的基本概念和原则,推动了该理论的发展。

城乡融合理论的基本内容和核心观点包括:①城乡融合是城市与农村共同发展的必然要求。城市与农村是相互依存、相互补充的两个部分(Liu and Li,2017)。乡村系统为城镇系统提供大量的劳动力、土地、食物、工业原料等,为城镇系统的良性运转提供支撑,城镇系统则为乡村系统提供资金和技术、信息及管理等现代要素(张富刚和刘彦随,2008)。城乡融合发展是实现协调发展的关键。②城乡融合需要优化资源要素配置。通过城乡间要素流动和优化配置,实现资源、资本、劳动力等要素的高效利用和合理分配,提高农村地区的生产力,促进农村经济的发展,实现农村产业结构的升级和转型。同时,可以减少城市过度集聚的问题,缓解城市资源压力,促进城市的可持续发展。③城乡融合推动社会文化交流与共享。通过加强城乡间的人员流动、文化交流和社会互动,促进城乡社会文化的融合,实现共享发展。④城乡融合需要提升公共服务水平。通过均等化城乡公共服务的供给,改善农村居民的基本生活条件和城市居民的幸福感,实现城乡公共服务的均衡发展。⑤城乡融合理论注重生态文明建设,提倡统筹城乡发展和生态环境保护。城乡融合可以推动农村地区的生态环境保护和修复,通过发展生态农业、生态旅游等方式,保护农村的生态资源,提高生态系统的稳定性和可持续性。同时,城乡融合也可以减少城市的生态压力,实现城市的可持续发展。加快推进城乡融合发展是全面实施乡村振兴战略的重要路径,也是加快实现农业农村现代化的根本保障(刘彦随等,2019;张强等,2020)。

2.3 本章小结

本章系统总结了乡村发展和振兴的理论基础,强调了乡村作为城市发展的起源地和现代城市发展的支撑点的重要性。首先,乡村是农业生产和社会发展的基础,通过农业技术的进步和生产力的提高,乡村积累了物质财富,促进了城市的产生和发展。在现代社会,乡村依然在粮食生产、生态保护、文化传承等方面对城市发展起着重要支持作用,因此,重视和推动乡村的可持续发展对社会整体的可持续发展具有深远意义。

　　其次，本章详细介绍了乡村相关的基本概念，包括村庄、农村、乡村、乡村性、地方性、乡村经济、乡村系统等。这些概念有助于我们更好地理解乡村的发展路径和乡村在社会、经济、生态和文化等多方面的功能和作用。乡村不仅是农业生产的主要场所，还承载着社会交往、文化传承和生态保护等多重功能，因此，需要在乡村发展过程中综合考虑各方面的需求和功能，实现平衡发展。

　　最后，本章探讨了乡村可持续发展的相关理论，包括可持续发展理论、生态经济理论、社会资本理论、生计资本理论、地方发展理论等。这些理论为乡村可持续发展提供了坚实的理论支持和指导框架。可持续发展理论强调在经济、社会和环境之间寻求平衡，生态经济理论探讨经济活动与环境保护的协调，社会资本理论关注社会关系和信任对社会发展的影响，生计资本理论强调多种资本的累积和优化配置，地方发展理论则关注地方经济的特点和推动因素。这些理论共同为实现乡村的可持续发展和振兴提供了多维度的视角和解决方案。

3 中国乡村发展的历程、特征与成就

中华人民共和国成立以来，中国乡村发展经历了国民经济恢复、社会主义改造、人民公社、统分结合的双层经营体制、社会主义新农村建设、精准扶贫、乡村振兴七个阶段，各阶段具有独特的历史背景、阶段特征和发展成就，每个阶段的发展成就和特征体现了中国农村在不同历史时期的发展路径和政策取向，展现了中国乡村发展的历史脉络和变迁。自 1978 年改革开放以来，中国在农业发展、农民增收、缩小城乡收入差距、脱贫攻坚、农村基础设施建设、乡村治理体系等方面取得了显著成就。但中国乡村可持续发展仍然面临诸多现实挑战，如人口大规模外流、快速老龄化、村庄空心化、耕地非农化、粮食生产重心北移、乡村教育资源不足、传统文化衰落、乡村治理体系和治理能力现代化不足等。本章重点归纳总结中华人民共和国成立以来中国乡村发展的历史背景、阶段特征、发展成就、存在问题及启示意义，系统阐述改革开放政策实施以来中国乡村发展取得的重大成就。

3.1 中华人民共和国成立以来
乡村发展历程与阶段特征

乡村发展问题系关乎国家发展的重大课题（陆益龙，2021）。中华人民共和国成立以来，我国乡村发展主要经历了国民经济恢复阶段（1949~1952 年）、社会主义改造阶段（1953~1957 年）、人民公社阶段（1958~1978 年）、统分结合的双层经营体制阶段（1979~2004 年）、社会主义新农村建设阶段（2005~2012

年）、精准扶贫阶段（2013～2020 年）、全面推进乡村振兴阶段（2021 年以来）
七个发展阶段，各阶段的历史背景、阶段特征、发展成就各不相同，促进乡村发
展的内生动力和外部条件亦有所变化（李培林，2023）。推动乡村发展的动因源
自现代化与社会转型过程中所出现和面临的结构性问题（陆益龙，2021）。具体
表现为：

3.1.1　国民经济恢复阶段（1949～1952 年）

该时期是新中国成立后的国民经济恢复阶段，这一时期的土地改革政策对我
国农业和农村发展具有重要的历史意义和深远的影响。中华人民共和国成立之
初，国内经历了长期的战争，农村千疮百孔、百废待兴，农业生产设施受损严
重，农业生产力严重受损，农村经济陷入困境，该时期的首要任务是恢复和发展
农业生产。一方面，国家进行了深刻的土地改革，废除了封建性质的土地占有制
度，建立了农民土地所有制，保障农民财产权，分配土地给无地或少地农民，实
行了"耕者有其田"的政策，提高了农民的生产积极性，推动了农村社会的根
本变革。另一方面，大力重建农业基础设施，修复水利设施，改善农田，出台了
一系列政策，比如通过农产品收购政策、农产品预购办法、调整工农产品相对价
格、降低农业税等政策支持农业生产的恢复和发展（王景新，2021）。土地改革
为农村基层政权建设和党的基础组织建设奠定了良好的基础。在土地改革的基础
上，农业生产得到迅速恢复和发展，粮食产量显著提高。土地改革和农业发展显
著提升了农民的生活水平和经济地位。这一时期国家将主要精力放在恢复生产
上，一些地区开始尝试农业集体化，如成立初级形式的农业生产合作社。土地改
革和初步的集体化改变了农村的传统社会结构，促进了社会公平。

该时期土地改革的深远影响意味着土地政策是农业和农村发展的关键，作为
基础产业，农业的恢复和发展对整个国民经济的恢复至关重要，凸显了农业在经
济体系中的基础地位。同时，土地改革不仅是经济政策，也是实现社会公正的重
要举措，说明经济发展与社会公正可以并行不悖。虽然初期重点在于恢复生产，
但政府也开始为长期发展铺路，如初步探索农业集体化，为后续的农村发展奠定
了基础。在这一时期，政策的制定和实施紧密结合中国农村的具体实际，展示了
政策制定和执行的灵活性与实效性。

3.1.2 社会主义改造阶段（1953～1957 年）

土地改革后，农民获得了土地，但由于其他生产资料不足，农民对互助合作的诉求强烈；加上国家工业化对农业生产的促进，共同促进了农业合作化的发展。1953 年，中共中央颁布了《关于发展农业生产合作社的决议》，标志着农业合作化进入初级合作社阶段，推动了农业社会主义改造。1953 年开始，到 1955 年底，全国已有 190 多万个合作社（孔祥智和片知恩，2019）。1955 年，毛泽东主席先后发表三次关于农业合作化的讲话。1956 年国家颁布了《高级农业生产合作社示范章程》，推动农业合作化走向高潮，促进了农村集体所有制经济制度的基本成型。1956 年，社会主义改造基本完成，社会主义政治制度和经济制度都已确立，我国进入了社会主义社会。社会主义改造完成后，党中央随即启动了社会主义农村建设。1957 年，中央发布了中国社会主义农村建设的第一个中长期规划《全国农业发展纲要（草案）（1956～1967 年）》，成为我国建设社会主义农村的历史性纲领。该时期我国农业农村得到了显著的发展，1957 年，粮食、棉花和油料的总产量显著增长，比 1952 年分别增长了 72.3%、269%、63.7%（王景新，2021）。但是也面临农业合作化对手工业和个体商业的改造要求过急，工作粗糙，导致一些长期性隐患。

总体来看，1953～1957 年的社会主义改造阶段是中国农业和农村发展的一个关键时期。在这一阶段，通过实施农业合作化和集体化政策，中国农业生产实现了显著的增长，农村经济结构发生了根本性变化。这一时期的政策和实践，尤其是集体所有制经济制度的建立，为中国农业的现代化和农村的社会变革奠定了基础。然而，这一阶段也面临了不少挑战，特别是在农业合作化进程中过于急迫的步伐导致一些偏差的做法，为后续的农村发展留下了一些问题。这些经验教训对今天的农村发展政策制定和实施仍具有重要的启示意义，尤其是在推进农村改革和发展时需平衡速度和效率、考虑农民的利益和自愿参与，保持合作化和集体化政策的灵活性和适应性。

3.1.3 人民公社阶段（1958～1978 年）

1958 年 8 月，中共中央《关于在农村建立人民公社问题的决议》颁布，标志着人民公社运动的开始，运动初期高潮迭起，走了很多弯路。直到 1962 年 9 月，《农村人民公社工作条例修正草案》颁布，人民公社进入稳定运行阶段。这一阶段针对农业农村发展的主要举措包括重点推进农业机械化、水利化、化学化、电气化，以实现农业生产方式的现代化；以农田水利为重心的农村基础设施建设，比如大规模的农田水利建设和改良土壤、治理盐碱地等措施，提升了农业生产条件；以粮为纲，推动农业农村经济全面发展。这一时期我国农业农村发展成就主要体现在四个方面：一是农业机械总动力、农田有效灌溉面积、农村用电量及主要农作物单位面积产量大幅增长；二是显著提升农田水利设施，大量打机井，扩大灌溉面积，提高了粮食生产潜力；三是社队企业的发展吸纳了多余的劳动力，改变了农村的面貌和居民的生活，也为随后乡镇企业的崛起和小城镇的繁荣奠定了基础；四是以人民为中心，建立完善的社会主义农村分配制度，不断调整农业税收政策，减轻了农民负担，同时采取救济式扶贫措施，减缓了农村贫困。

这一时期的农业和农村发展经验和教训，对今天乡村发展政策的制定和实施具有重要的参考价值。特别是在推进农业现代化、基础设施建设及科技应用方面，这些经验强调了稳健、科学的发展策略的重要性，强调了现代科学技术是推动农业生产效率和现代化的关键因素。同时，这一时期也提醒我们在推进重大农业政策和乡村改革时，需要考虑到政策的可持续性和对农民生活的长期影响，避免急躁冒进和过分简化的做法，需要注意防止过急的政策变动和极端措施，以确保长期的稳定和持续发展。

3.1.4 统分结合的双层经营体制阶段（1979~2004 年）

1978 年，中国实现了历史性的转折，开启了农村改革大幕。这一时期的改革以农村土地经营制度改革为核心，旨在提高农户和村集体的生产经营能力。为了实现农业现代化，1988 年 9 月，中共中央颁布的《关于加快农业发展若干问题的决定》提出了 25 条发展农业生产力的具体措施。1982~1996 年，中央连续颁布了 5 个中央一号文件，渐次推动农村改革和双层经营体制的建立，同时促进了经济建设。这一时期的农村发展的特点为统分结合的双层经营体制，涉及撤销人民公社三级体制、恢复和重建乡镇人民政府、实行村民自治制度等基层组织体制改革。到 1985 年，全国撤销了原有的生产大队，建立了 82 万个村民委员会（杨园争，2021）。1991 年和 1998 年，中共中央分别出台了《关于进一步加强农业和农村工作的决定》《关于农业和农村工作若干重大问题的决定》，对建设中国特色社会主义新农村提出了明确的要求。1978~1988 年，我国乡镇企业异军突起，1988 年达到高峰；随后到 1991 年进入整顿阶段；1992~1994 年，乡镇企业再次迅速发展。1997 年我国颁布了《中华人民共和国乡镇企业法》，促进了乡镇企业健康有序发展（王景新，2021）。乡镇企业的异军突起，促进了我国小城镇和乡村城镇化迅速发展的历史进程，缓解了农业剩余劳动力转移的问题。此外，中国改革开放后经济快速增长的同时，农村地区特别是西部地区仍然存在严重的贫困问题，为了实现更加平衡的社会发展和减少城乡、区域间的发展差距，1994 年中国实施了国家八七扶贫攻坚计划（1994~2000 年），旨在用 7 年时间解决 8000 万农村贫困人口的温饱问题。该计划对中国农村发展产生了深刻的影响，农村地区的基础设施得到了明显改善，特别是交通、水利、电力等方面，农村居民的教育和医疗条件得到改善，生活质量有所提升，农村贫困群体的温饱问题基本得以解决。

在这一阶段，通过建立以家庭承包经营为基础、统分结合的双层经营体制，激发了农民的生产积极性，解放了农村生产力。农业化、机械化的快速发展大幅提高了农业生产效率。农村基础设施建设得到加强，包括农田水利建设、改良土壤、治理盐碱地等措施，显著提升了农业生产条件。与此同时，农产品统购统销制度的废除和农产品价格逐步放开的调整，进一步调整了工农产品价格关系。1992 年，邓小平发表南方谈话，同年党的十四大明确提出中国经济体制改革的最终目标是建立社会主义市场经济体制，标志着改革开放迈入新的阶段。在改革的推动下，中国初步构建了农产品市场体系，农业综合生产能力得到显著提升，粮食及主要农副产品的供需关系发生了彻底变革（郭远智和刘彦随，2021）。

总的来说，1979~2004 年的双层经营体制阶段在中国农业和农村发展史上占有重要地位。农田水利建设等基础设施的改善对提高农业生产效率、改善农民生活有重要影响。乡镇企业的发展及其对农村经济的贡献强调了农村经济多元化的重要性。这一时期的政策和实践为中国农业的现代化、农村经济的多元化发展提供了宝贵的经验，同时揭示了在实施改革和推动发展过程中需要注意的问题和挑战。

3.1.5　社会主义新农村建设阶段（2005~2012 年）

进入 21 世纪，随着改革开放政策的纵深推进，我国城乡发展差距和区域发展差距不断扩大，农村发展相对滞后的局面没有得到完全改善（郭远智和刘彦随，2021）。针对这一局面，国家全方位推进新农村建设。具体而言，2004 年，党中央和国务院制定了工业反哺农业、城市支持农村，以及"多予少取放活"

的方针；2005 年，党的十六届五中全会把建设社会主义新农村上升为国家发展战略，旨在解决农村面临的"三农"困境，包括农村贫困、农业发展缓慢和农民生活水平低下等问题；2007 年，党的十七大提出"以工促农、以城带乡"；2008 年，中央提出加快推进社会主义新农村建设，并提出系列农村改革发展的政策措施。2005～2012 年，中央政府连续发布中央一号文件，成为推进社会主义新农村建设的行动指南（刘凤萍，2023）。

这一时期农村发展的成就主要体现在六个方面：一是社会主义新农村建设促进了农村产业结构的升级和优化，推动了现代农业的发展。新农村建设通过引入先进的科技和管理模式，提高了农村生产力，增加了农产品附加值。二是在新农村建设过程中，加强了农村基础设施建设，包括道路、水利、电力、通信等，提高了农村地区的交通便利性和生活水平。三是通过扶持农村产业、提高农产品附加值，社会主义新农村建设成功提升了农民收入水平，改善了农民生活条件。四是新农村建设注重生态文明建设，通过农田水利、农业科技等措施，促进了农业的绿色发展，保护了农村生态环境。五是新农村建设不仅注重经济建设，还关注农村社会事业的发展，包括教育、医疗、文化等，提高了农村居民的综合素质。六是新农村建设推动了城乡一体化发展，减少城乡差距，促进人口、资源、产业等要素的有序流动。总体来看，社会主义新农村建设为中国乃至全球其他国家乡村可持续发展提供了重要经验，为构建全面建设社会主义现代化国家奠定了基础。

虽然社会主义新农村建设取得了显著的成就，但在不同地区和方面仍存在一些亟待解决的问题（李伟，2014；沈敬，2013）。具体体现在：一是农民主体地位尚未落实。在新农村建设中，农民的主体地位尚未得到充分确立。新农村规划往往由上级部门制定，而非由农民民主协商、讨论、决定，导致政策与农民实际需求脱节。二是农民收入水平低下，增收困难。虽然农民生活水准有所提升，但收入水平依然偏低；由于农业生产周期长、资金周转慢、自然灾害风险大等因素，农民收入提升面临重大挑战。三是农民工就业得不到保障。农民工进城就业受到户籍制度、就业选择与劳动用工制度等制约，导致就业困难和权益保障不足。四是对农村生产力发展重视不够。在新农村建设中，有些地方更多关注形象工程而非生产力的实际发展，如过度强调房屋建设、路面修缮而忽视了农业生产和农民收入增长的核心问题。五是重工商轻农业。农村经济发展存在着对农业轻视的问题，导致务农人员流失，农业生产力和农民收入受到影响。六是基础设施建设不平衡，在基础设施建设方面，一些地区的不平衡仍然突出；发达地区相对较好，但一些偏远农村仍面临基础设施不足的问题，影响了农民的生活质量。七是农村治理体系建设有待完善。在农村治理体系方面，一些地区的建设还存在不足；有效的农村治理需要更加完善的机制，以应对农村社会发展中出现的各类问题。八是农业产业结构调整压力。部分地区在农业产业结构调整方面面临一定的压力，农业产业结构的转变需要更多的支持政策和产业培育，以适应市场需求的变化。

3.1.6　精准扶贫阶段（2013～2020年）

实现全体人民共同富裕是社会主义的本质要求。2002年，党的十六大针对当时小康低水平、不全面、发展很不平衡的实际情况，提出到2020年全面建设小康社会目标（新华社，2021a）。党的十八大以来，全面建成小康社会、实现第一个百年奋斗目标进入关键阶段。农村地区特别是贫困地区是全面建成小康社会的主要桎梏（新华社，2014）。2015年，在党的十八届五中全会上，党中央向全国人民作出庄严承诺，到2020年全面建成小康社会，要实现农村贫困人口全部脱贫，贫困县全部摘帽，区域性整体贫困得以解决。长期以来，中国政府一直致力于扶贫工作，采取一系列扶贫政策和措施。通过前期大规模的扶贫开发，全国条件好、能力强的贫困人口已经率先脱贫，容易脱贫的地区基本上已实现了稳定发展，剩余贫困人口向生活、生产、生态条件恶劣的高寒区、生态脆弱地区、深石山区等地集聚，由此形成贫困人口空间分布的孤岛效应（郭远智等，2019）。2014年底，全国仍有7000多万农村贫困人口，其贫困程度深，脱贫难度大，自身发展能力不足，常规反贫困举措效果不明显，脱贫成效边际递减（中国政府网，2015；汪三贵和曾小溪，2018）。而且，在过去的扶贫实践中，普遍存在着扶贫政策和措施的针对性不强的问题。同时，为了积极响应联合国2030年消除贫困的目标，中国政府以高度的责任感，以身作则，推动解决绝对贫困问题，并推动国际减贫合作和构建人类命运共同体。为此，党的十八大以来，中国实施了精准扶贫战略，坚持以脱贫攻坚统揽社会经济发展全局。

在精准扶贫战略的指引下，中国政府采取了多元化和差别化的措施来消除区域性整体贫困和个体贫困，实现了协同消除区域整体性贫困和个体性绝对贫困的目标（周扬等，2021）。其中，解决区域性贫困的措施包括基础设施和公共服务设施建设、人居环境整治、生态保护与生态系统修复、土地综合整治、农田水利设施建设等，旨在消除制约乡村可持续发展的地理环境因子，营造良好的发展环境。解决个体性贫困的措施涉及个体的医疗、教育、住房、就业、金融、社会保障等方面，旨在从多维度增强贫困群体的内生发展动力（新华社，2015；国务院新闻办公室，2021）。具体扶贫举措贯穿精准扶贫十大工程（干部驻村帮扶、职业教育培训、扶贫小额信贷、易地扶贫搬迁、电商扶贫、旅游扶贫、光伏扶贫、构树扶贫、致富带头人创业培训、龙头企业带动）、五个一批（发展生产脱贫一批、易地搬迁脱贫一批、生态补偿脱贫一批、发展教育脱贫一批、社会保障兜底一批）等重大反贫困实践中（见图3-1）。精准扶贫是一个多主体参与（政府、企业、村民、科学家、社会组织）、多部门协作（农业、土地、住房、交通、卫生、财政、教育和社会保障）、多层级（国家—省—市—县—乡—村）联动的过程，其针对贫困地区和贫困群体采取差别化帮扶或干预措施，最终实现了绝对贫困和区域整体性贫困的协同消除（Zhou and Huang，2023）。

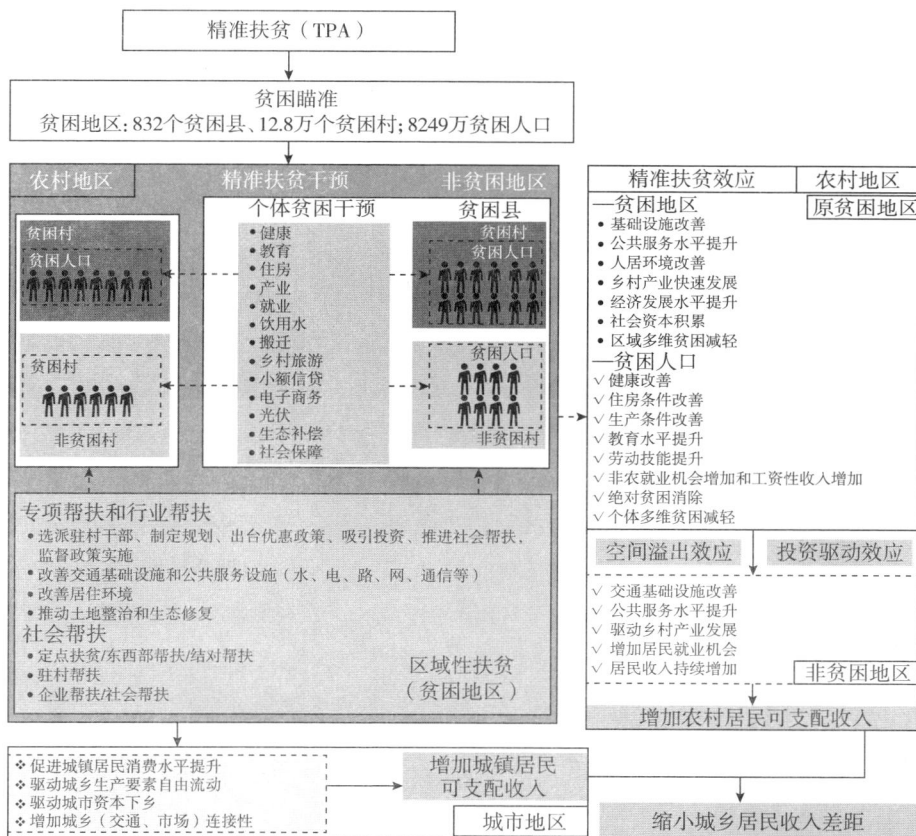

图3-1 精准扶贫缩小城乡居民收入差距的内在逻辑

资料来源：改自 Zhou 等（2023）。

　　精准扶贫期间，中国充分发挥政治优势和制度优势，构建了完善的工作机制和政策体系，在全国范围内整合配置扶贫开发资源，在强化外部帮扶的同时注重培养、提高贫困地区和贫困人口自我发展能力，实现了解决区域性整体贫困问题和消除农村绝对贫困的共赢。脱贫攻坚过程中，中国建立了"中央统筹、省负总责、市县抓落实"及省、市、县、乡、村五级书记抓扶贫的工作机制；凝聚多方力量，通过多部门协同发力、多层级协同攻坚、多主体全方位参与，建立了多元化帮扶体系，构建了行业扶贫、专项帮扶、社会帮扶"三位一体"的大扶贫格局（刘彦随，2020；国务院新闻办公室，2021）。制定了符合中国国情的贫困识别和退出标准，建立健全了贫困对象识别机制、因村因户精准帮扶机制、贫困（贫困人口、贫困村、贫困县）退出机制，实施了最为严格的考核评估制度，构建了中国特色的脱贫攻坚制度体系，大力推进了国家贫困治理体系和治理能力的现代化（刘彦随等，2020；吕方和黄承伟，2023）。通过精准识别和管理，确保扶贫政策和措施的精准度和针对性，减少对非贫困人口的误扶误助，提高扶贫资源的利用效率；通过创新扶贫体制机制，实施精准扶贫十大工程和"五个一批"重大举措。在实施精准扶贫战略的过程中，中国因地制宜制定了一系列诸如发展特色农业、农村旅游、电商扶贫等具有针对性的扶贫政策和措施，激发乡村经济的活力，提高农民的收入水平。精准扶贫战略还注重发挥市场机制的作用，鼓励农村居民自主创业和就业，推动乡村产业结构的升级和优化，进一步提升乡村经济发展能力。这些举措有效促进乡村经济的可持续发展，为贫困地区脱贫致富提供了坚实基础。除增收之外，精准扶贫战略注重解决贫困人口教育、医疗、就业等方面的实际需求。教育扶贫、健康扶贫、社会保障等政策和服务改善贫困人口的基本生活条件，缩小了城乡发展差距，促进社会公平与包容。精准扶贫战略还强调生态优先、绿色发展的理念。在实施产业扶贫时，注重发展绿色农业、生态农业等可持续发展的产业，促进生态环境与经济发展的协调。此外，精准扶贫战略还强调生态补偿，通过建立生态补偿机制，鼓励农民参与生态环境的保护和修复，实现生态效益和经济效益的双赢。这种生态环境保护和可持续利用的做法不仅有助于保护乡村的生态资源，还为后续的乡村发展提供可持续的环境基础。2020年底，中国如期完成了打赢脱贫攻坚战、全面建成小康社会的历史任务。精准扶贫不仅实现了消除绝对贫困和解决区域性整体贫困的目标，还使中国农村居民人均可支配收入提高了9.4%，使县级城乡居民收入差距下降了30%以上；精准扶贫主要通过空间溢出效应和投资驱动效应促进农村居民收入快速增加来缩小城乡居民收入差距，精准扶贫对农村居民收入增收的间接效应是直接效应的 1.8 倍；精准扶贫实现了社会效益、经济效益和生态效益的共赢（Zhou et al.，2023）。

通过实施精准扶贫战略，中国为全球减贫事业作出了积极贡献，展现了国际责任担当。精准扶贫的重要意义远不止消除农村绝对贫困和解决区域性整体贫困问题，其对中国农村产业、经济、社会、基层治理能力等都产生了深刻的影响。精准扶贫使脱贫地区的产业得到了长足的发展，交通基础设施发生了翻天覆地的变化，农村人居环境明显改善，对农村社会经济发展产生了深刻的影响，中国乡村正经历一场深刻的变革；农村居民从过去的愁吃愁穿到全面小康，人民生活也发生了翻天覆地的变化；脱贫群众精神面貌焕然一新，参与感、获得感、幸福感明显增强；党群干群关系明显改善，基础组织涣散局面得以改变，基层治理体系进一步健全、治理能力显著提升。精准扶贫重大举措已推动或将推动乡村生产、生活、生态"三生"空间重构，人地关系和城乡关系重塑。精准减贫方略是实现联合国 2030 年可持续发展议程消除贫困目标的重要途径，中国脱贫攻坚的成功实践，可以为其他发展中国家提供有益借鉴。农村贫困人口和贫困地区实现脱真贫、真脱贫，经济社会发展取得历史性成就，为全球减贫事业做出了突出贡献，也为全面推进乡村振兴战略和乡村可持续发展奠定了坚实的基础。

3.1.7　全面推进乡村振兴阶段（2021 年以来）

党的十九大报告明确提出坚持农业农村优先发展，实施乡村振兴战略。实施乡村振兴战略，是党的十九大作出的重大决策部署，是决胜全面建成小康社会、全面建设社会主义现代化国家的重大历史任务，是新时代"三农"工作的总抓手。2018 年 1 月，中央一号文件《中共中央国务院关于实施乡村振兴战略的意见》明确了实施乡村振兴战略的重大意义、总体要求、目标任务、重要举措、保障机制等重要内容，标志着我国乡村发展迈向了乡村振兴阶段。同年 9 月，中共中央、国务院印发的《乡村振兴战略规划（2018—2022 年）》对实施乡村振兴战略作出了阶段性谋划，细化实化乡村振兴战略的工作重点和政策措施，部署重大工程、重大计划、重大行动，确保乡村振兴战略落实落地。2020 年，我国"十四五"规划明确提出坚持把解决好"三农"问题作为全党工作重中之重，走中国特色社会主义乡村振兴道路，全面实施乡村振兴战略。2021 年，中央一号文件发布《中共中央国务院关于全面推进乡村振兴加快农业农村现代化的意见》，对新发展阶段优先发展农业农村、全面推进乡村振兴作出了总体部署。随后，2022 年、2023 年中央一号文件连续对做好当年全面推进乡村振兴重点工作进行了部署安排。习近平总书记在党的二十大报告中提出"全面推进乡村振兴"，强调"建设宜居宜业和美乡村"。乡村振兴战略对我国乡村经济社会发展将产生深刻的影响，其通过强化以工补农、以城带乡，推动形成工农互促、城乡互补、协调发展、共同繁荣的新型工农城乡关系，加快推进实现农业农村现代化。

3.2　改革开放以来中国乡村发展取得的伟大成就

3.2.1　农业综合生产能力显著提升

自 1978 年改革开放以来，中国在增加粮食产量和保障粮食安全等方面做出了一系列重大努力，这些措施和策略很大程度上推动了中国农业的现代化和粮食综合生产能力的提升。这些举措包括 1978 年开始实施的家庭联产承包责任制，将农业生产的管理和责任下放给农民家庭，激发了农民的积极性，大幅提升了农业生产效率和粮食产量。中国大力推进农业科技的研发和应用，如高产优质种子的研发、生物技术的应用、耕作技术的改进等，大幅提高了单位面积产量。不断加大农田水利设施的建设和改造，包括灌溉系统、排水设施、土地整治、高标准农田建设等，增强了农村抵御自然灾害的能力，提高了土地的生产力。国家还出台了农业补贴和支持保护政策，通过提供各种农业补贴，如化肥补贴、种子补贴、农机购置补贴等，以减轻农民负担，保障农民种粮积极性，鼓励农业投入，提高粮食产量。同时，中国政府鼓励和支持农业规模化、集约化经营，如建设现代农业园区、发展农业合作社和家庭农场，提高农业组织化水平。更重要的是，我国实施了粮食安全国家战略，制定了多项保障粮食安全的措施，出台了《中华人民共和国基本农田保护条例》《中华人民共和国土壤污染防治法》《中华人民共和国水土保持法》《中华人民共和国农业法》《中华人民共和国土地管理法》《中华人民共和国种子法》《中华人民共和国粮食安全保障法》等。除了这些法律之外，中国政府还制定了一系列相关政策和行政规章，如粮食最低收购价政策、农业补贴政策、耕地保护政策等。这些重要措施有力提高了中国粮食生产能力，保障了粮食产量稳步增加。

农业综合生产能力不断提升，农业机械化水平不断提高。中国农业机械总动力从 1978 年的 11750 万千瓦增加到 2000 年的 52574 万千瓦，2020 年进一步提升到 105622 万千瓦，2022 年增加到 110597 万千瓦，40 多年间增加了 9.41 倍（中国农村统计年鉴，2023）。农村水力发电站发电装机容量从 1978 年的 2284 兆瓦增加到了 2022 年的 81338 兆瓦，增加了 35.6 倍。耕地灌溉面积从 1978 年的 4497 万公顷增加到了 2022 年的 7036 万公顷，增加了 1.56 倍。2022 年底，全国累计建成高标准农田 10 亿亩。农业科技创新整体水平不断提高，农业科技进步贡献率由改革开放初期的 27% 提高到 2022 年的 62.4%。2022 年全国农作物耕种收综合机械化率已超过 73%，农作物良种覆盖率超过 96%，良种在农业增产中的贡献率超过 45%（高云才等，2023）。粮食产量不断提高，做到了谷物基本自给、口粮绝对安全，成功解决了 14 亿人口的吃饭问题。粮食产量由 1978 年的 3.05 亿吨提高到了 2000 年的 4.62 亿吨，2010 年进一步提升到了 5.59 亿吨，2023 年提升到 6.95 亿吨，增长了 2.28 倍，实现了自 2012 年以来粮食产量保持在 6 亿吨以上的水平（中国农村统计年鉴，2023）。全国谷物产量从 1991 年的 3.96 亿吨增加到了 2023 年的 6.41 亿吨。人均粮食产量从 1978 年的约 319 千克增加到 2000 年的 366 千克，从 2008 年开始超过国际公认的粮食安全线（400 千克），2010 年达到 418 千克，2020 年达到 474 千克，2022 年超过 486 千克，远高于国际粮食安全线（见表 3-1）。

表 3-1　改革开放以来中国农业生产条件及粮食产量

年份	农业机械总动力（万千瓦）	小型拖拉机数（台）	大中型拖拉机数（台）	耕地灌溉面积（万公顷）	粮食产量（万吨）	人均粮食产量（千克/人）
1978	11750	1373000	557358	4497	30477	319
1979	13379	1671000	666823	4500	33212	343
1980	14746	1874000	744865	4489	32056	327
1981	15680	2037000	792032	4457	32502	327
1982	16614	2287000	812447	4418	35450	351
1983	18022	2750000	840776	4464	38728	378

年份	农业机械总动力（万千瓦）	小型拖拉机数（台）	大中型拖拉机数（台）	耕地灌溉面积（万公顷）	粮食产量（万吨）	人均粮食产量（千克/人）
1984	19497	3298000	853914	4445	40731	393
1985	20913	3824000	852357	4404	37911	361
1986	22950	4526000	866463	4423	39151	367
1987	24836	5300000	880952	4440	40473	373
1988	26575	5958000	870187	4438	39408	358
1989	28067	6543000	848220	4492	40755	364
1990	28708	6981000	813521	4740	44624	393
1991	29389	7304000	784466	4782	43529	378
1992	30308	7507000	758904	4859	44266	380
1993	31817	7883400	721216	4873	45649	387
1994	33803	8236687	693154	4876	44510	373
1995	36118	8646356	671846	4928	46662	387
1996	38547	9189200	670848	5038	50454	414
1997	42016	10484813	689051	5124	49417	402
1998	45208	11220551	725215	5230	51230	413
1999	48996	12002509	784216	5316	50839	406
2000	52574	12643696	974547	5382	46218	366
2001	55172	13050840	829900	5425	45264	356
2002	57930	13393884	911670	5435	45706	357
2003	60387	13777056	980560	5401	43070	334
2004	64028	14549279	1118636	5448	46947	362
2005	68398	15268916	1395981	5503	48402	371
2006	72522	15678995	1718247	5575	49804	380
2007	76590	16191147	2062731	5652	50414	383
2008	82190	17224101	2995214	5847	53434	403
2009	87496	17509031	3515757	5926	53941	405
2010	92781	17857921	3921723	6035	55911	418
2011	97735	18112663	4406471	6168	58849	438

年份	农业机械总动力（万千瓦）	小型拖拉机数（台）	大中型拖拉机数（台）	耕地灌溉面积（万公顷）	粮食产量（万吨）	人均粮食产量（千克/人）
2012	102559	17972300	4852400	6249	61223	452
2013	103907	17522800	5270200	6347	63048	462
2014	108057	17297700	5679500	6454	63965	466
2015	111728	17030400	6072900	6587	66060	479
2016	97246	16716149	6453546	6714	66044	476
2017	98783	16342400	6700800	6782	66161	474
2018	100372	18182601	4219893	6827	65789	469
2019	102758	17804249	4438619	6868	66384	472
2020	105622	17275995	4772737	6916	66949	474
2021	107764	16749904	4980682	6961	68285	483
2022	110597	16186963	5253595	7036	68653	486

资料来源：《中国统计年鉴2023》《中国农村统计年鉴2023》。

3.2.2　农村居民收入水平不断提高

改革开放以来，中国采取了一系列政策措施，促进了农村经济的快速发展。农业产业化、农村土地制度改革、农产品价格改革等政策的实施，不断拓宽了农民增收渠道。农村居民的工资、农产品销售收入等大幅增加，推动了农村居民收入的提升。《中国统计年鉴2023》数据显示，全国农村居民人均可支配收入由1978年的约134元增加到2000年的2282元，2020年增加到17132元，2022年进一步增加到20132.83元。中国政府通过一系列减负政策、社会保障制度的建立和完善，逐步缩小了城乡居民之间的收入差距。全国城乡居民人均可支配收入比由1978年的2.57倍缩小到2022年的2.45倍，农村居民恩格尔系数由1978年的67.71%下降到2022年的33.00%。随着农村居民收入的提升，其生活水平也得到了显著提高。农村居民收入结构更加多样化，农村居民人均可支配收入中，工资性收入、经营性净收入、财产性净收入和转移性净收入的占比分别由1998年的26.32%、67.86%、1.36%、4.46%转变为2010年的36.32%、47.48%、2.30%、13.92%，2020年为40.71%、35.48%、2.44%、21.37%。基础设施改善、农村医疗卫生条件提升、教育水平提高等方面的改革，使农村居民享受到更好的生活条件。全国农村居民人均消费性支出由 1978 年的 116.06 元增加到 2000 年的 1714.29 元，2010 年增加到 4944.83 元，2016 年开始超过 10000 元，2020 年增加到 13713.38 元，2022 年进一步增加到 16632.09 元，45 年间增加了 143 倍，年均增长 11.95%。农村居民单位耐用消费品（电冰箱、洗衣机、彩电）拥有量分别从 1985 年的每百户 0.06 台、1.9 台和 0.8 台增加到了 2022 年的 103.91 台、96.84 台、116.46 台，年均分别增长 22.33%、11.21% 和 13.41%。摩托车拥有量从 1986 年的每百户 0.6 辆增加到了 2022 年的 49.04 辆，年均增长了 13.01%。农村居民食物消费结构已由吃得饱逐渐向吃得好、吃得健康转变。全国农村居民人均主要粮食消费量已由 1978 年的 247.83 千克下降到了 2010 年的 181.44 千克，2020 年进一步下降到了 168.36 千克，2022 年下降到了 164.55 千克。农村居民人均水产品消费量则由 1978 年的 0.84 千克增加到了 2010 年的 5.15 千克，2020 年增加到 10.31 千克，2022 年进一步增加到 10.72 千克。农村居民人均禽类消费量由 1978 年的 0.25 千克增加到了 2010 年的 4.17 千克，2022 年进一步增加到 11.43 千克。据可公开获得的数据显示，全国农村居民人均奶类、羊肉、牛肉的消费量分别由 1990 年的 1.08 千克、0.39 千克和 0.41 千克增加到了 2022 年的 8.38 千克、1.26 千克和 1.62 千克（见表 3-2）。

表 3-2　1978~2022 年中国农村居民人均可支配收入、消费性支出、
恩格尔系数及人均主要消费品消费量

年份	人均可支配收入（元/人）	城乡居民收入比	恩格尔系数（%）	人均消费性支出（元/人）	人均主要消费品消费量（千克/人）					
					水产品	粮食	牛肉	羊肉	禽类	奶类
1978	133.57	2.57	67.71	116.06	0.84	247.83			0.25	
1979	160.20	2.53	63.96	134.51	0.69	256.74			0.31	
1980	191.33	2.50	61.77	162.21	1.10	257.16			0.66	
1981	223.40	2.24	59.80	190.81	1.28	256.14			0.70	
1982	270.10	1.98	60.60	220.23	1.32	259.97			0.78	
1983	309.80	1.82	59.41	248.29	1.58	259.90			0.82	
1984	355.30	1.84	59.30	273.80	1.74	266.52			0.94	
1985	397.60	1.86	57.79	317.42	1.64	257.50			1.03	

续表

年份	人均可支配收入（元/人）	城乡居民收入比	恩格尔系数（%）	人均消费性支出（元/人）	人均主要消费品消费量（千克/人）					
					水产品	粮食	牛肉	羊肉	禽类	奶类
1986	423.80	2.13	56.50	356.95	1.87	259.30			1.14	
1987	462.60	2.17	55.75	398.29	1.96	259.38			1.20	
1988	544.90	2.17	53.99	476.66	1.91	259.51			1.25	
1989	601.50	2.28	54.81	535.37	2.10	262.28			1.28	
1990	686.31	2.20	58.80	584.63	2.13	262.08	0.41	0.39	1.25	1.08
1991	708.60	2.40	57.61	619.79	2.21	255.58			1.34	
1992	784.00	2.58	57.50	659.01	2.25	250.50			1.49	
1993	921.60	2.80	58.06	769.65	2.80	251.81			1.62	
1994	1221.00	2.86	58.86	1016.81	3.00	257.57			1.63	
1995	1577.74	2.71	58.62	1310.36	3.36	256.07	0.36	0.35	1.83	0.64
1996	1926.10	2.51	56.34	1572.08	3.68	256.19			1.93	
1997	2090.10	2.47	55.05	1617.15	3.75	250.67			2.36	
1998	2171.20	2.50	53.20	1590.33	3.66	248.90			2.33	
1999	2229.10	2.62	52.00	1577.42	3.82	247.45	0.54	0.63	2.48	0.96
2000	2282.12	2.74	48.30	1714.29	3.92	250.23	0.52	0.61	2.81	1.06
2001	2406.92	2.84	46.70	1803.22	4.12	238.62	0.55	0.60	2.87	1.20
2002	2528.88	3.03	44.90	1917.06	4.36	236.50	0.52	0.65	2.91	1.19
2003	2690.34	3.12	43.90	2049.56	4.30	222.44	0.50	0.76	3.20	1.71
2004	3026.57	3.08	45.30	2326.49	4.49	218.26	0.48	0.82	3.13	1.98
2005	3370.21	3.08	43.30	2748.83	4.94	208.85	0.64	0.83	3.67	2.86
2006	3730.96	3.11	40.70	3072.28	5.01	205.62	0.67	0.90	3.51	3.15
2007	4326.98	3.14	40.50	3535.55	5.36	199.48	0.68	0.83	3.86	3.52
2008	4998.79	3.11	40.90	4054.02	5.25	199.07	0.56	0.73	4.36	3.43
2009	5435.13	3.11	38.00	4464.23	5.27	189.26	0.56	0.81	4.25	3.60
2010	6272.44	2.99	37.90	4944.83	5.15	181.44	0.63	0.80	4.17	3.55
2011	7393.92	2.90	37.10	5891.98	5.36	170.74	0.98	0.92	4.54	5.16
2012	8389.28	2.88	35.90	6667.13	5.36	164.27	1.02	0.94	4.49	5.29

年份	人均可支配收入（元/人）	城乡居民收入比	恩格尔系数（%）	人均消费性支出（元/人）	人均主要消费品消费量（千克/人）					
					水产品	粮食	牛肉	羊肉	禽类	奶类
2013	9429.56	2.81	34.10	7485.15	6.56	178.51	0.76	0.71	6.16	5.71
2014	10488.88	2.75	33.60	8382.57	6.76	167.65	0.77	0.72	6.70	6.43
2015	11421.71	2.73	33.00	9222.59	7.15	159.51	0.84	0.90	7.11	6.33
2016	12363.41	2.72	32.20	10129.78	7.49	157.24	0.91	1.11	7.91	6.63
2017	13432.43	2.71	31.20	10954.53	7.42	154.64	0.94	1.04	7.87	6.90
2018	14617.03	2.69	30.10	12124.27	7.76	148.53	1.11	1.05	7.99	6.91
2019	16020.67	2.64	30.00	13327.67	9.59	154.79	1.24	0.96	10.01	7.26
2020	17131.47	2.56	32.70	13713.38	10.31	168.36	1.31	0.99	12.43	7.35
2021	18930.90	2.50	32.70	15915.60	10.90	170.80	1.50	1.20	12.40	9.30
2022	20132.83	2.45	33.00	16632.09	10.72	164.55	1.62	1.26	11.43	8.38

注：表中空白位置表示没有官方统计数据。

资料来源：《中国统计年鉴2023》。

3.2.3 农村绝对贫困问题全面消除

（1）绝对贫困消除，区域性整体贫困得到解决

2020年底，中国如期完成了脱贫攻坚的目标任务，提前10年实现了联合国2030年可持续发展议程消除贫困的首要目标，创造了世界减贫奇迹，为全球减贫事业作出了重大贡献。中国脱贫攻坚成就主要体现在两个方面：一是中国实现了现行标准下9899万农村绝对贫困人口全部脱贫。中国现行的扶贫标准高于世界银行的极端贫困标准，中国的脱贫成果经得起国际比较和实践检验（国务院新闻办公室，2021）。国家脱贫攻坚普查结果显示，中西部22省（区、市）的脱贫户平时吃得饱且能吃得好，一年四季都有应季的换洗衣物和御寒被褥，义务教育、基本医疗、住房安全、饮用水安全有保障，"两不愁三保障"全面实现（国家脱贫攻坚普查领导小组办公室，2021）。二是区域性整体贫困问题得以解决。通过建立贫困退出机制和实施严格的贫困退出专项评估检查，截至2016年底，全国实现了28个贫困县摘帽，成为国家1986年设定贫困县以来的首次贫困县数量净减少，为健全贫困退出机制和贫困县全部摘帽

奠定了良好的基础。随后，2017～2020 年这四年分别实现了 125 个、283 个、344 个和 52 个贫困县摘帽（国务院新闻办公室，2021）。总体而言，通过一系列的造血式扶贫举措（见表 3-3），中国脱贫攻坚取得了历史性重大成就，全面建成了小康社会。

表 3-3　脱贫攻坚主要举措及其减贫成效

帮扶措施	重要举措	主要成效	来源
驻村帮扶	· 所有贫困村驻村工作全覆盖，覆盖部分有扶贫任务非贫困村 · 按照精准选派、优化结构、配强干部要求选派驻村队员，规范驻村工作队管理，加强驻村干部培训	· 宣讲脱贫攻坚政策 · 加强贫困村基础设施建设 · 发展扶贫产业 · 加强贫困村社会事业建设 · 密切党群干群关系 · 加强基层组织建设	中共中央宣传部等（2021）
小额信贷	· 3 年期内 5 万元贷款免担保免抵押 · 银行按基准利率放贷 · 扶贫资金全额贴息 · 县级部门建立风险基金	· 截至 2020 年底，全国累计放贷 7100 多亿元，支持 1500 多万贫困户发展生产 · 2014～2020 年，建档立卡户获贷率由 2% 上升到 50%，呆坏账比例小于 1%	刘永富（2022）
农村危房改造	· 农村危房改造与村容村貌提升相结合 · 置换或长期租赁村内闲置农房 · 危房改造维修加固 · 危房改造拆除重建 · 统筹危房改造与扶贫搬迁	· 2568 万建档立卡人口住房不安全问题得到解决 · 危房改造 1075 万户（含低保户、分散供养户、特困户） · 保障所有建档立卡户住房安全	国务院新闻办公室（2021）；国家脱贫攻坚普查领导小组办公室（2021）
健康扶贫	· 实施医保三重制度综合保障 · 确保贫困人口应保尽保 · 实施大病集中救治、慢病签约管理、重病兜底保障 · 县域内住院"先诊疗后付费"和"一站式"直接结算报销服务 · 完善县乡村三级医疗卫生服务体系 · 加强贫困地区公共卫生和疾病预防控制	· 建档立卡人口住院和门诊慢特病费用实际报销比例达到 80% 左右 · 几乎所有建档立卡人口参加基本医疗保险 · 98% 的贫困县至少有一所二级以上医院 · 2000 多万建档立卡患者及时得到救治 · 东部上千家三级医院与脱贫地区县级医院结对帮扶	国务院新闻办公室（2021）；中共中央宣传部等（2021）

帮扶措施	重要举措	主要成效	来源
教育扶贫	· 实施义务教育控辍保学政策 · 改善贫困地区基本办学条件 · 强化乡村教师队伍建设 · 开展推普脱贫攻坚行动 · 进行职业教育和继续教育 · 高校招生向贫困地区倾斜 · 完善学生资助服务体系 · 实施营养改善计划	· 累计改造义务教育薄弱学校10.8万所，新改建校舍面积2.2亿平方米 · 20多万因贫辍学学生重返校园 · 2020年脱贫县义务教育巩固率接近95% · 2013~2020年，脱贫人口人均受教育年限提高了0.9年 · 职业教育培训800多万初高中毕业生 · 高等教育帮助514万名贫困大学生 · 重点高校定向招收农村和脱贫地区学生70多万人 · 资助各类学生6.4亿人次 · 义务教育营养改善计划每年惠及4000余万名学生	国务院新闻办公室（2021）；中共中央宣传部等（2021）
产业扶贫	· 发展特色优势产业 · 建立带贫机制 · 优惠政策扶持带贫溢贫企业、合作社等新型经营主体 · 对贫困户提供扶贫小额信贷 · 免费开展技能培训 · 开展电商扶贫和消费扶贫	· 脱贫县都形成了2~3个特色主导产业 · 建成产业基地30余万个 · 打造特色农产品品牌1.2万个 · 发展龙头企业1.44万家、农民合作社71.9万家 · 产业帮扶政策覆盖98.9%的建档立卡户	刘永富（2022）
光伏扶贫	· 建设户用、村级光伏电站 · 建设光伏大棚 · 建设光伏地面电站 · 设置公益性岗位 · 资产收益扶贫	· 截至2020年底，全国累计建成光伏扶贫电站26.36吉瓦 · 光伏扶贫电站惠及6万个贫困村、415万贫困户 · 光伏扶贫电站年发电收益180亿元，相应设置公益性岗位125万个 · 村年均光伏发电收益20万元	国务院新闻办公室（2021）
旅游扶贫	· 创作和演出扶贫题材艺术作品 · 公益帮扶 · 开创"非遗+扶贫"模式	· 超过1/3人口脱贫依靠乡村旅游（2019年） · 乡村旅游对贫困人口的就业贡献度超过30%	中共中央宣传部等（2021）
电商扶贫	· 培育电商示范县、示范企业、示范合作社 · 开展电商扶贫培训 · 改造升级基层网点	· 832个脱贫县电商全覆盖 · 累计投入资金近250亿元 · 2016~2020年，脱贫县网商数量增加了2.37倍	国务院扶贫开发领导小组办公室（2016）；国务院新闻办公室（2021）

续表

帮扶措施	重要举措	主要成效	来源
易地扶贫搬迁	· 统一规划、统一部署、统一建设 · 分散安置与集中安置相结合 · 依托小城镇或工业园区安置 · 依托乡村旅游区安置 · 搬迁"一方水土难养一方人"地区居民 · 确保有劳动能力搬迁家庭至少一人就业	· 搬迁建档立卡人口 960 多万，同步搬迁非建档立卡人口 500 万 · 建成集中安置区 3.5 万个，安置房 266 万套 · 新改建学校 6100 多所、医疗服务中心 1.2 万多所等 · 超过 70% 搬迁劳动力实现就业 · 94% 的有劳动力的搬迁家庭实现了至少一人就业	刘永富（2022）
交通扶贫	· 新建、改建、扩建乡村道路 · 农村公路通村畅乡 · "交通+特色产业"扶贫 · 运输场站改造完善 · 公路管养效能提高	· 脱贫地区新改建公路 110 万千米 · 新增铁路里程 3.5 万千米 · 具备条件乡镇和建制村都实现"三通"，即通硬化路、通客车、通邮路	国务院（2016a）；国务院新闻办公室（2021）
水利扶贫	· 保障农村饮水安全 · 农田灌排设施建设 · 防洪减灾能力建设 · 水土流失综合治理 · 水库移民脱贫 · 设置水利工程公益性岗位	· 2889 万建档立卡人口的饮水安全问题得以解决 · 2015~2020 年，脱贫地区自来水普及率提高了 13 个百分点 · 2016 年以来，新改建农田有效灌溉面积 8029 万亩 · 水库移民实现 74 万人脱贫 · 水利扶贫吸纳 70 万人次建档立卡人口就业	中共中央宣传部等（2021）；国务院新闻办公室（2021）
电力扶贫	· 电网专项改造提升工程 · 村村通动力电工程 · 电力市场交易扶贫 · 光伏扶贫接网工程 · 易地扶贫搬迁配套电网建设 · 深度贫困地区电网攻坚	· 农网供电可靠率近 100% · 综合电压合格率近 100% · 全国所有县全部接入大电网 · 大电网覆盖所有贫困村 · 乡村供电能力明显提升	国务院新闻办公室（2021）；中共中央宣传部等（2021）
网络扶贫	· 网络覆盖工程 · 农村电商工程 · 网络扶智工程 · 信息服务工程 · "互联网+"扶贫工程	· 98% 的行政村通光纤、通 4G 网络 · 98% 的脱贫村通宽带 · 电子商务覆盖 832 个脱贫县	中共中央宣传部等（2021）

帮扶措施	重要举措	主要成效	来源
土地政策扶贫	· 对国家级贫困县每年专项安排新增建设用地指标 600 亩/县 · 2016 年起支持城乡建设用地增减挂钩指标异地流转 · 支持贫困地区土地综合整治 · 实施地质调查项目扶贫	· 2016~2020 年，累计安排建设用地计划指标 235.54 万亩 · 城乡建设用地增减挂钩指标异地流转收益累计 2600 亿元 · 2012~2020 年，中央安排 164 亿元资金支持土地综合整治重大工程 · 促进土地流转和规模化经营 · 地质旅游产业带动群众增收	中国自然资源报（2019）；中共中央宣传部等（2021）；人民日报（2021）
科技扶贫	· 示范推广先进适用技术 · 深入推行科技特派员制度 · 建设农业科技园区和星创天地，聚集创新资源	· 建立 7.7 万个科技帮扶结对 · 选派近 29 万名科技特派员 · 投入资金 200 多亿元 · 实施 3.76 万个科技项目 · 推广应用 5 万余项先进实用技术、新品种 · 建成 1290 个创新创业平台	国务院新闻办公室（2021）；中共中央宣传部等（2021）
就业扶贫	· 免费开展职业技能培训 · 东西部扶贫协作劳务输出 · 扶贫车间和扶贫龙头企业吸纳 · 返乡创业带动 · 扶贫公益性岗位安置	· 2015~2020 年，建档立卡劳动力务工规模增加 2016 万人 · 累计培训建档立卡劳动力 2000 多万人，有 800 多万家庭学生接受了免费职业培训 · 就业帮扶政策覆盖 93.8% 的建档立卡户 · 超过 60% 贫困人口通过就业帮扶脱贫	国务院新闻办公室（2021）；刘永富（2022）
消费扶贫	· 动员社会各界扩大贫困地区消费扶贫 · 发展订单农业 · 支持贫困地区专设消费扶贫展区 · 在贫困地区建设农产品收储基地 · 实施快递下乡工程 · 支持建立特色农产品品牌	· 累计采购或助销 5000 亿元的贫困地区特色农产品 · "十三五"时期，扶贫产品经销样本企业销售收入年增 9.4% · 2017~2020 年，扶贫产品中农副加工产品销售收入占比提高了近 5 个百分点	国务院办公厅（2019）；央视新闻（2020）；人民资讯（2021）
构树扶贫	· 推广种植杂交构树 · 推进杂交构树饲养	· 截至 2019 年底，累计种植杂交构树 102 万亩 · 构树种养殖带动 20 万人脱贫	中共中央宣传部等（2021）

续表

帮扶措施	重要举措	主要成效	来源
生态补偿扶贫	· 选聘生态护林员，开展生态补偿扶贫 · 国土绿化扶贫 · 推进生态产业化 · 生态环保扶贫	· 2013～2020 年，脱贫地区退耕还林还草 7450 万亩 · 110 万建档立卡群众参与生态护林员队伍 · 生态产业化带动 1600 万人脱贫	国务院新闻办公室（2021）；中共中央宣传部等（2021）
综合保障扶贫	· 完善农村低保兜底保障政策 · 推动两项制度衔接（农村低保制度、精准扶贫政策） · 健全特困人员救助供养制度 · 加强贫困残疾人保障 · 社会保险助力扶贫	· 2013～2020 年，全国农村年人均低保标准提高了 2.45 倍，低保人数减少了 33% · 1900 多万建档立卡人口纳入农村低保或特困救助供养政策 · 城乡居民养老保险几乎全覆盖建档立卡人口 · 临时救助 2400 多万特殊困难群众	国务院新闻办公室（2021）；中共中央宣传部等（2021）；刘永富（2022）
东西部扶贫协作和对口支援	· 东部 9 省市帮扶中西部 14 个省市区，全国支援西藏和新疆，重点开展政府援助、企业合作、社会帮扶、人才支持等 · 东部省份和部分中央单位对口支援西藏、新疆、青海	· 2015～2020 年，东部 9 省市累计向中西部扶贫协作地区投入援助和帮扶资金 1005 亿多元 · 互派干部和技术人员 13.1 万人次 · 东部 2 万多家企业赴扶贫协作地区累计投资超过 1 万亿元	国务院新闻办公室（2021）
中央单位定点扶贫和军队扶贫	· 中央单位定点帮扶（政策倾斜、资金投入、项目引进、智力支持、科技支撑） · 军队参与脱贫攻坚	· 中央单位向 592 个重点县累计投入帮扶资金和物资近 430 亿元 · 帮助引进资金近 1100 亿元 · 培训基层干部、各类技术人才 368.8 万人次 · 军队帮扶 4100 个贫困村	国务院新闻办公室（2021）
"万企帮万村"精准扶贫行动	· 民营企业帮扶 · 帮扶形式包括发展产业、提供就业、公益等	· 2015～2020 年，12.7 万家民营企业参与帮扶 · 帮扶近 14 万个村（含 7.32 万个贫困村），1800 多万脱贫人口从中受益	国务院新闻办公室（2021）

资料来源：笔者自行整理。

（2）脱贫地区持续增收，与全国农村平均水平差距不断缩小

脱贫地区农村居民收入持续增长，生活消费水平明显提升，并持续快于全国农村消费水平的提升速度，与全国农村平均水平的差异不断缩小。2013～2020 年，脱贫地区农村居民人均可支配收入从 6079 元提高到 12588 元，年均

增长 11.6%，较全国农村年均增速高出 2.3 个百分点；实际年均实际增长 9.2%，比全国农村年均实际增速高出 2.2 个百分点（见表 3-4）。脱贫地区农村居民消费水平得到显著提升。同时，脱贫地区农村居民人均消费支出从 5404 元增长到 10758 元，年均增长 10.9%，年均实际增长 8.6%。从消费支出来看，2015 年以来，脱贫地区农村居民消费支出增速持续高于全国农村，与全国农村平均水平的差距不断缩小。

表 3-4　2013~2020 年脱贫地区和全国农村居民人均收入和消费支出对比

单位：元，%

年份	脱贫地区				全国农村			
	农村居民人均可支配收入	人均可支配收入实际增速	农村居民人均消费支出	人均消费支出实际增速	农村居民人均可支配收入	人均可支配收入实际增速	农村居民人均消费支出	人均消费支出实际增速
2013	6079	13.4	5404	11.8	9430	9.3	7485	9.2
2014	6852	10.7	6007	9.2	10489	9.2	8383	10
2015	7653	10.3	6656	9.4	11422	7.5	9223	8.6
2016	8452	8.4	7331	8.1	12363	6.2	10130	7.8
2017	9377	9.1	7998	7.8	13432	7.3	10955	6.8
2018	10371	8.3	8956	9.7	14617	6.6	12124	8.4
2019	11567	8.0	10011	8.3	16021	6.2	13328	6.5
2020	12588	5.6	10758	4.5	17131	3.8	13713	-0.1

资料来源：《中国农村贫困监测报告 2020》《2020 年国民经济和社会发展统计公报》。

从 2020~2022 年数据来看，中西部 22 个省（市、区）脱贫地区农村居民人均可支配收入的增长速度明显快于全国水平。除西藏外，其他经济基础相对较好的省份，脱贫地区农村居民人均可支配收入的增长速度相对较快。比如 2020~2022 年，海南省脱贫地区农村居民人均可支配收入从 13917 元增加到 16935 元，增长率为 21.7%；而对整个海南省而言，农村居民人均可支配收入从 16279 元增加到 19117 元，增长率为 17.4%。对湖北省而言，2020~2022 年，脱贫地区农村居民人均可支配收入从 13075 元增加到 16188 元，增长率为 23.8%；而湖北全省农村居民人均可支配收入从 16306 元增加到 19710 元，增长率为 20.9%，比脱贫地区低 2.9 个百分点（见表 3-5）。可见，脱贫攻坚促进农村居民增收的政策效应还持续存在。但需要注意的是，从年增长率来看，脱贫地区农村居民人均可支配收入的年增长率有所减缓，比如 2020~2021 年，脱贫地区农村居民人均可支配收入从 12588 元增加到 14051 元，增长率为 11.6%；而 2021~2022 年，脱贫地区农村居民人均可支配收入从 14051 元增加到 15112 元，增长率为 7.6%，其他省份同样面临农村居民人均可支配收入增速减缓的情况。

表 3-5　2020~2022 年脱贫地区和全国分地区农村居民人均可支配收入

单位：元，%

省份	脱贫地区农村居民人均可支配收入				全国分地区农村居民人均可支配收入			
	2022 年	2021 年	2020 年	2022 年比 2020 年增长	2022 年	2021 年	2020 年	2022 年比 2020 年增长
全国	15112	14051	12588	20.1	20133	18931	17132	17.5
河北	15425	14272	12712	21.3	19364	18179	16467	17.6
山西	12724	11666	10352	22.9	16323	15308	13878	17.6
内蒙古	16223	15034	13458	20.5	19641	18337	16567	18.6
吉林	13667	12906	11490	18.9	18135	17642	16067	12.9
黑龙江	14393	13474	11933	20.6	18577	17889	16168	14.9
安徽	17781	16589	14763	20.4	19575	18372	16620	17.8
江西	15741	14452	12877	22.2	19936	18684	16981	17.4
河南	16880	15752	14366	17.5	18697	17533	16108	16.1
湖北	16188	14822	13075	23.8	19710	18259	16306	20.9
湖南	14174	13537	12023	17.9	19546	18295	16585	17.9
广西	15796	14663	13141	20.2	17433	16363	14815	17.7
海南	16935	15683	13917	21.7	19117	18076	16279	17.4
重庆	17875	16668	15019	19.0	19313	18100	16361	18.0
四川	15950	14909	13240	20.5	18672	17575	15929	17.2
贵州	13569	12703	11478	18.2	13707	12856	11642	17.7
云南	14027	13027	11740	19.5	15147	14197	12842	17.9

省份	脱贫地区农村居民人均可支配收入				全国分地区农村居民人均可支配收入			
	2022 年	2021 年	2020 年	2022 年比 2020 年增长	2022 年	2021 年	2020 年	2022 年比 2020 年增长
西藏	18210	16932	14598	24.7	18210	16932	14598	24.7
陕西	14838	13909	12491	18.8	15704	14745	13317	17.9
甘肃	11190	10458	9385	19.2	12165	11433	10344	17.6
青海	14456	13604	12342	17.1	14456	13604	12343	17.1
宁夏	14151	13045	11858	19.3	16430	15337	13889	18.3
新疆	15417	14477	13052	18.1	16550	15575	14056	17.7

注：脱贫地区包括原 832 个国家级贫困县（包括县级行政单位：县、区、旗、县级市、自治县）及阿克苏地区的 7 个县市。

资料来源：整理自《中国农村统计年鉴》（2021~2023 年）。

从收入结构来看，脱贫地区经营性收入稳定增长，工资性收入快速增长并成为脱贫户收入的主要来源之一，脱贫户收入来源多元化。国家统计局数据显示，2014~2020 年全国农村地区人均工资性收入从 4152 元增加到 6974 元，人均经营净收入从 4237 元增加到 6077 元，人均财产净收入从 222 元增加到 419元，人均转移净收入从 1877 元增加到 3661 元，年均增长率分别为 9.02%、6.19%、11.16% 和 11.77%。对脱贫地区而言，2014~2020 年农村居民人均工资性收入从 2240 元增加到 4444 元，人均经营净收入从 3033 元增加到 4391元，人均财产净收入从 81 元增加到 185 元，人均转移净收入从 1497 元增加到3567 元，年均增长率分别为 12.09%、6.36%、14.75% 和 15.57%。2014~2019 年，脱贫地区农村居民人均工资性收入持续增加，年均增长 12.7%，2020 年工资性收入成为其收入首要来源。经营净收入稳定增长，2014~2020年脱贫地区农村居民人均经营净收入年均增长 6.7%，依然是其主要收入来源之一。人均财产净收入、人均转移净收入稳定快速增长，2014~2020 年，农村居民人均财产净收入、人均转移净收入年均分别增长 16.8%、15.4%，脱贫户收入来源持续稳定多元化（见表 3-6）。

表3-6　2014~2020年脱贫地区和全国农村居民四大收入变化　　单位：元

年份	脱贫地区				全国农村			
	人均工资性收入	人均经营净收入	人均财产净收入	人均转移净收入	人均工资性收入	人均经营净收入	人均财产净收入	人均转移净收入
2014	2240	3033	81	1497	4152	4237	222	1877
2015	2556	3282	93	1722	4600	4504	252	2066
2016	2880	3443	107	2021	5022	4741	272	2328
2017	3210	3723	119	2325	5498	5028	303	2603
2018	3627	3888	137	2719	5996	5358	342	2920
2019	4082	4163	159	3163	6583	5762	377	3298
2020	4444	4391	185	3567	6974	6077	419	3661

资料来源：《中国农村贫困监测报告2020》《2020年国民经济和社会发展统计公报》。

（3）脱贫地区生产生活条件明显改善

脱贫地区农村居民的生产生活条件明显改善。2013~2020年，脱贫地区居住在竹草土坯房、炊用柴草的农户比重分别减少了6.2%、29.3%，使用经过净化处理自来水、管道供水、独用厕所的农户比重分别增加了32%、37.4%、4.5%（见图3-2）。至2020年，脱贫地区农村基本全面普及砖混结构的住房、管道供水和独用厕所，炊用柴草的使用比重显著降低，饮水安全保障加强，居民居住舒适程度和便利程度大幅提高。通过脱贫攻坚，许多农村居民告别了溜索桥，告别了苦咸水，告别了四面漏风的泥草屋（新华社，2021b）。例如，通过农村安全饮水工程，新疆伽师县47万群众过去喝涝坝水、苦咸水的历史一去不复返（新华社，2020）；通过交通扶贫，西藏墨脱县告别了过去40年出行靠溜索桥的历史（中国新闻网，2021）；通过易地扶贫搬迁，内蒙古土默特左旗13.7万户群众告别了透风漏雨的泥草屋（薛来，2022），云南省11个直过民族和人口较少民族的14万群众全部脱贫，实现了"一步跨千年"的历史性转变（贾璇，2022）。同时，易地扶贫搬迁将中西部省份500多万人在城镇集中安置，使有搬迁任务地区的城镇化率平均提高了0.64个百分点（Wang et al.，2023）。部分地区通过易地扶贫搬迁，城镇化率大幅提升，例如，易地扶贫搬迁使贵州、陕西、广西等省区的城镇化率分别提升了5%、4.2%和3%，怒江傈僳族自治州、黔西南布依族苗族自治州、昭通市的城镇化率分别提升了20%、12%和7%（中国扶贫，2021）。

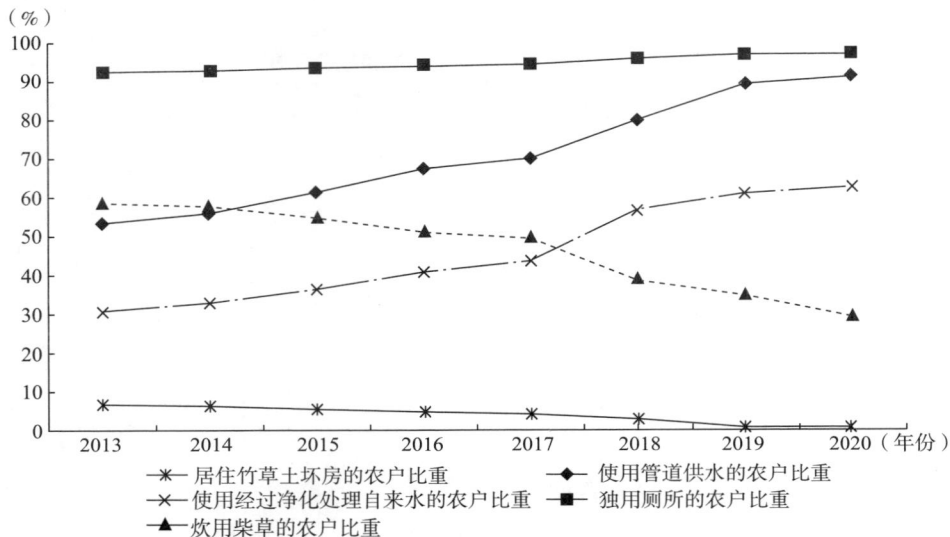

图 3-2　2013~2020 年脱贫地区农户生产生活条件变化

资料来源：整理自《中国农村贫困监测报告 2020》和《中国的全面小康》白皮书。

　　脱贫地区农村道路基础设施发生了翻天覆地的变化，公共服务建设取得了明显进步。2019 年底，脱贫地区所有自然村都已全面实现通公路、通电话，基本实现通宽带、能接收有线电视信号和进村主干道路硬化，农户便利乘坐公共汽车的情况有显著的改善（见图 3-3）。毫不夸张地说，精准扶贫使部分脱贫地区交通基础设施的建设提前了 5~20 年，有的地方甚至更长。2020 年，脱贫地区的行政村基本全面实现集中供水、通动力电、通信和广播电视信号覆盖和通宽带互联网，具备条件的行政村全部通硬化路，"四通"（通水、通电、通路、通信）基本全面覆盖脱贫地区；脱贫地区的行政村都基本全面实现垃圾集中处理或清运并建设有村级综合服务设施，村容村貌显著提升；有电子商务配送站点的行政村过半，农村现代服务体系建设取得巨大进展，脱贫地区生活生产条件显著改善（国家脱贫攻坚普查领导小组办公室，2021）。

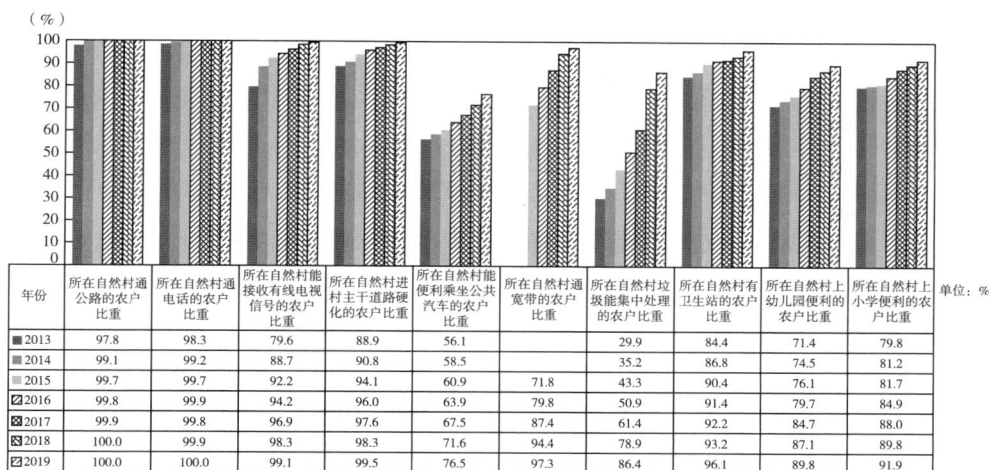

年份	所在自然村通公路的农户比重	所在自然村通电话的农户比重	所在自然村能接收有线电视信号的农户比重	所在自然村进村主干道路硬化的农户比重	所在自然村能便利乘坐公共汽车的农户比重	所在自然村通宽带的农户比重	所在自然村能垃圾能集中处理的农户比重	所在自然村有卫生站的农户比重	所在自然村上幼儿园便利的农户比重	所在自然村上小学便利的农户比重
■ 2013	97.8	98.3	79.6	88.9	56.1		29.9	84.4	71.4	79.8
■ 2014	99.1	99.2	88.7	90.8	58.5		35.2	86.8	74.5	81.2
▨ 2015	99.7	99.7	92.2	94.1	60.9	71.8	43.3	90.4	76.1	81.7
▨ 2016	99.8	99.9	94.2	96.0	63.9	79.8	50.9	91.4	79.7	84.9
▧ 2017	99.9	99.8	96.9	97.6	67.5	87.4	61.4	92.2	84.7	88.0
▨ 2018	100.0	99.9	98.3	98.3	71.6	94.4	78.9	93.2	87.1	89.8
▨ 2019	100.0	100.0	99.1	99.5	76.5	97.3	86.4	96.1	89.8	91.9

单位：%

图 3-3　2013~2019 年脱贫地区农村基础设施和公共服务情况

资料来源：整理自《中国农村贫困监测报告 2020》。

脱贫地区教育、医疗、社会保障、公共文化服务等民生工程建设也取得了丰硕的成果。截至 2020 年底，脱贫地区基本实现了县有初中、中等职业教育学校和职业技能培训机构，乡镇有小学和寄宿制学校，义务教育保障水平和职业教育水平均得到提升；脱贫地区基本全面实现了县有公共图书馆，乡镇有综合文化站，行政村有图书室或文化站，文化下乡工程取得了显著成果；832 个脱贫县全面实现县有县级公立医院（含中医院），乡镇有卫生院，行政村有卫生室或联合设置卫生室，医疗卫生服务体系不断健全；持续提高农村养老金待遇和老年人口医疗保障水平，实施儿童营养改善项目，妇女生存发展状况显著改善，全部脱贫残疾人纳入基本医疗保险、城乡居民大病保险，弱势群体保障水平全面提升（国家脱贫攻坚普查领导小组办公室，2021）。总体来看，精准扶贫政策改善了农村基础设施和公共服务水平，不仅提高了居民的生活质量，还提高了农村地区的生产能力。

（4）脱贫地区产业发展迅速

脱贫攻坚以来，国家及各地大力推进发展特色产业并给予了一系列产业扶贫政策支持。脱贫攻坚期内，国家有关部门制定了脱贫地区特色产业发展规划，出台了专项政策，统筹使用涉农资金，重点支持贫困村、贫困户因地制宜发展种养业和传统手工业等，832 个脱贫县都出台了产业扶贫规划。实施了贫困村"一村一品"产业推进行动，支持脱贫地区发展农产品加工业，延长农产品产业链和价值链，推进一二三产业融合发展。加强脱贫地区新型经营主体培育，通过建立利益连接机制，强化新型经营主体的益贫带贫作用。加大产业扶贫资金向脱贫地区倾斜支持力度。据统计，脱贫攻坚期内40%的扶贫资金用于发展产业（刘红岩，2021）。

产业扶贫成效显著，脱贫群体的自我发展能力得到了明显提升。截至2020年底，832个脱贫县都形成了2~3个特色鲜明、带贫面广的扶贫主导产业。832个脱贫县人民政府网站统计数据显示，截至2021年5月，从全国来看，脱贫地区的主导产业类型以种植业、养殖业和林果业为主。在832个脱贫县中，分别有54.56%、21.63%、15.26%的县以种植业、养殖业、林果业为主导产业。有6种、5种、4种、3种、2种主导产业的县域单元分别有122个、224个、526个、742个、818个。遵循因地制宜的原则，脱贫地区主导产业发展具有明显的地区差异性和本地特色。据统计，截至2020年底，全国以种植业为第一主导产业的县有454个（占832个国家脱贫县的54.56%），这些县是水热条件较好、耕地资源相对丰富的地区，其年平均气温为12.07℃（832个县平均为10.92℃），年降水量为940.25毫米（832个县平均为852.82毫米），人均耕地面积为3.68亩（832个县平均为3.63亩）。以养殖业为第一主导产业的县有180个（21.63%），主要分布在海拔较高的山地或高原以及草场或水域面积较广的地区。这些县的平均海拔为2270.35米（832个县平均为1633.36米）、平均水域面积为279.60平方千米（164.26平方千米）、平均草地面积为4816.71平方千米（2446.62平方千米）。以林果业为第一主导产业的县有127个（15.26%），主要分布在海拔较高、地势起伏较大的山区。进一步统计显示，这些县的平均海拔为1397.92米、平均坡度为14.6°、平均起伏度为75.75米。以乡村旅游为第一主导产业的县有27个县，县域内包含29个传统古村落，其中有17个县为国家重点生态功能保护区。有12个县以农畜产品加工业为第一主导产业，这些县均是农业生产规模较大的农产品主产区，其2015~2020年的年平均粮食产量为62万吨（832个县平均为20.31万吨）。全国有11个县以光伏产业为第一主导产业，主要分布在光照资源丰富的西北干旱半干旱区或青藏高寒区。年均日照时数为2659小时（832个县平均为2117.46小时），水平面太阳总辐射为1498.11千瓦时/平方米（832个县平均为1396.6千瓦时/平方米）。脱贫地区产业发展地理环境具体情况见表3-7。

表 3-7　脱贫地区产业发展地理环境特征统计

指标＼类型	总计	种植	养殖	林果业	乡村旅游	手工业	农产品加工	光伏
县数（个）	832	454	180	127	27	21	12	11
坡度（°）	12.80	12.90	12.30	14.60	16.30	11.19	5.73	3.34
地形起伏度（米）	66.40	66.67	63.10	75.70	83.20	57.20	29.80	17.50
年均气温（℃）	10.90	12.07	7.78	12.60	6.61	9.39	10.00	8.90
年均降水（毫米）	852.82	940.25	678.11	917.64	605.67	592.93	820.43	492.87
年均日照时数（小时）	2117	2055	2317	1919	2353	2278	2227	2659
年均太阳辐射量（千瓦时/平方米）	1396.61	1361.00	1517.60	1299.13	1563.82	1461.20	1379.40	1498.11
归一化植被指数	0.71	0.73	0.63	0.74	0.69	0.72	0.71	0.66
植被净初级生产力（克碳/平方米/年）	8167.00	8121.00	9267.00	7664.00	6655.00	5145.00	10594.00	4729.00
林地面积（平方千米）	1254.90	1376.20	937.67	1334.71	1866.00	848.13	876.18	97.12
古村落数量（个）	1216	882	135	112	29	51	1	6
人均耕地面积（公顷）	0.24	0.25	0.24	0.23	0.25	0.18	0.33	0.29
播种面积（公顷）	63397	66837	55550	61990	46395	42890	123115	81819
粮食产量（吨）	203.17	210.09	182.54	188.62	109.74	195.84	620.9	210.68
属于生态保护区的县数（个）	437	227	107	69	17	8	5	4

资料来源：Zhou 等（2023）。

脱贫地区主导产业类型多样，仅作为各县第一主导产业种类就有近 200 种，其中有 73 个、50 个、45 个、41 个、32 个县的第一主导产业分别为茶叶、蔬菜、肉牛、中药材、苹果；第二主导产业是蔬菜、中药材、茶叶、食用菌的县分别有 44 个、44 个、29 个和 29 个（见表 3-8）。产业发展具有一定的同质性。此外，全国 832 个脱贫县登记的农产品地理标志 805 个、认证绿色和有机农产品 1.1 万个，比 2012 年增长 4 倍多，市场竞争力、影响力都明显提升（农业农村部，2020）。据统计数据显示，地理标志农产品已经成为一些县域、乡域、村域的农业主导产业。据全国地理标志农产品查询系统①统计，832 个脱贫县中，有 463 个县登记有农产品地理标志，其中登记数最多的前 5 个县分别是盐池县、互助土族自治县、同仁县、武隆县；登记有 5 种及以上、4 种、3 种、1~2 种地理标志的县数分别有 26 个、42 个、64 个、331 个。

表 3-8　脱贫地区第一主导产业统计

主导产业	县数（个）	主导产业	县数（个）	主导产业	县数（个）	主导产业	县数（个）	主导产业	县数（个）
茶叶	73	肉鸡	10	花卉	4	纺织业	2	巴旦木油	1
蔬菜	50	手工业	10	香菇	4	高粱	2	巴旦木	1
肉牛	45	杂粮	10	玉米	4	高原莴笋	2	白茶	1
中药材	41	柑橘	9	蚕桑	3	瓜菜	2	白皮柚	1
苹果	32	甘蔗	7	草果	3	花生	2	百合	1
乡村旅游	27	红枣	7	大棚果蔬	3	金鸡	2	板蓝根	1
核桃	26	葡萄	7	鹅	3	金银花	2	菠菜	1
牦牛	26	枸杞	6	鸽	3	拉面	2	蚕豆	1
马铃薯	25	加工业	6	辣椒	3	李子	2	藏红花	1
肉羊	19	梨	6	蓝莓	3	莲藕	2	藏红麦	1
生猪	17	竹	6	粮油	3	木瓜	2	藏羊	1
食用菌	15	草畜	5	绵羊	3	牧业	2	车厘子	1
水稻	15	黑木耳	5	魔芋	3	农畜产品加工业	2	畜草	1
烤烟	13	芒果	5	绒山羊	3	橡胶	2	畜产品购销加工	1

① http://www.anluyun.com/.

续表

主导产业	县数（个）	主导产业	县数（个）	主导产业	县数（个）	主导产业	县数（个）	主导产业	县数（个）
猕猴桃	13	奶牛	5	乳业	3	小麦	2	大豆	1
油茶	13	肉鸽	5	糖料蔗	3	杏	2	大蒜	1
光伏	11	桑蚕	5	白莲	2	雪梨	2	大闸蟹	1
脐橙	11	饲草	5	百香果	2	鸭	2	蛋鸭	1
花椒	10	油菜	5	藏鸡	2	杨梅	2	吊瓜	1
青稞	10	大米	4	刺梨	2	糌粑	2	冬季瓜菜	1
番茄	1	花木	1	芦花鸡	1	人参	1	小黄姜	1
佛手瓜	1	黄花	1	芦笋	1	肉驴	1	小米蕉	1
腐乳	1	黄金茶	1	骆驼	1	软儿梨	1	雪菊	1
伽师瓜	1	黄鳝	1	驴	1	缫丝	1	雪莲果	1
高峰牛	1	坚果	1	麻鸭	1	山地鸡	1	羊肚菌	1
高山玫瑰	1	茭白	1	马头山羊	1	山羊	1	银耳	1
高值鱼	1	金橘	1	玫瑰	1	山嵛菜	1	樱桃	1
谷子	1	金丝搅瓜	1	棉花	1	石材加工	1	油牡丹	1
瓜果	1	金丝菊	1	苗木	1	石刻	1	柚子	1
鲑鱼	1	韭黄	1	木雕	1	石榴	1	云岭牛	1
黑茶	1	菊花	1	木耳	1	松茸	1	皂角	1
黑鸡	1	蓝靛果	1	奶山羊	1	索多西辣椒	1	中华蜜蜂	1
黑山羊	1	乐器	1	奶业	1	滩羊	1	苎麻	1
红茶	1	冷水鱼	1	能源	1	桃	1		
红高粱	1	藜麦	1	椪柑	1	藤编	1		
红辣椒	1	荔枝	1	蒲公英	1	天麻	1		
红薯	1	粮食	1	七百弄鸡	1	土豆	1		
葫芦	1	灵芝	1	青红脆李	1	西瓜	1		
胡麻	1	玲珑茶	1	青花椒	1	西梅	1		
湖羊	1	柳木	1	秋豌豆	1	香葱	1		

资料来源：笔者根据各县政府网站收集，数据截至2021年5月。

3.2.4 和美乡村建设持续稳步推进

改革开放以来，中国农村地区交通基础设施和公共服务设施不断改善，大大提高了农村地区的交通便利性；农村电网的建设和农村能源供应的改善，促进了农村能源消费结构由传统能源向现代清洁能源的转型。全国农村道路长度由 1990 年的 262.1 万千米增加到了 2022 年的 357.4 万千米，增长了 95.32 万千米，年均增长 0.97%；全国农村自来水普及率从 2005 年的 36% 提升至 2022 年的 87%；2022 年，全国农村燃气普及率达 39.93%（住房和城乡建设部，2023）。此外，农村教育事业得到加强，学校建设不断提升，农村学生的接受教育机会明显增加，农村居民的文化素养水平不断提高。全国农村居民平均受教育年限由 1985 年的 5.47 年上升到了 2020 年的 9.19 年（中国教育报，2022）。农村医疗卫生条件的改善，包括卫生院建设和医疗服务的提升，提高了农村居民的健康水平，减轻了农民的医疗负担。全国农村医疗卫生机构床位数由 2007 年的 186 万张增加到了 2022 年的 465 万张，全国设卫生室的村数占行政村数的比重由 1985 年的 87.4% 上升到 2019 年的 94.8%（住房和城乡建设部，2023）。农村社会保障制度的建立和完善，包括农村养老保险、医疗保险等，提高了农村居民的社会保障水平。全国农村最低生活保障标准由 2007 年的每人每月 70 元增加到 2022 年的 582.1 元，农村社会制度的兜底保障能力明显提升（民政部，2022）。

受重工轻农、重城轻乡发展理念的影响，伴随城镇化和工业化的快速发展，我国城乡二元矛盾变得日益明显。快速城镇化引发了村庄废弃化、空心化等严重的"乡村病"；社会经济转型、区域要素重组与产业重构导致资源损耗、环境污染和人居环境质量恶化，农村环境保护基础薄弱。面对日益严峻的农村环境质量退化问题，2012 年党的十八大首次提出了"美丽中国"的概念，强调尊重自然、顺应自然、保护自然的生态文明理念，并明确提出包括生态文明建设在内的"五位一体"社会主义建设总布局（王卫星，2013）。为实现美丽中国的目标，美丽乡村建设被视为不可或缺的重要部分（刘彦随和周扬，2015）。2013 年中央一号文件首次提出建设美丽乡村的奋斗目标，并加强农村生态建设、环境保护和综合整治工作。在总结浙江省安吉县美丽乡村建设经验基础上，中央财政依托一事一议财政奖补政策平台启动了美丽乡村建设试点，选择浙江、贵州、安徽、福建、广西、重庆、海南等作为首批重点推进省份（王卫星，2013）。2015 年中央一号文件提出"中国要美，农村必须美"的总目标，同年中央发布《美丽乡村建设指南》。2022 年 10 月，党的二十大报告强调建设宜居宜业和美乡村；2023 年中央一号文件也强调要抓实推进宜居宜业和美乡村建设；2024 年中央一号文件进一步提出"打好乡村全面振兴漂亮仗，绘就宜居宜业和美乡村新画卷"。

十多年来，各地因地制宜，持续推进宜居宜业和美乡村建设，通过建设试点、农村人居环境整治专项行动、厕所革命、特色小镇建设、发展乡村旅游等重要举措，使中国多数地区乡村面貌焕然一新，人居环境得到显著改善，乡村旅游、电子商务等新兴产业蓬勃发展；生态环境治理的实施使农村生态环境质量得到提升，水源、空气等方面得到改善，为居民提供了更好的生活条件；特色小镇的建设使得一些乡村焕发出独特的文化魅力，成为吸引人才和投资的重要载体，带动乡村经济快速发展。

3.2.5 乡村综合治理能力逐渐增强

中国乡村治理现代化经历了初步探索、转型推进、全方位和高质量发展四个阶段（朱新武和王智垚，2023）。自 1978 年以来，中国在乡村治理方面取得了显著的成就，体制机制不断完善，乡村治理水平逐步提升，乡村治理现代化步伐不断加快（韩俊，2019）。具体体现在以下四个方面：

第一，乡村治理结构的创新和改革是提升治理水平的重要体现。在中华人民共和国成立初期，乡村治理主要依赖于传统的行政管理模式和基层组织结构。随着改革开放的深入推进，农村社会经历了深刻的结构变革，乡村治理也逐步从单一的行政管理模式转向更为多元和灵活的治理模式。特别是进入 21 世纪以来，随着社会主义市场经济体制的建立和完善，乡村治理结构开始逐步向现代化转型。这一转型不仅表现在管理体制和机制上的创新，更体现在治理理念和方法上的革新。

第二，村民自治制度的推广和完善是乡村治理现代化的重要标志。随着《中华人民共和国村民委员会组织法》等一系列法律法规的实施，村民自治制度得到了深化和完善，村民委员会和村民代表大会的作用日益显著。村民委员会的设立和选举制度的健全，促使村级治理更加民主化。通过村民委员会和村民代表大会等民主形式，农民能够直接参与到乡村治理中，有效提升了乡村治理的民主性和透明度。

第三，乡村治理能力的全面提升也是乡村治理现代化的重要体现。对乡村干部的选拔、培训和考核机制进行优化，提高了乡村治理队伍的素质和能力。通过建立健全村规民约，强调法治思维在乡村治理中的作用，提高了村民的法律意识和法治观念。鼓励和支持农村社会组织的建设，例如农民合作社、农村社区服务中心等，增强了乡村居民自我组织和自治的能力。同时，乡村治理中的公共服务能力得到了增强，农村基础设施建设不断完善，如农村道路、供水、供电等条件得到了显著改善。信息化和数字化技术的应用也大大提高了乡村治理的效率和效能，比如通过建设农村信息化平台、智慧农村等方式，促进了农村公共服务的优化和资源的合理配置，提高了乡村治理的效率和透明度。中国政府大力推行"互联网+政务服务"，实现了乡村治理信息化，大大提高了治理效率。《中国数字乡村发展报告（2022年）》数据显示，截至2021年底，中国所有行政村都通了宽带，99%的村实现光纤和4G网络全覆盖，为乡村治理的数字化转型奠定了基础。

第四，乡村治理的法治化和规范化进程显著加快。通过法治手段规范乡村治理，如实施《中华人民共和国农村土地承包法》《中华人民共和国农业法》等，加强了对农村土地、资源的管理，保障了农民的合法权益。此外，乡村治理中的反腐败斗争和廉政建设也得到了加强，有效提升了乡村治理的公正性和透明度。这些法治和规范化措施为乡村治理提供了坚实的制度保障，是乡村治理现代化不可或缺的内容。

综上所述，中国乡村治理水平的提升和治理现代化步伐的加快主要体现在治理结构的创新改革、治理能力的提升，以及治理的法治化和规范化。中国乡村治理现代化不仅反映了中国农村社会结构和经济形态的深刻变革，也是社会主义现代化农村建设的必然要求。通过不断深化改革，创新治理模式，中国的乡村治理将更加高效化、民主化、法治化，为实现乡村全面振兴和农业农村现代化提供坚实基础。

3.3 本章小结

本章系统回顾了中华人民共和国成立以来我国乡村发展的历程、阶段特征，总结了改革开放以来乡村发展的历史成就。总体来看，自中华人民共和国成立以来，中国乡村发展经历了七个重要阶段，分别为国民经济恢复阶段、社会主义改造阶段、人民公社阶段、统分结合的双层经营体制阶段、社会主义新农村建设阶段、精准扶贫阶段和乡村振兴阶段。各阶段的发展路径和政策取向各具特色，从土地改革、农业合作化到家庭联产承包责任制，再到现代农业和乡村振兴，展示了中国乡村发展的历史脉络和变迁。这些阶段的发展成就不仅奠定了农村发展的基础，更为后续的改革和发展提供了宝贵经验。

自 1978 年改革开放以来，中国在农业发展、农民增收、城乡收入差距缩小、脱贫攻坚、农村基础设施建设和乡村治理体系等方面取得了辉煌成就。农业综合生产能力和粮食产量显著提升，农民收入和生活水平大幅提高。通过精准扶贫，中国成功消除了绝对贫困，贫困地区基础设施和公共服务水平得到显著改善，特色产业蓬勃发展，贫困地区的自我发展能力显著增强。乡村治理结构创新、村民自治制度完善和治理能力提升等显著提高了乡村治理水平，为全面推进乡村振兴奠定了坚实基础。

尽管取得了巨大成就，中国乡村发展依然面临人口流失、老龄化、村庄空心化等诸多挑战。未来的发展需要进一步深化改革、完善政策、创新治理模式。推进实施乡村振兴战略，强化以工补农、以城带乡，推动城乡融合发展，是实现乡村全面振兴的关键。通过加强农业科技创新、优化基础设施建设和提高公共服务水平，进一步促进农村居民收入的持续增长，确保农村社会的稳定和谐。中国的乡村发展经验为全球乡村可持续发展提供了宝贵的借鉴，展现了中国在全球减贫事业中的担当和贡献。

4 中国乡村振兴战略的背景、内涵和体制机制优势

　　2020 年底，中国取得了人类历史上规模空前、力度最大、惠及人口最多的脱贫攻坚战的全面胜利，如期实现了全面建成小康社会的历史任务，提前 10 年实现了联合国 2030 年可持续发展议程消除贫困的目标，为推进中华民族的伟大复兴和全人类的减贫事业作出了巨大贡献。中国共产党在带领全国各族人民在实现全面建成小康社会第一个百年奋斗目标之后，顺势而上开启全面建设社会主义现代化国家新征程、向第二个百年奋斗目标迈进。经过长期的努力，中国特色社会主义进入新时代。进入新阶段，中国社会的主要矛盾转变为人民日益增长的美好生活需要和不平衡不充分的发展之间的矛盾，其中最大的不平衡是城乡区域发展不平衡，最大的不充分是农村发展不充分。

　　全面建成社会主义现代化强国和实现中华民族的伟大复兴是全国各族人民的共同理想。国家现代化离不开农业农村的现代化，民族复兴离不开乡村的全面振兴。2017 年，在即将全面打赢脱贫攻坚战之际，中国政府立足国情，审时度势提出了乡村振兴战略。2020 年全面打赢脱贫攻坚战后，瞄准新阶段更高的发展目标，顺势全面推进实施乡村振兴战略，支持农业农村优先发展，推进了中国"三农"工作重心从精准扶贫向乡村振兴的历史性转变。乡村振兴战略的提出与实施有其历史必然性，是中国乡村建设百年探索的历史延续。从精准扶贫迈向乡村振兴不仅是工作重心的转移，还是乡村发展目标、战略任务、工作机制的系统性继承和创新发展。精准扶贫的主要目标是提高贫困人口的收入和解决"两不愁三保障"问题；乡村振兴是党以更高的站位对乡村发展作出的系统性部署，其最终目标是通过推动乡村产业、人才、组织、生态、文化等全方面振兴，实现农业农村现代化。脱贫攻坚瞄准贫困地区、贫困村和贫困人

口，解决的是农村居民基本生活问题；而乡村振兴瞄准整个农村地区，是缩小城乡差距、促进城乡融合发展，最终实现共同富裕的必然要求。本章重点围绕乡村振兴战略，系统阐述中国乡村振兴战略的时代背景、战略内涵、总体目标，并进一步全面剖析中国推进乡村振兴战略的体制机制优势。本章旨在回答为什么要振兴乡村（战略提出的背景）、什么是乡村振兴，乡村振兴要振兴什么（乡村振兴战略的目标和内涵），以及中国何以能推进乡村振兴（推进乡村振兴战略的体制优势）等关键问题。

4.1 乡村振兴战略提出的背景

随着工业化和城市化的推进，城乡二元结构矛盾的凸显，城乡发展不平衡、乡村发展不充分成为制约我国经济社会持续健康发展的桎梏。乡村振兴正是为了推动乡村各项事业全面发展、缩小城乡差距、缓解相对贫困而提出的重大战略举措，旨在通过整体推进农村经济、政治、社会、文化和生态文明的发展，最终实现农业农村现代化、城乡融合发展和全体人民共同富裕。乡村振兴战略提出的背景即已回答了"为什么要振兴乡村"的问题。

4.1.1 城乡发展不平衡

城乡二元结构明显、城乡发展不平衡、乡村发展不充分是中国经济社会可持续发展面临的最为突出的结构性问题（叶兴庆等，2014）。从历史的角度看，城乡二元结构的建立和破除都离不开制度性因素的作用。中华人民共和国成立后，为了尽快实现农业国向工业国的转变，中国政府实施重工业优先发展战略，并通过一系列制度安排建立了与之适应的城乡二元经济体制机制，包括重工轻农、重城轻乡，实行偏向城市的建设投入机制和发展政策，建立了城乡分隔的福利制度（张海鹏，2019）。改革开放后，中国经历了改革调整、协调互动和融合一体的城乡发展阶段，推动市场化改革、户籍制度改革、土地制度改革、集体资产产权改革，逐步破除城乡二元体制，旨在推进建立城乡一体化发展的新型城乡关系（唐任伍，2021）。尽管目前逐步建立了城乡融合发展的体制机制和政策体系，但短期内中国城乡二元体制机制、城乡二元经济社会结构、城乡发展不平衡问题难以消除，构成了乡村振兴战略提出背后深刻的历史背景。

城乡居民收入差距是中国城乡发展差距的基本表现（陈锡文，2018）。根据《中国统计年鉴2023》，1978~2022年，尽管中国城乡居民的人均可支配收入均实现了快速增长，但也应该意识到城乡居民收入的绝对差距在不断扩大，绝对差距由1978年的209元增加到2000年的6276元，2010年扩大到9841元，2022年进一步扩大到29150元（见图4-1）。从相对收入差距来看，1978~1985年，中国城乡居民收入比从2.57下降到1.86。随后城乡居民收入比在不断波动中上升，特别是1998年到2007年，除个别年份外，城镇居民收入增收大于农村，2000年城乡居民收入比上升到2.74，2003年达到3.12，2007年达到最高值3.14。2008年开始，城乡居民收入相对差距不断下降，2012年城乡居民收入比下降到2.88。2013年以来，精准扶贫战略对中国城乡居民收入差距的缩小产生了重要贡献，城乡居民收入比从2013年的2.81下降到2020年的2.56，2022年进一步缩小到2.45。中国城乡居民收入比仍远高于世界上绝大多数国家不到1.6的水平。从基尼系数来看，1978年，中国居民人均可支配收入基尼系数为0.317，2000年开始越过0.4这一国际警戒线，随后逐年上升，2003年基尼系数上升到0.479，2008年进一步上升到峰值0.491，此后开始下降，2010年下降到0.481，2015年下降到0.462。随后在0.46左右上下波动，2017年上升到0.467，2019年又回落到0.465，2020年又上升到0.468[①]。过去10多年以来，尽管中国城乡居民收入比不断下降，但仍然是全球城乡居民收入比大于2的少数几个国家之一（如乌干达、肯尼亚），同时，全国居民内部的收入分配不平衡问题仍然较为突出，表现在居民人均可支配收入基尼系数保持在0.45以上（李实等，2021）。国际劳工组织数据显示，全球多数国家的城镇居民人均可支配收入与农村居民人均可支配收入比小于1.6，发达国家在1.5左右（宋晓梧，2019）。而且，在后疫情时代国际局势错综复杂、国内经济复苏乏力的背景下，想要进一步缩小城乡居民收入差距将面临严峻的挑战。从消费支出来看，虽然近年来中国农村居民人均消费支出的增长速度高于城镇居民，但城乡居民人均消费支出的差距仍然较大，城乡居民的耐用消费品普及率差仍存在较大差距。

[①] 《中国的全面小康》白皮书新闻发布会答记者问，http://www.stats.gov.cn/xxgk/jd/zcjd/202109/t20210930_1822661.html。

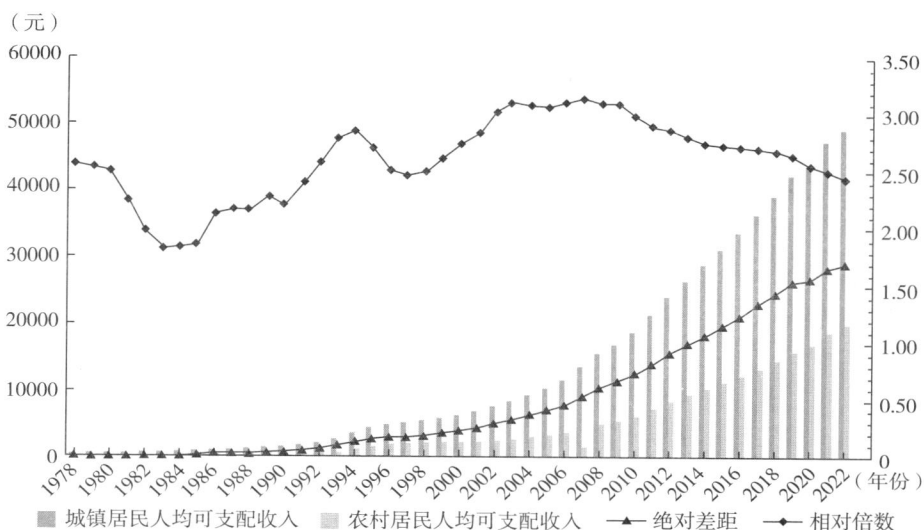

图 4-1　1978~2022 年中国城乡居民收入差距变化

资料来源：《中国统计年鉴 2023》。

城乡发展不平衡的另一个直观表现是城乡交通基础设施水平和公共服务供给能力差距明显。近年来，中国农村，尤其是脱贫地区基础设施建设和公共服务事业虽然取得了巨大进步，但由于社会经济水平的不同、国家或区域政策及区位条件的差异，导致中国城乡基础设施和公共服务设施建设在规模和质量两方面均存在显著差异，城乡基础设施一体化、城乡公共服务水平均等化水平有待提升，严重制约着城乡一体化和城乡融合发展，甚至影响着共同富裕目标的推进实现（盛广耀，2020）。从基础设施建设来看，截至 2020 年底，全国农村卫生厕所普及率为 68.00%、农村生活污水治理率为 25.50%、农村生活垃圾处置率为 84.04%、农村主要道路路灯覆盖率为 80.00%，虽然较 2016 年分别提高了 14.20 个、8.10 个、10.14 个、18.10 个百分点（国家统计局，2017；人民日报，2023），但与城市相比，中国农村基础设施建设水平有待进一步提升。农村地区获得安全引用水的人口比例比城镇居民低 6%，使用卫生厕所的农村居民比例比城镇居民低 23%，特别是中国的西南地区、西北地区、青藏高原等地，城乡基础设施和居民收入条件差距更为突出（王亚华，2017）。部分高山片区季节性缺水突出，少数地方低电压问题没有得到根本改善。从交通基础上设施来看，中国城乡交通基础设施发展不平衡,部分地区乡村群众仍不同程度地遇到出行难、新能源汽车配套设施不足、乡村道路质量不高、道路路面狭窄,特别是山区村组路的通行困难,且维护难等突出问题。区域之间、城乡之间和各运输方式之间交通基础设施建设不平衡,中西部部分地区交通运输发展在总量和结构上均存在短板,乡村交通基础设施网的覆盖广度和深度有待提升(金凤君和陈卓,2023)。微观调查数据显示,部分乡村地区仍然普遍面临基础设施投入不足、农业生产主要依托传统生产方式、农田水利设施落后、农业生产效率有待提升等诸多现实困境(叶敬忠和那鲲鹏,2007)。具体来说,小型和末端水利设施投入不足,到闸泵站、田间沟渠等配套设施不完善,农田排涝灌溉"最后一公里"没有解决,农产品产地仓储、初加工、乡镇集散中心、县城冷链物流体系、乡村快递物流等现代农业基础设施仍有较大提升潜力。从基本公共服务来看,第三次农业普查数据显示,2016年全国仅有32.3%的村有幼儿园(托儿所),81.9%的村有卫生室,仅有55%的村有执业(助理)医师。可见,城乡居民人居环境、生活生产设施和公共服务水平仍然存在一定差距,基础设施提档升级需求迫切。此外,城乡地区普遍面临教育、医疗、住房等方面的发展差距,乡村地区优质教育和医疗资源缺乏,内部资源分布不均衡,且农村低保、新农保、新农合保障标准低于城镇居民和城镇职工。

4.1.2　区域发展不均衡

事实上,不仅是城乡发展存在差距,区域发展也存在差距(Zhou and Liu,2016)。从省级层面来看,1978年,全国人均GDP差距最大的两个省份分别是上海与贵州,两者差距达到14.20倍;到2021年,人均GDP差距最大的两个省份分别是北京与甘肃,两者差距为4.48倍,省际差距大幅缩小[①]。就区域差距而言,改革开放以来,中国区域绝对差距不断扩大,区域发展差距的结构特征主要体现为东西部差距(安树伟和李瑞鹏,2023)。从绝对差距看,1978~2021年中国东西部人均GDP差距从203.0元增加到10946.4元,扩大了52.9倍[②]。《中国统计年鉴2023》数据显示,2022年,中国东部、中部、西部、东北地区的GDP分别为622018亿元、266513亿元、256985亿元和57946亿元,东部地区分别是中部、西部和东北地区的2.33倍、2.42倍、10.73倍;东部、中部、西部、东

---

①②　笔者根据《新中国六十年统计资料汇编》、相关年份《中国统计年鉴》整理得到。

北地区人均可支配收入分别为 47026.7 元、31433.7 元、29267.4 元和 31405 元，城镇居民人均可支配收入分别为 58549.9 元、42733.4 元、42173.3 元和 39098 元，农村居民人均可支配收入分别为 25037.3 元、19080.1 元、16632.1 元和 18919.2 元。从南北发展差距来看，中国南北方人均 GDP 差距呈现"U"型，差距从 1978 年的-61.8 元转变为 2021 年的 931.9 元，其中转折点发生在 1993 年，自此南方人均 GDP 开始超过北方，南北方发展差距不断扩大，到 2021 年扩大到 931.9 元。2021 年中国东西部人均 GDP 差距是南北方差距的 11.7 倍。从相对差距看，中国东西部相对差距与南北方相对差距之差的最大值出现在 2003 年，随后两者差距迅速缩小。2003 年之前中国东西部地区的相对差距不断加大，此后大幅缩小。1978~1993 年中国南北方相对差距逐步缩小，1994~2013 年基本稳定，2014 年之后迅速扩大。2014~2021 年，中国南方地区经济发展速度超过北方地区，南北差距持续扩大，但区域总体差距较为稳定（安树伟和李瑞鹏，2023）。

除经济发展差距外，基础设施建设、公共服务水平和社会保障区域发展差距也较为明显。基础设施在东部地区更加完善，例如高速铁路和高速公路的发展迅速，相比之下，西部地区和边远地区的基础设施建设相对滞后。2019 年底，我国东部地区公路密度分别是西部地区和东北地区的 5 倍和 3 倍（中国银行，2021）。东部地区已经建立了相对较为完善的综合交通网络体系，而中西部地区发展相对较为缓慢。同时，东部发达地区在医疗、教育、社会保障等公共服务方面更加完善，而西部地区和农村地区在这些方面的发展仍有较大空间。

区域发展不均衡导致某些乡村地区经济发展滞后，这直接影响了当地农业和乡村产业的投资和技术创新，限制了乡村经济的多元化和高质量发展。区域基础设施和公共服务的不平等可能会导致部分乡村地区的基础设施建设和公共服务供给不足，比如交通、医疗、教育等，这不仅影响当地居民的生活质量，还可能导致人才流失，进一步加剧乡村地区的发展困境。同时，区域经济的不平衡发展促使人口从乡村向城市或经济较发达地区流动，导致一些乡村地区面临严重的人口老龄化和劳动力不足问题，这对乡村社会的稳定和发展构成挑战。区域发展的不均衡不仅是经济层面的问题，还深刻影响着乡村的社会结构、生态环境和文化传承。

4.1.3　乡村发展不充分

城市由乡村演化发展来，城市发展过快不可避免会扩大城乡发展差距，导致乡村发展缓慢、不可持续甚至衰退。城市和乡村本是一个有机整体，只有两者都可持续发展，才能相互支撑（刘彦随，2018）。然而，受城乡二元结构和二元体制机制的影响，中国城乡关系失衡，乡村发展不充分问题突出。其中乡村产业发展滞后和乡村治理体系落后是乡村发展不充分的重要表征，也是乡村发展基础薄弱的重要原因。目前中国乡村发展不充分主要体现在以下几个方面：

（1）农村基础设施建设短板突出

按照服务性质分类，农村基础设施可细分为生产性基础设施、生活性基础设施、生态环境建设设施及社会发展基础设施。其中，生产性基础设施主要包括农业生产基地、农田水利设施等，生活性基础设施则涵盖水电路气网等，生态环境建设设施包括天然林资源保护、防护栏、种苗工程建设等，社会发展基础设施则涵盖教育、体育、文化和卫生设施。

中国农村基础设施建设在不同领域均存在短板。在生产性基础设施方面，主要问题表现在部分地区的小型和末端水利设施投资不足，闸泵站和田间沟渠等配套设施不完善，导致农田排涝灌溉的"最后一公里"问题未能有效解决。生活性基础设施方面，诸多农村地区缺乏污水管网设施，生活污水直接排放，环境卫生状况堪忧，生活垃圾处理设施亦显不足。此外，部分高山片区季节性缺水问题依然突出，少数地方低电压问题未得到根本改善，农民出行依然面临不便。另外，乡村快递物流、冷链物流等配套设施亦不完善。农村文化和医疗卫生设施建设的短板尤为显著，无论是软硬件设施还是配套设施和政务服务水平，均与城市存在较大差距。农村交通发展的不充分主要体现在出行和物流成本依然较高，基础设施和运输服务的薄弱环节依然存在。这些问题的存在不仅影响了农村居民的生活质量，也制约了农村经济和社会的全面发展（金凤君和陈卓，2023）。

农村基础投入不足，建设质量不高。随着近年来国家对乡村基础设施的持续投入，农村基础设施得到了极大改善，但是与广大农民群众的需求相比仍有差距。农村公路基本实现了"村村通"，但建设质量和标准有待提高，不少地区尚没有实现道路通组入户，养护任务重与资金不足的矛盾也日益突出，村道失养、失管、以建代养现象较为普遍，农村物流设施严重不足。农村饮水条件得到明显改善，但水源水质问题依旧突出，供水工程质量参差不齐，运行管护机制不健全，普遍存在"无人管、无钱管、无法管"的问题。全国农村不少地区供电质量与可靠性有待提高，天然气、热力管网等其他能源基础设施在农村普及率还较低。第三次农业普查数据显示，2016 年底全国通天然气的村不足 12%，东部、中部、西部和东北地区通天然气的村占比分别为 10.3%、8.4%、18.3% 和 4.7%（国家统计局，2017）。农村沼气、太阳能、风能、地热等可再生能源利用方式单一，秸秆、薪柴等非商品能源在农村生活用能中占比仍高达 40% 以上（冯凯辉等，2022）。此外，农村网络设施加快推进，但城乡互联网普及率差距巨大，城镇互联网普及率达 74.6%，农村互联网普及率仅为 38.4%，2012 年以来城乡互联网差距始终保持在 20% 以上（见图 4-2）。

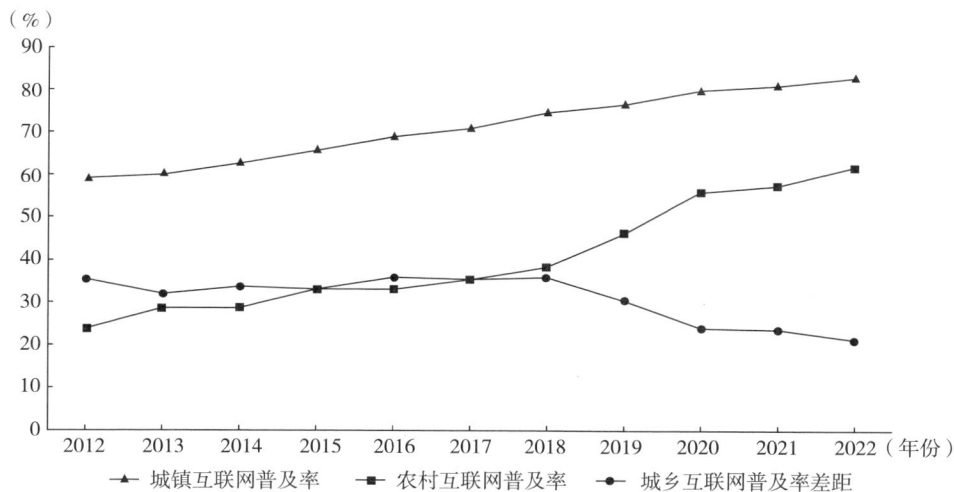

图 4-2 2012~2022 年中国城乡互联网普及率

资料来源：中国互联网络信息中心。

因此，加强农村基础设施建设，特别是在生产性和生活性基础设施方面的投入，对于改善农村居民的生活条件、促进农村经济发展具有重要意义。同时，加强生态环境建设设施和社会发展基础设施，如提升农村教育、医疗卫生服务水平，是实现乡村振兴和可持续发展的关键。这不仅需要政府的大力投入和政策支持，也需要社会各界广泛参与和共同努力。

（2）乡村产业结构单一，产业链条短，农产品附加值低

在中国农村地区，产业发展主要集中于种植业和养殖业，相较于城市地区，其产业结构呈现出较为单一的特点。农业的规模化、专业化、机械化及组织化程度普遍不高，导致产业链较短，产业化水平有限。众多村庄缺乏突出的主导产业或特色产业，产业品类虽多但分散、小型且杂乱，产品销售过度依赖内部消化。此外，农业发展多局限于种植和养殖环节，农产品的精深加工不足，造成附加值低，难以有效推动乡村产业发展。虽然中国农产品加工业与农业总产值之比由2015年的2.16提升到2020年的2.40，2022年进一步提升到2.52，但仍低于发达国家3.5的水平（郁静娴，2020；季晓莉等，2022）。

农业生产经营比较效益较低，影响农民种粮积极性。中国户均耕地面积不足8亩，土地流转成本高，农业生产率不高。尤其是自2011年以来，随着种粮成本的持续上升和粮食售价遭遇"天花板"，种粮净收益不断下降，2016年下调稻谷和小麦最低收购价并取消玉米临时收储政策后，种粮亏损渐成常态，严重影响农民种粮的积极性（见表4-1）。即便农户家庭经营不考虑自营地地租成本，2018年亩均种粮净利润也开始低于100元，按户均7.5亩耕地计算，家庭种粮年纯收入不足750元，较务工收入有较大差距，种一年地还不如打一个月工是农村的常态。实地调研中还发现，部分地方由于传统观念的禁锢，存在农户宁愿把地撂荒不重也不愿流转的情况；现实中也存在许多农户由于地块细碎、质量不高，导致土地流转不出去的情况。与此同时，中国农业生产和加工标准化水平低，品牌培育和保护投入不够，农产品品牌多、杂、乱，影响力小，社会信任度不高，导致农产品品牌溢价能力弱。如果农业生产经营比较效益下降趋势不能得到根本性扭转，农户粗放经营、降低复种指数甚至撂荒现象将趋于严重，严重威胁着农村产业的发展和国家粮食供给安全。

表4-1 2012~2021年中国三种粮食（稻谷、小麦、玉米）平均收益情况

年份	每亩						每50公斤主产品		
	总成本				净利润（元）	成本利润率（%）	平均售价（元）	总成本（元）	净利润（元）
	小计（元）	物质与服务费（元）	人工成本（元）	土地成本（元）					
2012	936.42	398.28	371.95	166.19	168.40	17.98	119.86	101.59	18.27

年份	每亩						每50公斤主产品		
	总成本				净利润（元）	成本利润率（%）	平均售价（元）	总成本（元）	净利润（元）
	小计（元）	物质与服务费（元）	人工成本（元）	土地成本（元）					
2013	1026.19	415.12	429.71	181.36	72.94	7.11	121.13	113.09	8.04
2014	1068.57	417.88	446.75	203.94	124.78	11.68	124.38	111.37	13.01
2015	1090.04	425.07	447.21	217.76	19.55	1.79	116.28	114.23	2.05
2016	1093.62	429.57	441.78	222.27	−80.28	−7.34	108.39	116.98	−8.59
2017	1081.59	437.18	428.83	251.58	−12.53	−1.16	111.58	112.89	−1.31
2018	1093.77	449.55	419.35	224.87	−85.59	−7.83	109.66	118.97	−9.31
2019	1108.89	462.24	413.40	233.25	−30.53	−2.75	109.44	112.54	−3.10
2020	1119.59	468.01	412.76	238.82	47.10	4.20	122.48	117.53	4.95
2021	1157.22	485.73	413.95	257.54	116.80	10.10	128.47	116.69	11.78

资料来源：历年《全国农产品成本收益资料汇编》。

　　农业作为传统产业，易受市场波动和自然灾害的影响，农民适应生产力发展和市场竞争的能力相对不足。农业投资周期长、见效慢，风险较高，导致农业新型经营主体发展不足，市场主体数量有限，风险意识和市场竞争力不足，市场带动力不强。如魏后凯和崔凯（2022）、姜长云（2022）及王亚华（2023）的研究表明，中国农业劳动生产率与世界农业强国存在显著差距，农业标准化和品牌化程度较低，农业装备制造业和农业生产性服务业发展落后于世界先进水平，农业组织的国际竞争力不足，农业科技对农业发展的支撑和贡献不足，农业可持续发展问题较为突出。同时，农业与第二产业、第三产业的融合程度不高，导致农业新型经营主体整体实力不强。龙头企业的带动能力弱，利益联结机制不健全，这进一步制约了农村产业的发展和升级。这些问题的存在，不仅影响了农业产业的发展潜力，也限制了乡村经济的整体增长（万宝瑞，2019）。

　　农业供给质量不高，表现在生产结构有待优化、产业结构有待提升、区域结构有待调整。在生产结构方面，近年来通过调减玉米、增加大豆播种面积，提高规模化养殖比例，推动渔业减量提质，在农业生产结构优化方面成效显著，但仍然面临粮食供需结构性矛盾（于法稳，2018）。主要表现为稻谷、小麦产大于需，库存持续增长，但每年还需进口大量优质稻谷和专用小麦。玉米产需存在一定缺口，大豆产需缺口巨大，需求基本依靠进口解决，年度进口量一度接近 1 亿吨（见表 4-2）。非粮食领域，中国已成为全球水果进口大国，牛羊肉供需缺口日趋扩大。虽然各地在不断推进农村一二三产业融合，但农产品加工链条短、附加值低、冷库仓储设施短缺的问题依然存在。在区域结构方面，中国粮食生产过度集中于水土资源紧张的东北、华北地区，蔬菜种植又过度集中于气候条件优越的南方，环保压力下南方水网密集地区生猪养殖规模大幅下降，造成北粮南运、南菜北运、南猪北养，增加了流通成本；粮食生产重心北移不仅会加剧我国北方地区水资源短缺矛盾，也会引发粮食主产区的生态环境问题，加剧潜在的区域流通风险（Liu and Zhou，2021）。

表 4-2　近年中国主要粮食品种供需平衡情况　　　　单位：百万吨

指标	稻谷						小麦					
	2018~2019 年	2019~2020 年	2020~2021 年	2021~2022 年	2022~2023 年	2023~2024 年	2018~2019 年	2019~2020 年	2020~2021 年	2021~2022 年	2022~2023 年	2023~2024 年
生产	148.5	146.7	148.3	148.9	146.0	144.6	131.4	133.6	134.4	136.9	137.7	136.6
进口	3.2	2.6	4.2	5.9	4.3	2.1	3.2	5.4	10.6	9.6	13.3	12
消费	142.9	145.2	150.3	156.4	155.0	149.9	125	126	150	148	148	153.5
缺口	-8.8	-4.1	-2.2	1.4	4.7	3.2	-9.9	-12.9	5.1	1.5	-3	4.9

指标	玉米						大豆					
	2018~2019 年	2019~2020 年	2020~2021 年	2021~2022 年	2022~2023 年	2023~2024 年	2018~2019 年	2019~2020 年	2020~2021 年	2021~2022 年	2022~2023 年	2023~2024 年
生产	257.2	260.8	260.7	272.6	277.2	288.8	16	18.1	19.6	16.4	20.3	20.8
进口	4.5	7.6	29.5	21.9	18.7	23	82.5	98.5	99.8	91.6	100.9	102
消费	274	278	285	291	299	306	102	109.2	112.7	108.4	116.5	120.5
缺口	12.4	9.6	-5.2	-3.4	3.1	-5.8	3.45	-7.4	-6.6	0.4	-4.7	-2.3

注：2023~2024 年度为预测值。

资料来源：美国农业部（https://usda.library.cornell.edu/concern/publications/3t945q76s? locale = en& page = 15#release-items）。

因此，要实现乡村振兴和可持续发展，必须加强农业的现代化建设，提升农业规模化、专业化、机械化和组织化水平，发展特色和主导产业，加强农产品的深加工，提高产品附加值。同时，需要增强农民对市场变化的适应能力，促进农业与第二产业、第三产业的深度融合，加强农业新型经营主体和龙头企业的培育和发展，建立完善的利益联结机制，提升农业劳动生产率，增强农业在国际竞争中的地位。通过这些措施，可以有效推动农村产业发展，为实现乡村振兴战略提供坚实基础。

（3）国家支农体系相对薄弱，涉农财政资金投入严重不足

尽管国家已经建立起较为完善的农业支持与保护政策体系，但在财政支出方面，相比于城市发展，针对农业农村的投入仍显不足，这在一定程度上限制了农业和农村的发展。《中国财政年鉴》历年数据显示，改革开放以来，中国涉农财政支出虽有显著增长，但在总体财政支出中所占比重始终处于较低水平。

具体来看，自 1978 年以来，国家用于农业发展的财政支出从 150.66 亿元增加至 2000 年的 1231.54 亿元，2010 年进一步增至 8579.7 亿元，至 2020 年增至 21914.1 亿元。与 2000 年相比，2020 年用于农业发展的财政支出增加了近 18 倍。然而，从相对数量来看，过去 40 多年来，中国用于农业发展的财政支出占比始终保持在相对较低的水平。除了 1978~1980 年用于农业发展的财政支出占比超过 12%外，其余多数年份中农业财政支出占比均保持在 10%以内。2001~2020 年，农业财政支出占比的平均值约为 8.63%，而在 2020 年，该比例仍不足 9%（见图 4-3）。这一数据反映出，虽然国家对农业的支持力度在不断加大，但与城市发展相比，农业领域的财政投入仍然较少。这种相对不足的财政支持限制了农业和农村的发展潜力，特别是在促进农业现代化、提高农民生活水平、增强农村基础设施建设等方面。因此，需要进一步加大对农业和农村的财政投入，确保农业和农村的持续发展，促进城乡协调发展，实现农业农村现代化的目标。

（4）农村基层公共服务能力不足，社会服务体系不健全

在中国广大农村地区，基层政务服务的效率相较于城市明显偏低，其受多方面原因的影响。首先，农村政务服务的流程普遍复杂且办事手续繁琐，导致办事效率低下，经常要求村民多次往返，增加了办事成本和时间。其次，农村基层政务服务内容相对有限，难以满足村民日益增长的服务需求，尤其是在法律、医疗卫生和教育等关键领域。

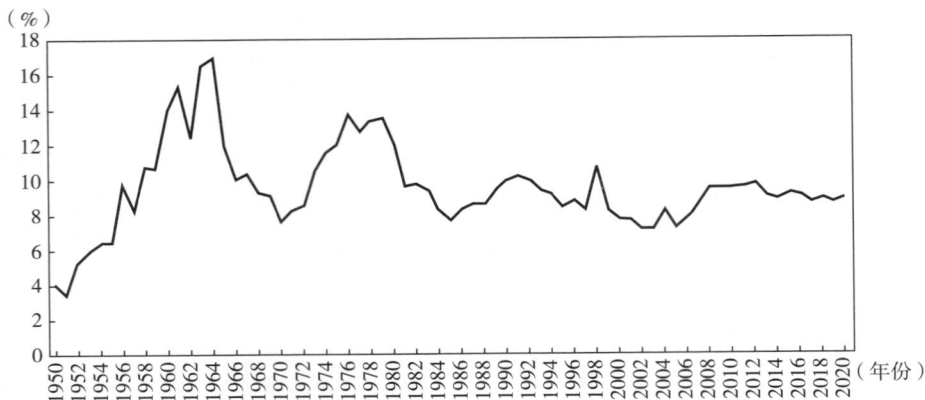

图4-3　1950~2020年全国用于农业支出占全国财政支出占比

资料来源：《中国财政年鉴》（2000~2022年）和各省历年统计年鉴。

　　农村基层政务服务的信息化水平普遍不高。缺乏有效的信息管理和服务平台，导致信息传递效率低下，服务更新缓慢，这不仅影响了政务服务的及时性，也制约了政务服务范围的拓展和质量的提升。农村政务服务的监管和反馈机制同样存在不足，这在一定程度上导致了服务质量难以得到有效保障和提升。缺乏有效的监督和反馈机制，使政务服务中的问题难以及时发现和纠正。值得注意的是，农村基层政务服务在不同地区之间存在显著的差异，表现为经济较发达地区的政务服务水平相对较高；而在经济欠发达地区，尤其是偏远山区，政务服务面临更多的挑战，如人力和财力资源的不足、基础设施的落后等。从医疗服务保障能力来看，在中国农村地区，居民的医疗资源可及性问题依然严峻。基层医疗机构大多停留在提供开药、打针等基础医疗服务的层面。

　　（5）乡村教育资源不足，教育质量不高

　　乡村教育资源不足、教育质量不高是制约乡村可持续发展关键因素之一。乡村学校普遍面临师资力量薄弱、教学设施落后和教育投入不足的问题。农村地区的教育软硬件条件薄弱，尤其是农村偏远地区面临的师资力量匮乏问题尤为突出，高素质教师"下不去""留不住"的现象普遍存在。由于经济条件和地理位置的限制，乡村学校很难吸引和保留优秀教师，导致教学质量难以与城市学校相比。优质教育和医疗资源难以向乡村地区集聚，进而导致乡村教育质量不均衡、医疗卫生事业发展水平低下的问题依然显著。乡村教育相比城市教育存在明显差距，不仅表现在硬件设施上，也体现在教育质量和教学方法上。乡村学生普遍缺乏高质量的教育资源和个性化的学习指导，使他们在升学和就业方面处于不利地位。随着城市化的加速，越来越多的乡村家庭选择将孩子送到城市学习，希望他们能享受更好的教育资源。这种趋势加剧了城乡教育机会的不平等，也加深了乡村地区的教育困境。历年《中国农村统计年鉴》数据显示，从 1975 年至 2020 年，中国农村地区小学数量从 105 万所减少到 8 万所，小学生数量从 1.32 亿万减少到 2400 万，小学教师数量从 451 万下降到 178 万，分别下降 91.86%、83.82% 和 56.77%。历年《中国农村统计年鉴》数据显示，1985 年，平均每个小学能覆盖 1.22 个行政村，到 2020 年，平均每所小学覆盖 5.81 个行政村。由于大量高素质劳动力向城市流动，加之农村教育发展滞后，农村人口的整体受教育水平严重偏低。《中国教育报》2022 年的统计数据显示，虽然过去 20 年中国劳动力人口的平均受教育水平有所提高，但城乡之间在劳动力平均受教育年限上的差距仍然较大。2020 年，乡村劳动力人口的平均受教育年限甚至低于 2001 年城镇劳动力人口的平均受教育水平。2001~2020 年，全国劳动力人口的平均受教育年限从 8.4 年增长到 10.7 年，其中城镇从 9.8 年增长到 11.6 年，而乡村则仅从 7.5 年增长到 9.2 年。从农业生产经营者的角度来看，截至 2016 年末，全国超过 90% 的经营者受教育程度在初中及以下水平。

（6）乡村文化衰落，传统优秀文化传承困难

乡村文化是乡村可持续发展的重要组成部分，它不仅承载着历史和传统，也是乡村社会凝聚力和身份认同的基础。然而，随着现代化进程的加速，乡村文化，特别是乡村优秀传统文化不断衰落。由于年青一代的外迁和现代生活方式的影响，许多传统乡村文化和习俗正在逐渐消失。传统的农业活动、节日庆祝和民间艺术逐渐被现代化生活所取代，这不仅导致乡村文化多样性的丧失，也削弱了乡村社区的文化认同和凝聚力。随着越来越多的年轻人离开乡村，乡村地区出现了严重的文化断裂和代际隔阂。年青一代与老年人在价值观、生活方式和文化认同上存在差异，这种代际差异导致了乡村社会结构的脆弱和社区关系的疏离。由于缺乏有效的文化传承机制和年青一代对传统文化的兴趣不足，许多具有历史价值的乡村文化和技艺难以传承下去，乡村文化的传承面临着严峻挑战。根据《中国城乡建设统计年鉴 2022》统计数据，中国行政村的数量从 1985 年的 94.1 万减少到 2000 年的 73.2 万，2020 年进一步减少到 50 万；自然村数量从 1985 年的 365 万减少到 2000 年的 353 万，2020 年进一步减少到 270 万。平均而言，1985~

2020 年，平均每年消失 1.23 万个行政村和 3.58 万个自然村。村庄是中国特色传统文化的重要载体，村庄消失意味着传统文化的衰落。

（7）农村基层治理能力有待提升

中国农村基层治理的薄弱现状及其对乡村发展的影响，是当前农村发展领域中亟待深入研究和解决的重要问题。乡村治理体系，作为乡村发展和管理的基础，关系到农村社区的组织结构、决策机制、资源配置及服务提供等多个关键方面。改革开放以来，虽然我国乡村治理体系有所完善，治理能力逐步增强，但仍面临诸多挑战。

一方面，乡村治理能力的现代化程度不高，基层政务服务能力不足，公共决策效率低下，社会问题的处理能力有待提升。如张晓山（2016）所述，村干部队伍普遍年龄偏大，文化素质不高，影响了乡村治理的有效性和效率。另一方面，乡村基层治理体系存在不健全之处，例如村委会与乡镇政府角色定位不清晰，与村集体经济组织职能交叉，导致基层干群关系紧张。林星和王宏波（2019）指出，农村基层党组织凝聚力弱化、执行力异化、服务力泛化，集体经济基础支撑能力不足，村干部老龄化严重，"最后一公里"服务尚未打通。

此外，村级组织资源有限，带头人难以选拔，村干部岗位留不住人，导致村级组织凝聚力、号召力、战斗力不强。部分地区村级组织缺乏有效的组织能力和管理经验，难以应对复杂的社会和经济问题，限制了其在资源配置、公共服务提供和社区发展方面的作用。乡村治理的信息化和数字化水平普遍较低，难以有效利用现代信息技术来提高管理效率和服务质量。同时，乡村治理还面临法律和制度不完善的问题，尤其是在土地使用权、环境保护和社会福利等方面，制约了乡村治理在规范框架内的有效进行。

（8）乡村生态环境质量亟待提高

2006 年以来，在生态文明建设、新农村建设、美丽中国建设的背景下，中国乡村地区的生态环境质量得到了明显改善，但仍有部分地区的生态环境质量有待进一步改善。部分地区河流、湖泊和水库受到污染的现状没有完全扭转。工农业废水直接排放，以及农药、化肥的过量使用，导致水体富营养化现象日益严重（刘彦随和周扬，2015）。由于长期的过度耕作和化学肥料的使用，农村地区的土壤结构受损，土壤有机质含量下降，土壤肥力逐渐下降，土壤板结、盐碱化问题没有得到彻底解决。随着农村生态环境的恶化，一些地区的生物多样性遭受破坏，野生动植物种类减少，生态系统平衡受到威胁。此外，农村地区因燃烧秸秆、煤炭等导致空气污染，以及工业污染物排放造成的空气质量下降问题仍然存在。农村地区点源污染与面源污染共存、生活污染与工业污染叠加、城市污染向农村转移等问题没有得到根本扭转，农村环境保护基础薄弱，垃圾、污水处理能力有待进一步提升（王晓毅，2014）。

农村人居环境治理仍存在突出短板。通过实施《农村人居环境整治三年行动方案（2018~2020 年）》，中国农村人居环境取得了较大改善，但短板和短腿问题仍然突出。受资金和人才制约，许多村庄建设无规划，一些编制完成的村庄规划缺乏科学性、合理性和可操作性，且村庄规划难执行和执行难问题突出。污水垃圾治理方面，农村污水垃圾处理设施单位建设成本和运行成本高、污水和垃圾收集难，到 2019 年底全国只有近 30% 的农户生活污水得到管控（中国网，2019）。农村环境治理基础设施建设存在严重短板，部分农村地区存在污水处理设施不足的问题，垃圾处理设施相对简陋，垃圾分类、回收利用等环保理念推广不足，导致生活污水、农田排水等污水无法得到有效处理，加之居民环保意识普遍不高，对周边环境和水资源造成污染。此外，在农村卫生厕所改造方面，厕改政策落实还不够，技术支撑不足，缺乏长效运行机制，一些地方厕所粪污没有得到有效处理和资源化利用。种种问题严重威胁着农村居民的健康和生态环境的质量，影响到农产品安全及当地产业的投资环境，既不利于农村经济社会的可持续发展，也不利于农民幸福感、获得感的提升（郑小玉和刘彦随，2018）。

4.1.4　解决相对贫困问题的需要

2020 年底，中国已全面消除绝对贫困，标志着中国减贫事业取得重大里程碑式胜利。然而，相对贫困问题的持续存在，对实现社会主义现代化强国的第二个百年奋斗目标构成了巨大挑战。中国目前所面临的相对贫困问题，直接反映了城乡发展不平衡和乡村发展不充分。

相对贫困主要是指在特定的社会经济背景下，部分人群的生活水平和社会参与度显著低于社会平均水平。中国的相对贫困问题主要集中在乡村地区，与长期以来实行的城市优先发展战略密切相关。乡村地区在基础设施建设、教育医疗资源配置及产业结构方面的落后，使乡村居民在享受经济发展成果时处于较为不利的地位。

乡村振兴战略的提出，旨在解决这一发展不平衡问题。该战略的关注点不仅限于经济发展，还包括社会、文化、生态和组织体系的全面提升。实施乡村振兴战略对缩小城乡差距、促进社会公平正义具有重大意义。通过加强乡村基础设施建设、改善教育医疗条件及推动产业多元化，可以有效提升乡村居民的生活水平和社会地位，从而有效解决相对贫困问题。此外，乡村振兴战略对推动城乡融合发展亦发挥着关键作用。通过优化产业布局、引导资本和人才向乡村流动，能够促进城乡资源的高效整合和利用。同时，乡村文化的振兴及生态环境的保护也是乡村振兴战略的重要组成部分，这不仅有助于传统文化传承，更能推动生态文明建设，实现可持续发展。

显而易见，中国当前面临的相对贫困问题是城乡发展不平衡的直接映射。实施乡村振兴战略不仅是解决相对贫困问题的有效方法，也是推动社会全面发展和构建和谐社会的关键举措。该战略的实施将有助于构建新型城乡关系，推动中国社会经济的全面、协调和可持续发展。

4.1.5　实现共同富裕目标的需要

在 2020 年底全面消除绝对贫困、实现全面建成小康社会的第一个百年奋斗目标之际，中国三农工作的重心正式从脱贫攻坚转向乡村振兴，这标志着中国农村发展进入了新的历史阶段。这一历史性的转变不仅是中国社会发展的必然产物，也是实现第二个百年奋斗目标、建设社会主义现代化国家的内在要求。

首先，从脱贫攻坚到乡村振兴的历史必然性体现在中国特色社会主义事业发展的阶段性特征上。中国共产党确定的两个百年奋斗目标，明确了中国社会主义建设的阶段性任务。第一个百年奋斗目标的实现意味着中国在短时间内成功摆脱绝对贫困，为实现社会主义现代化奠定了坚实基础。然而，这只是现代化建设的第一个步骤。为适应新时代的发展要求，中国需要从单纯的脱贫攻坚转变为全面振兴乡村，推动农村全面发展，实现城乡全面共同富裕。因此，从脱贫攻坚迈向乡村振兴是中国特色社会主义发展阶段性特征的历史必然性的表现。

其次，从脱贫攻坚到乡村振兴的历史必然性还体现在中国农村发展的内在逻辑上。脱贫攻坚是解决农村绝对贫困问题的迫切需求，是实现第一个百年奋斗目标的重要内容。然而，仅仅解决贫困问题不能完全实现农村全面振兴的目标。乡村振兴要求更全面、更深入地推动农村经济、社会、文化等多领域的发展。乡村振兴的目标不仅包括实现农村经济的繁荣，还要注重提升农村社会文明水平，推动农村文化、生态环境等多方面的全面发展。因此，从脱贫攻坚到乡村振兴是农村发展内在逻辑的必然推演。

再次，从脱贫攻坚到乡村振兴的历史必然性还彰显在中国"三农"问题的根本性质上。"三农"问题是中国社会主义建设中的长期性、复杂性问题。解决贫困问题是解决"三农"问题的一个方面，而乡村振兴则是全面解决"三农"问题的战略举措。乡村振兴旨在通过全方位的政策和措施，推动农村社会、经济、生态等方面的全面发展，实现农业农村现代化。这是在理论和实践上对"三农"问题深层次原因进行系统思考的结果，也是对中国特色社会主义事业全局性考量的历史必然性的表现。

最后，共同富裕是指社会各成员在享受经济成果方面的公平性和普惠性，不仅强调物质财富的增长，还包括社会福祉、文化教育、生态环境等多方面的全面发展。乡村振兴战略是实现共同富裕的重要途径，其目标是推动乡村地区的全面发展，包括农业现代化、乡村治理、文化传承、生态保护和农民福祉的提升。农业与农村是国家经济的重要基础，乡村振兴有助于提高农业生产效率和农产品质量，促进农民收入增长，缩小城乡差距。乡村治理的改善可以增强农村社会组织的凝聚力和自我管理能力，提升公共服务水平，促进社会公平和正义。乡村文化的保护和传承有助于维护文化多样性，增强农民的文化自信和身份认同。生态环境的保护与改善直接关联农民的生活质量，对实现可持续发展至关重要。因此，实现共同富裕目标需要全面深入实施乡村振兴战略，这不仅是中国经济社会发展的需要，也是构建和谐社会、促进社会公平正义的重要途径。通过乡村振兴战略的实施，可以有效推动农业农村现代化，为全面建设社会主义现代化国家奠定坚实基础。

4.2　乡村振兴战略的内涵、目标要求与逻辑体系

4.2.1　乡村振兴战略的内涵

乡村振兴战略是党中央面向第二个百年奋斗目标对乡村发展做出的重大部署，是对乡村振兴建设主体、目标内容、方针要求、实现途径等全方位的阐释和城乡融合发展理念的进一步升华（王亚华和苏毅清，2017；廖彩荣和陈美球，2017；张英男等，2019）。实施乡村振兴战略是关系全面建设社会主义现代化国家的全局性、历史性任务。在乡村振兴战略实施过程中，需要始终明确农民是乡

村振兴的主体、实践者、参与者和受益者，是乡村振兴战略的推动者（张琦等，2022；于爱水等，2023）。农业农村现代化是乡村振兴战略的总目标，换言之，乡村振兴的最终目标是要实现农业强、农村美、农民富，"美富强"是建设社会主义现代化强国的应有之义。要实现乡村振兴战略的总体目标，在国际形势复杂多变的情形下，当前阶段最为重要的任务是确保重要农产品供给，同时要筑牢农业农村发展的基础，乡村振兴目标的全面实现不是一蹴而就的，需要因地（村）制宜、因势利导和循序渐进地推进，这就需要抓住巩固脱贫攻坚成果，完成防止规模性返贫的底线任务。没有把握好乡村振兴的底线，筑牢乡村发展的根基，乡村建设犹如空中楼阁。乡村振兴的实现路径是通过全方位的战略部署安排、政策制度支持、工程项目干预等，实现乡村产业、人才、组织、生态和文化的全面振兴。坚持农业农村优先发展是乡村振兴的总方针，这需要转变过去偏向城市发展的发展模式，要加大对农村的干部配备、要素配置、资金投入、基础设施和公共服务设施建设投入，目的旨在构建新型城乡关系，促进城乡要素自由流动、平等交换。与西方国家不一样，中国人多地少、地形复杂等基本国情决定了中国的乡村振兴必须走中国特色的社会主义乡村振兴道路，从精准扶贫迈向乡村振兴，实现城乡融合发展，实现共同富裕。建立健全城乡融合发展的体制机制和政策体系是全面推进乡村振兴和实现农业农村现代化的重要制度保障。实施乡村振兴战略是新时做好"三农"工作的总抓手，是对过去百年中国乡村建设实践的理论升华，是对新发展阶段农业农村现代化、城乡融合发展和农业强国建设的战略部署和战术安排。乡村振兴战略的内涵对什么是乡村振兴给予了全面系统的阐述。

4.2.2 乡村振兴战略的目标要求

中共中央、国务院发布的《乡村振兴战略规划（2018—2022年）》明确了乡村振兴的时间表和路线图。农业农村现代化是中国乡村振兴战略的总目标，实现这一目标需要采取三步走的战略，即到2020年，乡村振兴取得重要进展，制度框架和政策体系基本形成；到2035年，乡村振兴取得决定性进展，农业农村现代化基本实现；到2050年，乡村全面振兴，农业强、农村美、农民富全面实现（新华社，2018）。实现乡村振兴目标的路线图是通过产业振兴、人才振兴、文化振兴、生态振兴和组织振兴"五大振兴"，最终实现乡村系统的全面振兴。"五大振兴"路线图构建起了乡村振兴的"四梁八柱"。产业兴旺、生态宜居、乡风文明、治理有效、生活富裕是乡村振兴的总要求。其中，产业兴旺是重点、生态宜居是关键、乡风文明是保障、治理有效是基础、生活富裕是根本。与总要求相适应的是乡村振兴的七大重点工作：一是推进产业振兴，二是建设宜居乡村，三是构塑乡风文明，四是强化乡村治理，五是着力改善民生，六是深化农村改革，七是强化振兴保障。按照产业兴旺、生态宜居、乡风文明、治理有效、生活富裕的总要求全面推进乡村振兴，有利于构建现代农业产业体系、生产体系、经营体系，有利于构建人与自然和谐共生的乡村发展新格局，有利于繁荣乡村文化和提高乡村社会文明程度，有利于构建党组织领导的共建共治共享乡村善治新格局，有利于培育乡土人才、聚天下英才，齐力推进乡村振兴。

4.2.3 乡村振兴战略的逻辑体系

乡村振兴战略的总要求对应着乡村振兴路线图中的产业振兴、生态振兴、文化振兴、组织振兴和人才振兴（张晓山，2017）。乡村振兴战略涵盖了产业振兴、人才振兴、生态振兴、文化振兴和组织振兴五大方面，构成了一个相互联系、相互支撑的逻辑体系。其中，产业振兴是关键，人才振兴是基石，生态振兴是基础，文化振兴是灵魂，组织振兴是保障；产业兴旺是实现乡村振兴的基石，生态宜居是提高乡村发展质量的保障，乡风文明是乡村建设的灵魂，治理有效是乡村善治的核心，生活富裕是乡村振兴的目标。

产业振兴在乡村振兴战略中扮演着基础性和关键性的角色，致力于实现农业现代化、农民增收和乡村经济的提质增效，是农民增收致富的重要途径。没有产业支撑的乡村振兴犹如空中楼阁。回顾中国农业农村发展的历程可以发现，没有产业支撑的乡村，在城镇化和工业化的浪潮下，乡村人口大规模流失，乡村发展日渐凋敝。该策略的核心在于构建一个多元化的农村经济体系，并实现从传统农业到现代农业的转型。这一转型过程涉及农业经济多元化及农业产业化的推进，旨在有效提升农业的综合生产能力及效率。农业现代化的实质不仅局限于提高农产品单产量和总产量，更为重要的是通过技术革新、产业升级及模式创新来促进农业的可持续发展，发展乡村旅游、休闲农业和特色产业也是推动农村经济多样化和提高农民收入的有效途径。此外，强化市场机制的建设对于提高农产品的市场竞争力和保障农业产业可持续发展同样至关重要。

人才振兴在乡村振兴战略中居于核心地位。农村人才的培养和引进是推动乡村各项事业发展的关键因素。通过加强农村教育体系、提升农民整体素质及引进专业技术和管理人才，可以为乡村振兴提供必要的人力资源支持。特别地，对新型职业农民的培育在促进农业现代化和农村产业升级中发挥着至关重要的作用。此外，建立有效的激励机制以吸引更多优秀人才参与乡村建设，为乡村振兴战略的实施提供了强有力的人才保障。生态振兴作为乡村振兴战略的关键组成部分，对于实现乡村可持续发展至关重要。良好的生态环境是乡村的优势和财富，把乡村建设成为宜居宜业的和美家园是人民群众日益增长的美好环境需要，引领着乡村建设优化"三生"空间的新方向，包含着乡村产业绿色发展和乡村生态治理的新要求，构建生态文明和推动绿色发展是实现此目标的必要条件。实施绿色农业策略、保护自然环境、建设美丽乡村都是提升农村生态质量、为农民创造更佳生活环境的有效途径。此外，生态旅游的发展和绿色产品的推广为农村经济发展提供了新的动力。

生态振兴要求在推动乡村经济发展的同时，注重农村生态环境的保护与改善。这需要坚持绿色发展的理念，广泛推行生态农业和循环农业实践，以减少农业生产对环境的负面影响。同时，应加强对农村环境的治理和生态系统的恢复，从而提升农村地区的生态承载力和环境质量。

文化振兴在乡村振兴战略中扮演着灵魂的角色，是乡村发展内生动力的重要源泉。文化振兴旨在繁荣乡村文化生活、弘扬乡土文化和重建精神家园。乡村振兴离不开文化的引领，只有文化繁荣、乡风文明、民风淳朴才能给乡村振兴提供源源不断的精神动力。农村地区所拥有的丰富文化资源构成了其宝贵的资产。通过保护和传承这些农村传统文化，并积极发展乡村文化产业，不仅可以增强农民的文化自信，而且能够促进农村社会的和谐与稳定。文化振兴的核心是在保护农村传统文化的同时，推动农村文化的创新和发展。这包括挖掘和保护农村文化遗产，以及发展以文化为核心的乡村旅游和手工艺品产业，从而增强农村文化的吸引力和影响力。同时，通过加强农村基础教育和文化教育，提高农民的文化素养，可以有效促进乡村文化的传承和发展。此外，文化振兴还将提升农村地区的吸引力，为文化旅游的发展带来新的动力。

组织振兴在乡村振兴战略中扮演着至关重要的保障角色。其核心在于乡村治理体系的现代化及治理能力的提升。这一过程要求加强农村基层组织的建设和完善村民自治机制，从而提升农村治理的效率和水平。此外，推动政府、市场和社会组织在农村治理中的有效合作，共同形成共建、共治、共享的社会治理模式，是实现组织振兴的关键。强化农村基层组织建设和优化农村治理结构，有助于提升农村治理能力，是实现乡村振兴的坚实基础。建立有效的农村治理体系不仅可以保障乡村振兴战略的顺利实施，还可以确保相关政策能够落到实处。通过提升农村社会组织和公共服务体系的能力，为乡村振兴提供了坚实的组织保障，进而推动乡村治理和发展步入新阶段。

总体来说，乡村振兴战略的提出源自中国共产党对中国农村当前发展状况及未来趋势的深入洞察。该战略的实施途径涉及产业振兴、人才振兴、生态振兴、文化振兴和组织振兴，旨在实现乡村全面振兴。产业振兴和人才振兴提供了推动农村经济发展和社会进步的动力与支持，生态振兴和文化振兴则确保了农村发展的可持续性和文化多样性，组织振兴为乡村振兴战略的有效实施和农村治理的现代化提供了关键保障。乡村五大振兴之间相互影响、彼此促进，共同构建了乡村可持续发展的综合体系，相互支撑和推动着乡村的发展进程。乡村振兴战略的核心目标是推动农业的全面升级、农村的全面进步及农民的全面发展，并通过这一全方位振兴过程，实现农业农村现代化，助力中国从农业大国转型为农业强国。

4.3　推进乡村振兴战略的体制机制优势

4.3.1　坚持正确的发展方向

方向决定道路，道路决定成败。乡村振兴的过程中必须遵循乡村发展规律，结合中国乡村实际，坚持正确的发展方向。党的领导是充分发挥中国特色社会主义制度优势的根本保障。乡村振兴战略在中国共产党的正确领导下，坚守着科学性、系统性和可持续性的原则，确保了乡村全面建设社会主义现代化的宏伟目标得以实现。作为最高政治领导力量，中国共产党的领导具备全局性和长远性的特点，一直以来深切关注农村问题，制定了涵盖农业农村经济发展、农民收入增加、农村社会治理等多方面科学合理的农村发展政策。党的领导不仅确保了乡村振兴战略在政策层面的科学性和连贯性，而且提升了对农村工作的重视程度，推动了农村治理体系现代化的进程。同时，党组织在农村基层发挥着积极作用，动员和组织农民参与乡村振兴，增强了基层党组织的战斗堡垒作用。

乡村不仅是城市的母体、重要的粮食生产地和原材料生产地，也是社会稳定的压舱石，是中国现代化建设的重要基础。作为中国传统文化的重要载体和发源地，乡村对中国经济社会可持续发展和民族长远发展具有重大意义。乡村振兴的过程必须遵循乡村发展规律，结合中国乡村实际，统筹农村"五位一体"建设，挖掘乡村多种功能和价值，注重政策的整体性、集成性、协同性；以及坚持人与自然和谐共生，推动生态环境保护和生态振兴。

在科学理论指引下，乡村振兴战略坚持以人民为中心的发展思想，关注和满足农民的多层次需求，尊重农民意愿和首创精神，把维护农民群众根本利益、促进农民共同富裕作为出发点和落脚点，确保乡村发展符合农民的期望。战略实施过程中，注重强化农业农村优先发展原则，推动农村经济由传统农业向现代农业转型，提高农民生产效益和收入水平。乡村振兴亦强调产业结构的优化升级，发展现代农业产业和乡村特色产业，倡导绿色发展理念，通过生态修复和环境治理提升乡村生态品质。从长远角度看，"三农"政策实践表明，中国共产党针对不同时期的主要矛盾和问题，制定不同的目标任务和政策举措，不断推动"三农"工作取得新成就（宋洪远，2018）。

4.3.2 发挥制度优势

制度具有根本性、全局性、稳定性和长期性的特点。中国特色社会主义制度是推进乡村振兴战略的根本制度保障，具有突出的制度优势。乡村振兴战略的全面推进，离不开中国特色社会主义制度的全方位保驾护航。这一制度为乡村振兴提供了坚实的制度基础，旨在实现人民对美好生活的向往，符合广大民众的根本利益，并深得人民拥护。中国特色社会主义的最大制度优势在于坚持党的集中统一领导和集中力量办大事的能力，体现在党以人民为中心的根本宗旨和团结带领人民实现共同富裕的重要使命上。这种优势促成了乡村振兴战略的共同意志和凝聚力，为有序有力地推进乡村振兴奠定了坚实的制度基础。

中国特色社会主义制度的另一大优势在于其系统完备、科学规范、运行有效的制度体系（李明，2019）。国家通过一系列重要工作抓手，基本建立了乡村振兴战略的制度框架和政策体系，构建了全面实施乡村振兴战略的多重保障。这包括马克思主义"三农"理论和习近平总书记关于"三农"工作的重要论述思想指引、中央政策和国家战略规划引领、乡村振兴战略20字方针和农业农村现代化目标指引、以实现乡村"五个振兴"为行动指南、以增进人民福祉和实现共同富裕为根本遵循，以及党内法规、法治、领导责任制、重要战略行动和工程支撑、制度性供给、资金投入、民生保障、过程监督和成效考核评估机制保障等

（韩俊等，2018）。习近平总书记关于"三农"工作的重要论述，作为推进乡村全面振兴的根本遵循和行动指南，深刻阐释了"三农"工作的重要性、历史方位和战略定位（韩文秀，2023）。中国共产党建立了党委统一领导、政府负责、党委农村工作部门统筹协调的农村工作领导体制，中央统筹、省负总责、市县乡抓落实的工作机制，以及职责明确、各负其责、分工协作、合力攻坚的责任体系。为确保乡村振兴战略的实施，建立了领导责任制，明确党政一把手为第一责任人，实行省、市、县、乡、村五级书记共同推进乡村振兴。在监督考核和激励约束方面，国家实施了乡村振兴战略实施目标责任制和考核评价制度，严格执行五级书记抓乡村振兴的责任实施细则。中国共产党在高效的动员体系下，广泛有效地凝聚各方力量，有利于全社会共同参与的多元主体的乡村振兴体系形成共同意志、共同行动。

中国特色社会主义制度具有强大的自我完善能力。面对乡村振兴过程中的矛盾和困难，正视问题和坚持深化改革是关键。全面推进乡村振兴过程中，各种体制机制约束不可避免，这要求我们因地制宜、因势利导，循序渐进地深化改革。如2018年中央一号文件所指出，必须破除体制机制弊端，发挥市场在资源配置中的决定性作用，促进城乡要素的自由流动和平等交换。土地制度是农村的基本制度，也是决定经济社会全局的基础性制度。土地是农民的生命之源，对农民而言具有至关重要的生存保障意义。农民是乡村振兴的主体力量，通过土地集体所有制和家庭联产承包责任制，中国将农民的利益与土地紧密联系。在乡村振兴战略的实施过程中，中国坚持保持土地承包关系稳定和长久不变，确保承包地到期后再延长30年，并通过确权登记保护农户的土地承包权益。这些措施不仅稳定了农民深耕土地的心，还增强了他们的生产创造信心，为乡村振兴注入了更多活力和创造力。面对城乡要素流动不顺畅、公共资源配置不合理等突出问题，党决策部署建立健全城乡融合发展体制机制和政策体系。同时，党和政府积极推动乡村振兴立法过程。《中华人民共和国乡村振兴促进法》将相关政策、措施、重大决策部署转化为法律规范，确保乡村振兴有法可依，依法推进，为战略的全面实施提供了坚实的法律保障。这些制度安排有利于城乡融合发展，扎实促进乡村振兴和农业农村现代化。

4.3.3 坚持农业农村优先发展政策导向

坚持农业农村优先发展，源于对改革开放40年"三农"工作历史经验的理论认识深化和升华，是解决新时代问题和矛盾的现实需要。当前，中国发展最大的不平衡体现在城乡发展差异，最大的不充分则是乡村发展的滞后。在全面建设社会主义现代化国家的新征程中，党的十九大明确提出了到中国成立一百年时基本实现现代化的目标。没有农业和农村的现代化，就难以实现全国的现代化。因此，坚持农业农村优先发展不仅是解决城乡发展不平衡不充分的根本策略，也是实现社会主义现代化国家建设的必经之路（杜志雄和郜亮亮，2019）。

农业农村优先发展对于实现乡村振兴战略全面目标和全面小康社会建设具有深远意义，它为促进农村经济社会全面、协调、可持续发展提供了坚实保障。农业是乡村经济的支柱，其生产和销售直接关系到农民的收入。优先发展农业，不仅为乡村提供了可持续的经济基础，还推动了农村产业结构的优化升级。农村作为农业生产和农民居住的空间载体，其优先发展意味着更有效的土地资源保护和利用，推动农业现代化，提升生产效益。同时，农业作为乡村居民的主要就业渠道，特别是在劳动力充裕的情况下，优先发展农业能够创造更多的就业机会，提高农民的收入水平。

农村还是传统文化的重要承载地。优先发展农村有助于保护和传承乡村传统文化，对维护社会稳定、提升农民文化素质有着积极作用。此外，优先发展农业农村有利于保护农村生态环境，通过科学规划和合理管理，促进农村生态文明建设取得实质性进展。农村的广阔土地资源和丰富自然条件，为新型产业的培育和创新提供了发展空间。

乡村振兴要求实现城乡一体化发展，农业农村作为城市和农村的纽带，对促进城乡要素流动、优化资源配置发挥关键作用。坚持农业农村优先发展，旨在扭转长期以来的"重工轻农、重城轻乡"发展模式，对破解城乡二元结构、重塑城乡工农关系、畅通城乡要素流动和平等交换、重构乡村发展格局具有重大意义。

4.3.4　坚持规划先行

乡村振兴，规划先行。乡村振兴战略的成功实施，始于周密的规划。作为确保乡村振兴战略科学、有序且可持续实施的关键举措，规划引领的作用不容忽视。乡村振兴是一项系统性强、内容丰富、周期长的工作，涉及的地区和村庄多样，因此推动振兴的方法和路径需因势利导、因地制宜。规划的重要性在实践中已得到充分证明，社会主义新农村建设、美丽乡村建设的经验表明，缺乏或不合理的规划会导致"千村一面"现象、乡村无序发展、土地利用碎片化、文化保护开发不力、基础设施建设与管理脱节等问题。

浙江的"千万工程"成功的一个重要原因是立足于不同村庄的具体情况，分类确定建设模式，并科学制定了"一村一规划"。随着"三农"工作重心历史性地转向全面推进乡村振兴，科学编制乡村规划并确保其落地实施成为迫切需求。规划能够为乡村振兴的整体布局提供科学指导，确保各领域发展的有机协同。通过规划，可以明确不同地区的功能定位，实现资源、产业、人才的合理配置，形成区域协同发展格局。规划还帮助明确乡村振兴的总体目标，细化为具体可操作任务，使战略实施更有序，明确发展方向和重点，减少盲目性和随意性。此外，规划有助于科学利用有限的资源，避免资源浪费和过度开发，平衡经济发展、社会需求与环境保护之间的关系。

2018年9月26日发布的《乡村振兴战略规划（2018—2022年）》提出推进城乡统一规划、强化空间用途管制和优化乡村"三生"空间等重要观点和措施，强调顺应村庄发展规律和趋势，根据不同村庄的发展现状、区位条件、资源禀赋等进行分类推进。2019年10月，《关于统筹推进村庄规划工作的意见》进一步明确了科学村庄规划的重要性。据《乡村振兴战略规划实施报告（2018—2022年）》显示，到2022年底，全国几乎所有省份都编制了本地区乡村振兴地方规划，超过80%的市、县制定了地方规划或实施方案，体现了分类有序、因地制宜和高质量引领推进乡村振兴。规划引领在乡村振兴战略实施中不仅是一种方法论，更是保障机制，它为实现乡村振兴的可持续性、协调性和创新性提供了有力支撑。

4.3.5　脱贫攻坚宝贵经验借鉴

中国的脱贫攻坚战，作为人类历史上规模最大的扶贫实践，已经取得了显著成效，吸引了各层各类主体的广泛参与，充分发挥了贫困群众的主体作用（汪三贵和周诗凯，2023）。这一伟大实践不仅为人类减贫与发展开辟了新路径，而且形成了一条独具中国特色的减贫道路，积累了丰富的经验，为全面推进乡村振兴提供了宝贵的借鉴。

中国脱贫攻坚的成功经验主要体现在以下四个方面：首先，中国共产党的集中统一领导是根本政治保障和组织保障。其次，中国特色社会主义制度的根本制度保障，充分利用了集中力量办大事的政治优势，形成了共同意志和共同行动。再次，具有中国特色的重大战略机制体系，涵盖了中央统筹、省负总责、市县抓落实的工作机制，责任明确、分工协作的责任体系，上下联动、统一协调的政策体系；资金和人力保障的投入体系，广泛参与、合力攻坚的社会动员体系，全方位监督和严格的考核评估体系。最后，调动群众的积极性、主动性、创造性，将人民对美好生活的向往转化为内生发展的强大动力，激发人民群众的内生发展动力。

脱贫攻坚的这些宝贵经验立足于中国国情和实际，体现了理论与实践创新，具有时代性、实践性和精准性，为脱贫攻坚与乡村振兴的有效衔接奠定了坚实的基础（张远新和董晓峰，2021）。在全面推进乡村振兴战略的过程中，中国不仅继承了脱贫攻坚的前期经验，还展现了与时俱进、因地制宜、因势利导的创新发展，形成了完备且具有中国特色的乡村振兴制度框架和政策体系。这一过程既是中国脱贫攻坚成果的延续，也是乡村振兴战略的深化和发展。

4.3.6 "千万工程"经验引领

习近平总书记在担任浙江省委书记期间主导的"千万工程"，是一项旨在改善农村生产、生活、生态环境的重大决策。自2003年启动以来，"千万工程"对约1万个行政村进行了整治，其中约1000个中心村被打造成示范村（新华社，2023）。"千万工程"的核心抓手是全域土地综合整治。经过20多年的不懈努力，"千万工程"在改善农村人居环境、构建美丽乡村、推动社会共同富裕及满足民众对美好生活的向往方面取得了显著成效。其深远的影响力体现在战略思维、创新理念、科学方法和务实作风上，成为新时代加强农业强国建设、全面推进乡村振兴的重要指导和遵循。

"千万工程"是推动乡村建设、乡村振兴、城乡融合和共同富裕的基础性和系统性工程，更是一项民生工程和民心工程，旨在为人民群众谋利益。它回应了乡村振兴的历史性课题，即如何构建理想的乡村及乡村的建设路径（中央农村工作领导小组办公室，2024）。浙江省在实施"千万工程"时，特别注重因地制宜，针对不同地区的资源、产业基础和人口结构，实施了一系列精准措施。该工程不仅优化了农村产业结构，发展了特色农业和乡村旅游等新兴产业，还重视生态环境的改善和保护，通过生态修复、水土保持等方式实现经济发展与环境保护的协调。此外，通过采用多元化融资模式，吸引社会资本参与，为项目提供了创新融资机制的示范。

"千万工程"还强调居民的积极参与和共建共享的精神，为其他地区在乡村振兴过程中提供了差序化发展的思路、产业升级与转型的范本、绿色生态发展的示范，及社会参与和共建共享的模式，具有重要的引领示范意义和借鉴价值。2023年12月，习近平总书记在中央农村工作会议上强调，要以"千万工程"经验为引领，锚定建设农业强国的目标，找准切入点和突破口，推动乡村全面振兴。

4.3.7　以系统思维全面推进

系统论强调，一个系统是由众多要素构成的整体，其中要素相互影响并决定系统的结构，而结构则决定系统的功能。在要素间的协同作用中，系统展现出其整体性和系统性的功效。乡村作为一个复杂的巨系统，由自然、生态、社会、经济等多个子系统构成，具有开放性和耗散结构的特征。乡村系统的核心要素包括人口、土地、产业，而其结构则涵盖人口结构、产业结构、土地利用结构、组织结构等。乡村系统的功能则包括农业生产、就业与社会保障、生态保育、文化传承等多重功能（马历等，2019）。

乡村系统具备整体性、层次性、开放性、非线性和自适应性等特征。整体性意味着乡村系统是一个有机的整体，其中任何要素的短缺或结构的失衡都会影响整体功能。层次性则体现在乡村系统由多个子系统组成，这些子系统相互独立又相互作用，组成的要素本身也可视为更低一级的系统。开放性指的是乡村系统与外部环境之间持续的要素流动、物质循环和能量传递。而自适应性则表明乡村系统在外部干预或冲击下具有自我调节和适应的能力。

乡村衰退可以视为乡村系统要素流动受阻、结构失调所导致的功能失衡，是城市吸引力和乡村排斥力共同作用的结果。乡村振兴是一项复杂的系统性工程，不是乡村某个要素、某一结构或某一功能的振兴，而是整个乡村系统的全面振兴。乡村本应是一个多功能的地域空间，但发展初期由于过分重视工业化和城镇化，农业生产功能虽受到重视，但乡村的社会文化和生态功能却被忽视（林若琪和蔡运龙，2012）。

系统思维对乡村振兴的决策制定者而言至关重要，它有助于理解和处理乡村振兴中的复杂性和多样性，形成系统性、科学性的战略，从而推动乡村振兴工作取得显著成果。通过系统思维，可以全面认知乡村振兴涉及的经济、社会、文化、环境等方面的复杂问题，理解它们的相互关系和影响机制，帮助制定全面、合理的发展战略。系统思维有助于进行整体性规划，协同推动各个领域的发展，避免片面性决策，确保政策和项目间的协调性和一致性。此外，系统思维有助于识别问题的根本原因，提出更具针对性和长期性的解决方案，促进乡村振兴工作的可持续发展。系统思维也有助于激发创新，发展新质生产力，推动各领域的协同发展，发现新的发展机会和潜在的协同效应，推动乡村振兴的创新发展。系统思维强调整体的互动和共同责任，有助于激发全员参与乡村振兴的积极性，形成共同的目标认知，推动全社会的参与。最终，以系统思维为指导的乡村振兴策略将促进乡村系统多功能的再平衡、再协调，实现乡村的多功能价值。

系统推进乡村全面振兴对乡村可持续发展具有深远影响。乡村全面振兴不仅关乎经济发展，更涵盖社会、文化、生态等多个方面，其核心在于实现乡村的全面、协调和可持续发展。首先，经济发展是乡村全面振兴的基础。通过优化产业结构，发展现代农业、乡村旅游、特色小镇等，乡村经济得以多元化发展，从而增强了乡村的经济实力和自我发展能力。在此过程中，注重科技创新和农村人才培养，为乡村经济发展提供持续动力。其次，社会发展是乡村全面振兴的关键。通过改善农村基础设施、医疗卫生、教育资源等，提高乡村居民的生活质量，促进社会公平正义。同时，加强乡村治理，推动乡村社会组织和农村民主管理体系建设，提升乡村治理水平。再次，文化传承是乡村全面振兴的重要内容。保护和振兴乡村传统文化，弘扬乡村精神，对于维护乡村文化多样性、增强乡村文化自信具有重要意义。通过丰富乡村文化生活、活化乡村文化遗产，加强乡村文化建设，增强乡村文化吸引力。最后，生态保护是乡村全面振兴的必要条件。坚持绿色发展理念，强化乡村生态环境保护和修复，确保乡村发展与自然环境和谐共生。通过实施生态补偿机制、推广环境友好型农业技术，实现乡村生态与经济的双赢。

4.4 本章小结

乡村振兴战略作为新时代中国农业农村发展的重大国策，应运而生于新的历史条件和发展需求之下。其核心目标在于直面并有效应对城乡发展的不平衡、区域发展的不均衡、乡村发展的不充分、乡村多功能的失衡及相对贫困问题持续存在等一系列深层次挑战。乡村振兴战略提出的背景回答了"为什么要推进振兴乡村"的问题。该战略的提出，不仅是对中国农村现状的深刻反思，也是对未来农村发展路径的明确指引。

在新时代中国"三农"工作中，乡村振兴战略被赋予了中心地位。其重点在于推进农业、农村、农民的全面现代化，旨在构建一个全新的乡村发展模式，从而引领中国农村走向更加繁荣昌盛的未来。这一战略的核心，是将农民置于乡村振兴的主体地位，充分发挥其在乡村发展中的主导作用。此外，该战略还高度重视产业的振兴、人才的培养、组织的建设、生态的保护及文化的传承与创新，旨在通过这"五大振兴"实现乡村系统的全面进步和提升。

在具体实施上，乡村振兴战略制定了明确的时间表和路线图，分为三个阶段进行：首先，在短期内着重建立完善的制度框架，为乡村振兴提供坚实的政策支撑和制度保障；其次，在中期阶段着力推进农业农村的现代化，确保在结构调整、技术革新、管理提升等方面取得决定性进展；最后，在长期目标上力求实现农村的全面美丽化、农民的全面富裕化及农业的全面强盛化。这一战略的实施，不单单聚焦于经济层面的发展，更加注重在社会、文化、生态和组织体系方面的全面提升，为推动中国社会经济的全面协调可持续发展奠定了坚实基础。

通过乡村振兴战略的深入实施，中国旨在缩小城乡之间的发展差距，促进社会的公平与正义，同时力图构建新型的城乡关系，实现全社会的共同富裕。这不仅是对中国传统农村发展模式的一次深刻变革，更是对现代化强国建设道路的积极探索和创新实践。

在这一过程中，关键的挑战在于如何确保政策的精准实施和有效执行，确保乡村振兴战略不仅停留在纸面上，而是真正落实到每一个农村、每一位农民的生活实践中。同时，需要在实践中不断总结经验、及时调整策略，确保战略能够顺应时代的发展，适应农村的实际需要，从而实现乡村振兴战略的长远目标和愿景。乡村振兴战略的目标、内涵全面系统阐释了"什么是乡村振兴，乡村振兴要振兴什么"的问题。

推进乡村振兴的体制机制回答了"中国乡村何以能振兴"的问题。通过坚持在正确的发展方向上充分发挥制度优势，坚持党管农村，坚持农业农村优先发展的政策导向和规划先行，在具体实践中借鉴脱贫攻坚宝贵经验和浙江省"千万工程"经验，系统高位推进乡村振兴各项战略措施落地，中国有望如期实现2035年农业农村基本现代化和2050年乡村全面振兴，最终实现"农业强、农村美、农民富"的目标，为中华民族的伟大复兴贡献独特力量。

5 中国乡村振兴战略的举措、成就及挑战

　　乡村振兴是实现中华民族伟大复兴的重要举措。乡村振兴内含产业振兴、人才振兴、文化振兴、生态振兴和组织振兴等丰富内容，涉及乡村产业、精神文明和生态文明建设、农村改革、乡村建设、城乡融合发展、乡村治理等重点任务。与脱贫攻坚相比，全面推进乡村振兴面临"五更"挑战，即覆盖面更广、情况境地更复杂、目标要求更高、完成难度更大、持续时间更长，如期打赢这场持久战必须要统一思想认识，以更加强烈的使命担当，凝聚多方力量，采取更强有力的举措，合力攻坚克难。与此同时，面对这样一个系统性、全局性重大课题和现实难题，必须充分尊重乡村发展演进规律，有序推进乡村振兴战略落地见效。有鉴于此，本章系统剖析了中国全面推进乡村振兴战略的主要举措、重要成就及面临的现实挑战，以及全面推进乡村振兴需要处理的基本关系。本章旨在围绕怎样推进乡村振兴，中国从哪些方面推进乡村振兴，以及推进乡村振兴过程中面临的现实挑战是什么等重要问题展开论述。

5.1　推进乡村振兴战略的主要举措

5.1.1　政策体系

　　实现乡村全面振兴，离不开一个完善的政策体系作为支撑。这一体系提供了战略指导和政策支持，形成了有力的政策保障体系，确保乡村振兴工作的有序推

进和取得实质性成果。政策体系的完善明确了乡村振兴的总体目标和发展方向，提供了全局性、长远性的规划，引导各方力量协同推动乡村振兴工作。通过政策体系，政府能有效配置资源，明确资金、人力、技术等方面的投入，确保对乡村振兴工作的充分保障。政策体系还包括制定相应的产业政策，促进农村产业的结构优化和升级，引导农村经济朝着更可持续的方向发展，推动产业创新和提质增效。此外，完善的政策体系有助于加强农村法治建设，提高农村社会治理水平，为农村社区提供合法权益保障，加强农村社会治理体系的建设。

自党的十九大报告提出实施乡村振兴战略以来，中共中央、国务院及各部委相继出台了包含产业、就业、生态、文化、乡村治理、社会保障等方面的政策文件、指导意见和行动方案，构建起了较为完备的乡村振兴政策体系。这些政策涵盖了农业产业化、农产品流通、农业结构调整、农业支持保护政策、生态保护、人居环境整治、生态补充、生态资源利用、基础设施和公共服务建设、社会保障和社会救助、乡村教育、医疗、就业、传统文化保护、乡土文化传承与传播、党建、法治、基层管理等多个方面（卢向虎和秦富，2019）。

此外，中国还出台了系列的要素投入保障支撑体系，主要涉及乡村振兴过程中的"人""地""钱"等要素的投入和保障机制。这一完备的政策体系构成了乡村振兴战略的框架，旨在推动农村全面建设社会主义现代化，实现农业农村经济的可持续发展，为全面推进实施乡村振兴提供了重要的制度保障。

5.1.2 法治建设

乡村振兴相关法治建设为乡村振兴提供了制度保障和法律支撑，对推动乡村治理、经济社会发展、生态环境保护等方面的全面提升具有重要意义。法治的建立和完善能够确保农民和乡村居民的合法权益得到有效保障，农民在土地、产权、收入等方面的权益得到明确法律法规的支持，增强其参与乡村振兴的信心。

法治建设有助于提高农村社会治理水平。通过建立健全法律制度和法规体系，可以规范社会行为，防范和化解社会矛盾，促进农村社会的稳定和谐。在乡村振兴中，土地流转作为重要的资源配置手段，法治建设有助于规范土地流转的法律关系，明确产权归属，促进土地经营权的有序流转，提高农村土地资源的效益。

法治建设还能规范和引导乡村产业的发展，通过制定产业政策、知识产权保护等法律措施，提升农村产业的创新能力和竞争力，促进产业的健康发展。法治的健全和有效执行确保国家政策在乡村层面得到有效执行，消除政策执行中的障碍和变通，推动乡村振兴战略全面落地。

自党的十九大报告提出实施乡村振兴战略以来，中国政府在土地制度改革、农民权益保护、农村产权制度建设、农村土地流转管理、农村金融支持、环境保护与资源利用、特色产业保护与扶持、乡村社区自治法规制度、农业科技创新法制保障等方面采取了一系列法制建设举措。这些举措在保障农民权益、促进土地有效利用和农业现代化、提高农村金融服务水平、加强农村环境保护、支持特色产业发展、强化乡村社区自治等方面发挥了重要作用。

特别是《中华人民共和国乡村振兴促进法》的施行，从法律上了明确"三农"领域的国家职能，构建了城乡融合发展、破解城乡二元结构的基本法律体系，为乡村振兴战略的实施提供了法律层面的上位支持（张晓山，2021）。《中华人民共和国乡村振兴促进法》重点围绕产业、人才、文化、生态、组织等全方位振兴和城乡融合领域，推动"五大振兴"，落实乡村振兴，作为乡村振兴战略的顶层设计，为推进战略实施提供了基础性法律遵循。全国多个省份也相继对《中华人民共和国乡村振兴促进法》进行了细化，出台了本省乡村振兴促进条例（见表 5-1）。

表 5-1　各省份乡村振兴促进条例

省份	名称	公布时间
湖北	《湖北省乡村振兴促进条例》	2020 年 1 月 17 日
江西	《江西省乡村振兴促进条例》	2021 年 1 月 30 日
山东	《山东省乡村振兴促进条例》	2021 年 5 月 27 日
浙江	《浙江省乡村振兴促进条例》	2021 年 7 月 30 日
天津	《天津市乡村振兴促进条例》	2021 年 9 月 27 日
福建	《福建省乡村振兴促进条例》	2021 年 10 月 22 日
吉林	《吉林省乡村振兴促进条例》	2021 年 11 月 25 日
四川	《四川省乡村振兴促进条例》	2021 年 11 月 29 日
河南	《河南省乡村振兴促进条例》	2021 年 12 月 29 日
新疆	《新疆维吾尔自治区乡村振兴促进条例》	2022 年 1 月 27 日
广西	《广西壮族自治区乡村振兴促进条例》	2022 年 3 月 24 日
广东	《广东省乡村振兴促进条例》	2022 年 6 月 1 日

省份	名称	公布时间
西藏	《西藏自治区乡村振兴促进条例》	2022 年 6 月 6 日
重庆	《重庆市乡村振兴促进条例》	2022 年 7 月 22 日
上海	《上海市乡村振兴促进条例》	2022 年 8 月 27 日
河北	《河北省乡村振兴促进条例》	2022 年 9 月 28 日
安徽	安徽省实施《中华人民共和国乡村振兴促进法》办法	2022 年 9 月 29 日
贵州	《贵州省乡村振兴促进条例》	2022 年 10 月 14 日
湖南	《湖南省乡村振兴促进条例》	2022 年 11 月 23 日
甘肃	《甘肃省乡村振兴促进条例》	2022 年 11 月 25 日
江苏	《江苏省乡村振兴促进条例》	2022 年 11 月 25 日
陕西	《陕西省乡村振兴促进条例》	2023 年 5 月 31 日
宁夏	《宁夏回族自治区乡村振兴促进条例》	2023 年 9 月 23 日
青海	《青海省乡村振兴促进条例》	2023 年 9 月 27 日
黑龙江	《黑龙江省乡村振兴促进条例》	2024 年 1 月 4 日

注：截至 2024 年 2 月 22 日，北京市、辽宁省、云南省、海南省、内蒙古自治区、山西省等省份起草的乡村振兴促进条例正在征求意见，暂未公布实施。

资料来源：国家法律法规数据库（https：//flk.npc.gov.cn/index.html）。

综上所述，中国政府在法制建设方面为推进乡村振兴战略所做的努力，反映了完善的法治体系对乡村振兴的重要性。这些法治体系为乡村振兴提供了有力的法律框架，使得各项政策和措施能够有序、稳定地推进，确保乡村振兴战略目标的实现。

5.1.3　主要行动、计划与重大工程部署

乡村振兴作为一项复杂的系统工程，其实现离不开一系列重大工程、重要计划和行动的有力支撑。这一战略需要在多个领域和方面取得实质性进展，通过一系列的重大工程、计划和行动，能够形成系统性和整体性的推动力，实现各个领域的协同发展，确保战略目标的全面实现。重大工程和计划有助于整合财政、技术、人才等各类资源，形成综合利用的优势，提高资源配置效率，促进乡村振兴战略的顺利实施。

　　一些制约乡村发展的关键问题可能需要通过有针对性的工程和计划来解决。这些工程和计划能够在关键领域实现突破，解决发展瓶颈，推动乡村经济社会的全面发展。通过重大工程和计划，可以打造成功的示范项目，产生示范效应，这些案例可在全国范围内推广，引领更多地区效仿，加速乡村振兴进程。同时，这些工程和计划有助于激发社会投资和市场活力，吸引投资和市场参与，推动乡村产业发展，形成良性发展循环。通过这些措施，加强政策执行力度，确保各项政策有效落地，确定明确的目标和任务，助力相关部门更有针对性地推进工作，提高政策执行效果。

　　《乡村振兴战略规划（2018—2022 年）》围绕产业兴旺、生态宜居、乡风文明、治理有效、生活富裕 5 个方面提出了 22 项重点指标，明确了 7 个方面 59 项重点任务，部署了 82 项重大工程、重大计划、重大行动。这些重大工程、重大计划和重大行动涉及提升农业综合生产能力、培育现代农业经营主体、构建乡村产业体系、农村生态保护与修复、乡村文化繁荣、乡村治理体系构建、农民增收 7 项重要内容，分别对应乡村振兴五大目标和"五个振兴"（见表 5-2）。这些措施构成了乡村振兴战略的行动框架，旨在推进农村全面建设社会主义现代化，实现农业农村经济的可持续发展，为乡村振兴提供了重要的实施路径和保障。

表 5-2　82 项乡村振兴重大工程、重大行动、重大计划

名称	具体内容
农业综合生产能力提升重大工程	"两区"建管护
	高标准农田建设
	主要农作物生产全程机械化
	数字农业农村和智慧农业
	粮食安全保障调控和应急
质量兴农重大工程	特色农产品优势区创建
	动植物保护能力提升
	农业品牌提升
	特色优势农产品出口提升行动
	产业兴村强县行动
	优质粮食工程

名称	具体内容
现代农业经营体系培育工程	新型农业经营主体培育
	农垦国有经济培育壮大
	供销合作社培育壮大
	新型农村集体经济振兴计划
农业科技创新支撑重大工程	农业科技创新水平提升
	现代农业自主创新能力提升
	农业科技园区建设
构建乡村产业体系重大工程	电子商业进农村综合示范
	农商互联
	休闲农业和乡村旅游精品工程
	国家农村一二三产业融合发展示范园创建计划
	农业循环经济示范点
	农产品加工业提升行动
	农村"星创天地"
	返乡下乡创业行动
农业绿色发展行动	国家农业节水行动
	水生生物保护行动
	农业环节突出问题治理
	农业废弃物资源化利用
	农业绿色生产行动
农村人居环境整治行动	农村垃圾治理
	农村生活污水治理
	厕所革命
	乡村绿化行动
	乡村水环境治理
	宜居宜业美丽乡村建设
乡村生态保护与修复重大工程	国家生态安全屏障保护与修复
	大规模国土绿化
	草原保护与修复
	湿地保护与修复
	重点流域环境综合治理
	荒漠化、石漠化、水土流失综合治理

名称	具体内容
乡村生态保护与修复重大工程	农村土地综合整治
	重大地质灾害隐患治理
	生物多样性保护
	近岸海域综合治理
	兴林富民行动
乡村文化繁荣兴盛重大工程	农耕文化保护传承
	戏曲进乡村
	贫困地区综合服务中心建设
	中国民间文化艺术之乡
	古村落、古民居保护利用
	少数民族特色村寨保护与发展
	乡村传统工艺振兴
	乡村经济社会变迁物证征藏
乡村治理体系构建计划	乡村便民服务体系建设
	"法律进乡村"宣传教育
	"民主法治示范村"创建
	农村社会治安防控体系建设
	乡村基层组织运转经费保障
农村基础设施建设重大工程	农村公路建设
	农村交通物流基础设施网络建设
	农村水利基础设施网络建设
	农村能源基础设施建设
	农村新一代信息网络建设
乡村就业促进行动	农村就业岗位开发
	农村劳动力职业技能培训
	城乡职业技能公共实训基地建设
	乡村公共就业服务体系建设
农村公共服务提升计划	乡村教育质量提升
	健康乡村计划
	全民参保计划
	农村养老计划

续表

名称	具体内容
乡村振兴人才支撑计划	农业科研杰出人才计划和杰出青年农业科学家项目
	乡土人才培育计划
	乡村财会管理"双基"提升计划
	"三区"人才支持计划
乡村振兴金融支撑重大工程	金融服务机构覆盖面提升
	农村金融服务"村村通"
	农村金融产品创新
	农村信用体系建设

资料来源：笔者根据《乡村振兴战略规划（2018—2022）》整理。

5.2 推进乡村振兴战略取得的重要成就

2018~2022 年，在党中央的高度重视、坚强领导和积极推进下，中国乡村振兴战略取得了显著成效。根据国家发展改革委对《乡村振兴战略规划（2018—2022 年）》的总结评估结果，该规划的多项指标均实现了预期目标，体现了乡村振兴战略的全面进展和显著成就。

在产业兴旺方面，五年间，粮食综合生产能力和农产品加工产值均显著提升，休闲农业和乡村旅游业迅猛发展，农业科技进步贡献率和农业劳动生产率的提升，展现了乡村产业结构的优化和农业现代化的进步。《乡村振兴战略规划实施报告（2018—2022 年）》数据显示，2022 年，全国粮食综合生产能力达到历史新高，粮食产量为 6.86 亿吨，比 2016 年增加了 0.7 亿吨，2023 年全国粮食产量进一步增加到 6.95 亿吨；农产品加工产值与农业总产值的比值提高到 2.5，比 2016 年增加了 0.3；全国休闲农业和乡村旅游接待 26 万人次，比 2016 年增加了 5 万人次，全国休闲农庄、观光农园等休闲农业经营主体达到 30 多万家，年营业收入超过 7000 亿元；2021 年，农业科技进步贡献率达到61%，比 2016 年增加了 7.58%；农业劳动生产率为 4.8 万/人，比 2016 年增加了 1.7 万/人（见表 5-3）。

表 5-3　乡村振兴战略规划主要指标及其达标情况

分类	序号	主要指标	单位	2016年基期值	2022年目标值	2022年目标值比2016年基期值增加（累计提高百分点）	2022年实际值	2023年实际值	属性
产业兴旺	1	粮食综合生产能力	亿吨	6.16	>6	—	6.86	6.95	约束性
	2	农业科技进步贡献率	%	56.7	61.5	(4.8)	61	63	预期性
	3	农业劳动生产率	万元/人	3.1	5.5	2.4	4.8	5.0	预期性
	4	农产品加工值与农业总产值比	—	2.2	2.5	0.3	2.5	2.55	预期性
	5	休闲农业和乡村旅游接待人次	亿人次	21	32	11	26	34	预期性
生态宜居	6	畜禽粪污综合利用率	%	60	78	(18)	76	78	约束性
	7	村庄绿化覆盖率	%	20	32	(12)	32	32.8	预期性
	8	对生活垃圾进行处理的村占比	%	65	>90	(>25)	>90	90.6	预期性
	9	农村卫生厕所普及率	%	80.3	>85	(>4.7)	>73	74	预期性
乡风文明	10	村综合性文化服务中心覆盖率	%	—	98	—	86	90	预期性
	11	县级及以上文明村和乡镇占比	%	21.2	>50	(>28.8)	>65	68	预期性
	12	农村义务教育学校专任教师本科以上学历比例	%	55.9	68	(12.1)	76	78	预期性
	13	农村居民教育文化娱乐支持占比	%	10.6	13.6	(3)	10.1	10.4	预期性

分类	序号	主要指标	单位	2016年基期值	2022年目标值	2022年目标值比2016年基期值增加（累计提高百分点）	2022年实际值	2023年实际值	属性
治理有效	14	村庄规划管理覆盖率	%	—	90	—	90	90	预期性
	15	建有综合服务站的村占比	%	14.3	53	（38.7）	96	96	预期性
	16	村党组织书记兼任村委会主任的村占比	%	30	50	（20）	95.6	96	预期性
	17	有村规民约的村占比	%	98	100	（2）	100	100	预期性
	18	集体经济强村比重	%	5.3	9	（3.7）	9	9.5	预期性
生活富裕	19	农村居民恩格尔系数	%	32.2	29.2	（−3）	33	29.8	预期性
	20	城乡居民收入比	—	—	2.72	2.67	−0.05	2.45	2.39	预期性
	21	农村自来水普及率	%	79	85	（6）	87	90	预期性
	22	具备条件的建制村通硬化路比例	%	95.7	100	（3.3）	100	100	约束性

资料来源：数据来自《乡村振兴战略规划实施报告（2018—2022年）》《中国统计年鉴2023》和《中华人民共和国2023年国民经济和社会发展统计公报》。

生态宜居方面，畜禽粪污综合利用率、村庄绿化覆盖率、农村生活垃圾处理等环保指标的提高，以及农村卫生厕所普及率的提升，体现了乡村生态环境的显著改善。根据《乡村振兴战略规划实施报告（2018—2022年）》数据显示，2022年，全国畜禽粪污综合利用率达到76%，比2016年增加了16%；村庄绿化覆盖率达32%，比2016年增加了12%；对生活垃圾进行处理的村占比超过90%，比2016年增加了25%以上；农村卫生厕所普及率超过73%，比2016年增加了33%以上。

在乡风文明方面，村综合性文化服务中心的普及、文明村和乡镇的数量增加、农村义务教育师资水平的提高及农村居民文化消费的稳定增长，展示了乡村文化和教育的发展进步。根据《乡村振兴战略规划实施报告（2018—2022年）》数据显示，2022年，全国村综合性文化服务中心覆盖率达到96%，比2016年增加了37%；县级及以上文明村和乡镇占比超过65%，比2016年增加了38.8%；农村义务教育学校专任教师本科以上学历比例达到76%，比2016年增加了20.1%；农村居民教育文化娱乐支出占比达到10.1%，呈现稳定发展态势。此外，中国农民丰收节的连续举办、重要农业文化遗产和传统村落的认定，也彰显了对乡村文化传承的重视。

在治理有效方面，村庄规划覆盖率、综合服务站建设、村党组织书记兼任村委会主任的比例及村规民约的普及，均有显著提升，显示了乡村治理结构的优化和效率的提高。乡村集体经济的增长，更是体现了乡村发展内生动力的增强。根据《乡村振兴战略规划实施报告（2018—2022年）》数据显示，2022年，全国村庄规划管理覆盖率达到100%；建有综合服务站的村占比达到86%，比2016年增加了71.7%；村党组织书记兼任村委会主任的村占比达到95%，比2016年增加了65%；有村规民约的村占比达到100%，比2016年增加了2%；集体收益5万元以上的村（集体经济强村）占比达到59.2%，是2016年的约2.4倍，乡村发展内生动力不断增强。

在生活富裕方面，农村居民恩格尔系数的下降、城乡居民收入比的缩小、自来水普及率的提升和硬化路通达率的增加，展现了农村居民生活水平的整体提高和生活质量的显著改善。根据《中国统计年鉴2023》数据显示，2022年全国农村居民恩格尔系数下降到33%；城乡居民收入比缩小到2.45，比2016年缩小了0.27；农村自来水普及率到达87%，比2016年增加8%；具备条件的建制村通硬化路比例达到100%，比2016年增加了3.3%。

综合来看，乡村振兴战略的实施成效显著，不仅体现在经济发展和产业升级上，还涵盖了生态环保、文化教育、社会治理和生活水平的全方位提升。这些成果凝聚了政府的有力指导和广大农民的积极参与，为乡村振兴战略的深入推进奠定了坚实基础。

5.3 推进乡村全面振兴面临的挑战

5.3.1 乡村人口快速老龄化

随着城市化进程的加快，大量农村青壮年劳动力迁往城市，寻求更多就业和教育机会，这导致了农村人口的大量流失。人口流失不仅减少了农村的劳动力，也削弱了农村地区的经济活力。年轻一代的外迁使农村地区在文化传承、社会管理、创新能力等方面受到影响。农村地区的许多传统技艺和习俗面临着失传的风险，农村的社会结构和社区凝聚力也因此遭受破坏。大量农村青壮年劳动力向城市迁移，导致农村劳动力老龄化，影响了农业生产和乡村社会稳定。

中国农村人口老龄化加剧，成为可持续乡村发展面临的现实挑战。随着社会整体老龄化趋势的加剧，这一问题在农村地区表现得更为明显。多重因素驱使农村青壮年劳动力大量外出，如种粮的比较效益低下、子女教育择校需求，以及就业渠道的单一性等，导致农村人口老龄化问题日益严重。全国第七次人口普查资料显示，2020 年中国农村 60 岁以上老年人口占农村人口的比重达到 23.81%，农村老年人口总量接近 1.214 亿；65 岁及以上人口的占比为 17.72%，较 2010 年上升了 7.62 个百分点。农业从业者的老龄化问题尤为突出，第三次全国农业普查数据显示，2016 年末，中国超过 1/3 的农业生产经营者的平均年龄在 55 岁及以上（见表 5-4）。

表 5-4　第三次农业普查农业生产经营人员结构　　　　单位：%

结构	全国	东部	中部	西部	东北地区
人员年龄构成					
35 岁及以下	19.2	17.6	18	21.9	17.6
36~54 岁	47.2	44.5	47.6	48.6	49.8
55 岁及以上	33.6	37.9	34.4	29.5	32.6

续表

结构	全国	东部	中部	西部	东北地区
人员性别构成					
男性	52.5	52.4	52.6	52.1	54.3
女性	47.5	47.6	47.4	47.9	45.7
受教育程度构成					
未上过学	6.4	5.3	5.7	8.7	1.9
小学	37	32.5	32.7	44.8	36.1
初中	48.3	52.5	52.6	39.9	55
高中或大专	7.1	8.5	7.9	5.4	5.6
大专及以上	1.2	1.2	1.1	1.2	1.4

资料来源：第三次全国农业普查（https：//www.stats.gov.cn/sj/pcsj/）。

老年人口比例的增加，导致劳动力短缺，农业生产力下降，乡村建设和乡村经济发展的后劲不足。如郭文华等（2005）、龙花楼等（2009）和刘彦随等（2011）的研究表明，农村地区极度缺乏懂农业、懂农村、爱农民的专业人才，乡村致富能手持续发展困难，农业科技人员后继乏人，产业农民队伍薄弱。不同年龄层的农民对农业的态度和能力呈现出明显的断代现象："70后"不愿种地，"80后"不会种地，"90后"不谈种地，"00后"不问种地，而"50后""60后"成为种地的主力军。

此外，城镇化的快速推进导致农村男性劳动力大量离土离乡，由农业就业转向非农就业，这进一步导致农村留守妇女从事农业生产的比例逐渐提高，农业生产的女性化现象日益突出且普遍，赵连阁（2009）、张志新等（2021）指出，这一变化不仅影响了农业生产的结构和效率，也对农村社会结构和农业发展模式产生了深刻的影响。

5.3.2 村庄空心化

村庄空心化指的是在一些农村地区，由于人口外流、经济萎缩、生产活动减少等原因，导致村庄内部出现空置房屋增多、土地荒废、基础设施闲置等现象。这些现象不仅影响了农村地区的景观和环境，还加剧了土地资源的浪费。村庄空心化成因复杂多样，主要体现在以下三个方面：一是经济因素。随着中国经济的快速发展和城市化进程的加快，大量农村劳动力涌向城市，寻求更多的就业机会和更高的收入，人口外流直接导致了农村地区劳动力的不足进而农业生产活动减少，村庄逐渐空心化。二是社会因素。随着教育水平的提高和生活方式的变化，农村青年一代对农村传统生活方式的认同感减弱，更倾向于城市的生活方式，进一步加剧了农村人口外流。三是政策因素。过去的一些农村土地政策和城乡发展政策可能未能充分考虑到农村的实际需求和长远发展，从而在一定程度上加剧了村庄空心化的趋势。

村庄空心化对乡村可持续发展的影响是深远的。主要体现在四个方面：一是村庄空心化直接导致了农村经济活动的减少，农业生产基地破碎化，农业生产能力下降，影响了农村经济可持续发展。二是随着农村人口的减少和老龄化问题的加剧，农村社会结构出现失衡，还会加剧农村社会的分裂和疏离感，影响社区文化传承和社会资本积累。三是村庄空心化还导致了农村基础设施的闲置和浪费，降低基础设施和公共服务投资效率，加剧农村地区环境问题，如土地荒废、房屋倒塌等。四是村庄空心化还可能导致社会问题的出现，如留守儿童和老人的生活质量下降，社区凝聚力的减弱。

5.3.3　农民主体性缺失

农民是乡村振兴建设的主体。然而，各地在推进实现乡村振兴过程中，部分农民缺乏创新和开放思维，发展意识薄弱，存在"等、靠、要"的思想。根据叶敬忠和刘娟（2023）对全国 10 个村的调查发现，要实现乡村振兴的总要求离不开政府的主导推动，调查样本中分别有 83.9%、66.2%、62.6%、83.5%的村民认为产业兴旺、生态宜居、乡风文明、治理有效要靠政府等外部主体。农民普遍认为，政府是乡村振兴的主体，无论是产业发展与村庄建设，还是乡风建设与村庄治理，都要依靠政府推动，尤其是提供资金和福利政策（叶敬忠和刘娟，2023）。农民主体性缺失与农民资源配置权利不明晰、信息不对称、农村社区自治不足等因素有关。全面推进乡村振兴战略过程中，政府通常扮演主导角色，而农民作为政策执行者，参与度相对较低。村民在乡村建设、乡村治理和乡村经济发展中，参与共商共建的意识薄弱，只是被动等待政策，或者事不关己、高高挂起。同时，在土地、资源和土地承包方面，农民的权益和资源配置权往往不明晰，导致他们在土地流转和资源利用上处于被动地位。土地制度的不稳定性和不透明性使农民在土地流转中面临风险，导致他们不愿积极参与。农村社区自治的薄弱也限制了农民参与决策的机会，使他们缺乏自我组织和协商的平台。乡村振兴中农民主体性缺失是一个重要问题，农民在决策制定和资源配置中的参与度不够，这可能会影响乡村振兴战略的实施和可持续性。

5.3.4 乡村建设人才短缺

人才短缺正成为乡村振兴战略顺利推进的最大掣肘。当前由于城乡教育资源分布不均匀等，乡村教育难以输送规模化的本土人才。据调查，2021年，中国乡村人口中，15岁及以上人口文盲率为10.1%，比全国平均水平高出7.43个百分点；乡村高等教育毛入学率为42.69%，比全国平均水平低15.11个百分点（魏后凯，2022）。乡村人才培育机制不健全，高素质农民和农村实用人才培育有待加强、认定管理机制有待完善、扶持政策有限，乡贤、乡村能人、乡村工匠等人才缺乏。同时，城镇更高的收入水平和更好的发展机会，吸引农村大批优秀人才通过升学、务工、参军等方式流出。吸引城市人才入乡的社会保障、子女就学、职称待遇等激励政策尚未完善，缺乏引进来、留下来、干得好的系统支持政策，导致在外乡贤、大学生及外出务工人员入乡（返乡）创业难，大学生村官、科技特派员及各类专业人才长期扎根农村的长效机制尚未建立。乡村人才存量不足，人才素质不高，与乡村人才振兴需求不匹配。解决乡村建设人才短缺问题需要综合性的政策和长期计划，以吸引、培养和留住人才，从而推动乡村振兴的可持续发展。

5.3.5 乡村发展用地指标严重不足

部分用地政策与乡村产业发展用地需求不完全匹配，细化政策支撑不够，土地要素保障不足。中国农村地区地广人稀，土地类型以耕地、林地、草地为主，建设用地和未利用地资源匮乏，而农村道路交通基础设施建设，田间道路、农田水利设施、仓储设备、冷库等基础设施建设，以及农村公共服务设施的建设都离不开建设用地的支持，加之村庄规划滞后，农用地转用条件严格、审批程序繁琐，土地出让、转让成本高，使设施农用地和建设用地难以落地，乡村存量建设用地供给不足，难以有效保障乡村振兴新增建设用地需求，导致乡村经济发展缓慢。实地调研中经常会遇到，某地由于用地政策的限制，不能在耕地地块中修建产业路和人行便道，而现有生产条件难以满足中大型机器械进场，农业机械化水平难以提升，产业发展难以形成规模化效应。乡村产业用地标准不能满足产业发展需求，用地成本攀升制约农村融合产业项目落地，农村集体建设用地指标供给不足成为农村一二三产业融合发展的瓶颈制约。与此同时，耕地用途单一，农用地利用效率不高。随着城镇化进程的推进，农民进城务工，出现土地撂荒问题。据估算，1992~2015年，中国撂荒耕地面积为39.2万平方千米（不含复垦），占耕地面积的13.03%（Zhang et al.，2023）。粮食作物的经济效益低于其他经济作物，特别是在中国西南山地丘陵区，耕地多分布在山高坡陡的地区，种植传统农作物难度大、成本高、产出低，但受耕地保护政策的限制，往往不能发展经济林果，导致农业经济效益不高，农民种地积极性不强。

5.3.6　乡村振兴资金需求巨大

社会投入机制不健全、农村金融体系不完善及金融产品单一等，这些问题共同构成了乡村振兴的资金瓶颈。首先，乡村振兴资金需求量巨大，而现有的社会投入机制未能有效满足这一需求。中国农村地区长期以来在社会资本投入方面存在不足，这主要源于农村地区相对低的经济回报率和高风险。相较于城市，农村地区的基础设施建设、产业升级、生态保护等方面需要巨额资金，但由于缺乏有效的激励机制和保障措施，社会资本投入不足。

其次，农村金融体系的不健全也是阻碍乡村振兴的一个关键因素。中国农村地区的金融服务普遍不足，金融机构在农村的覆盖率低，导致农民获得金融服务的难度较大。现代农业发展需要较大的资金投入用于购买先进农业设备、种子、化肥、农药等。不健全的金融体系导致农民获得这些资金的难度增加，限制了农业生产的规模化和现代化进程。农村金融体系不完善，导致农村创业者和小微企业难以获得必要的贷款和金融支持，抑制了农村地区经济活力和创新能力的发展。基础设施建设和公共服务改善需要大量资金投入，而金融体系不健全限制了这些资金的筹集和有效使用，影响了农村基础设施的改善和公共服务质量的提升。此外，农村地区的金融产品种类单一，主要集中在传统的存贷款服务，难以满足农村地区日益多样化的金融服务需求。缺乏有效的金融服务，农民在面临自然灾害和市场风险时难以获得足够的金融支持，这直接影响到他们的抗风险能力。

更为重要的是，农村金融服务的风险控制机制未能完全到位。农业生产受自然条件影响较大，风险较高，这使金融机构在向农村地区提供服务时更为谨慎。不健全的风险控制机制意味着金融机构在农村地区的放贷风险较高，这可能会导致金融机构对农村市场的投资谨慎甚至回避，限制了农业和农村经济的资金来源；农业本身具有较高的自然和市场风险，缺乏有效的风险控制和信用体系会加剧金融机构对农业贷款的风险评估，影响农民和农业企业获取贷款的能力。由于风险控制机制不完善，金融机构可能不愿意开发适应农村特性的金融产品和服务，导致农村金融服务单一，难以满足农村多元化的金融需求；农村地区的创新和创业活动需要金融支持，不完善的信用体系和风险控制机制限制了创业者获取资金的渠道，抑制了农村地区的创新活力和创业热情；缺乏创新的金融产品和服务限制了农村经济活力的激发，不利于乡村振兴战略中农村产业的多元化和高质量发展。

5.3.7 农民持续增收困难

受农业经济本身特质和中国农业生产国情的影响，中国农民持续增收面临较大的挑战，具体体现在以下三个方面：

第一，农村居民收入来源较为单一，以传统种养业为主。近年来，农村居民收入结构中，工资性收入占比持续增加，但增长趋势有所减缓，家庭经营性收入比重趋于下降。从表5-5可以看出，2015～2022年，中国农村居民人均可支配收入从11422元增加到20133元，年均增长8.4个百分点，其中农村居民工资性收入占可支配收入的比重由40.27%增加到41.97%，家庭经营净收入占比从39.35%下降到34.63%，财产净收入产比从2.21%增加到2.53%，转移净收入占比从18.09%增加到20.88%，分别增加了1.69个、-4.81个、0.32个和2.79个百分点；从农村居民人均现金可支配收入来看，2015～2022年，中国农村居民的人均现金可支配收入从10578元增加到19084元，年均增长8.8个百分点，其中工资性收入占比从43.34%增加到43.85%，家庭经营净收入从36.50%减少到33.53%，财产净收入占比从2.38%增加到2.67%，转移净收入从17.78%增加到19.97%，分别增加0.51个、-2.98个、0.28个和2.18个百分点（国家统计局，2022）。可见，工资性收入增长明显放缓，财产净收入对农民增收的贡献有限，转移净收入占比有所提高。

表5-5　2015～2022年中国农村居民人均可支配收入及其结构变化

单位：元

指标　　　　　　年份	2015	2016	2017	2018	2019	2020	2021	2022
人均可支配收入	11422	12363	13432	14617	16021	17132	18931	20133

续表

指标＼年份	2015	2016	2017	2018	2019	2020	2021	2022
其中：工资性收入	4600	5022	5498	5996	6584	6974	7958	8449
经营净收入	4504	4741	5028	5358	5762	6077	6566	6972
财产净收入	252	272	303	342	377	419	469	509
转移净收入	2066	2328	2603	2921	3298	3661	3937	4203
现金可支配收入	10578	11601	12704	13913	15280	16395	17596	19084
其中：工资性收入	4584	5001	5471	5961	6540	6927	7882	8368
经营净收入	3861	4204	4547	4970	5382	5720	5709	6397
财产净收入	252	272	303	342	377	419	469	509
转移净收入	1881	2124	2383	2640	2980	3329	3536	3811

资料来源：《中国农村统计年鉴》（2016-2023 年）。

第二，农民持续增收不稳定性较强。主要表现在当前农村居民的收入对工资性收入的依赖度不断增大，而宏观经济形势和国际发展环境增加了农村居民外出就业和增收的不稳定性。同时，作为农村居民收入的主要来源之一的家庭经营性收入，主要来自农业生产，但农业发展易受自然灾害和市场波动影响，因此在当前中国农民组织化程度不高，农村居民风险意识不强和风险防范机制不健全的条件下，农产品销售渠道单一化、产品质量不高、农产品竞争力不强，农村居民经营性收入持续增收不确定性较大（郭晓鸣和卢瑛琪，2023）。此外，农村内部收入结构失衡矛盾比较突出。从农村高收入组和低收入组家庭的人均可支配收入来看，高低收入组家庭人均可支配收入的绝对差距不断扩大。《中国统计年鉴》数据显示，2015 年农村低收入组家庭的可支配收入仅为 3085.6 元，高收入组家庭的人均可支配收入为 26013.9 元，绝对差距为 22928 元；2018 年，低收入组家庭的人均可支配收入仅为 3666.2 元，高收入组家庭的人均可支配收入为 34042.6 元，绝对差距为 30376 元；到 2022 年，低收入组家庭的可支配收入仅为 5024.6 元，高收入组家庭的人均可支配收入为 46075.4 元，绝对差距扩大到 41050.8 元（见表 5-6）。低收入组家庭人均可支配收入的年增长率为 7.9%，明显低于高收入组家庭人均可支配收入的年均增长率（8.8%）。如何进一步缩小农村居民内部收入差距，实现收入分配公平，促进低收入群体稳定增收是一项极具挑战性的任务。

表5-6 2015~2022年中国农村不同收入组家庭人均可支配收入变化

单位：元

组别 \ 年份	2015	2016	2017	2018	2019	2020	2021	2022
低收入组	3085.6	3006.5	3301.9	3666.2	4262.6	4681.5	4855.9	5024.6
中间偏下收入组	7220.9	7827.7	8348.6	8508.5	9754.1	10391.6	11585.8	11965.3
中间收入组	10310.6	11159.1	11978	12530.2	13984.2	14711.7	16546.4	17450.4
中间偏上收入组	14537.3	15727.4	16943.6	18051.5	19732.4	20884.5	23167.3	24646.2
高收入组	26013.9	28448	31299.3	34042.6	36049.4	38520.3	43081.5	46075.4

资料来源：《中国统计年鉴2023》。

第三，影响农民持续增收的障碍性因素复杂多样。首先，农业转型升级的制约因素长期存在。过去几十年来，虽然中国在农业发展上取得了长足进步，但大国小农的现状没有改变且短时期内难以改变，以小农户经营为主体的农业生产方式短期内难以改变，现有农业经营方式与现代农业发展需求不符，新型农业经营主体培育不足，农业生产社会化服务体系不健全（郭晓鸣和卢瑛琪，2023）。虽然中国建成了10多亿亩的高标准农田，但在丘陵山区农业生产性基础设施建设仍然滞后，农业生产效率不高，农业系统抵御自然灾害冲击的韧性不强。中国农业整体竞争力不强，农业产业链较短，一二三产融合水平较低，农产品市场竞争力较弱，农业增效和农民增收困难。其次，农业农村发展面临人、地、业、财多重困境。突出表现在受资源和地形约束，耕地细碎化导致农业发展难以实现规模化，进而影响农业生产率的提高；农村劳动力供给不足，劳动人口老龄化和兼业化，农民种粮积极性不高，未来"谁来种地"堪忧；农村金融发展缓慢，农村金融服务能力不足，难以有效满足现代农业快速发展需求；农村科技进村入户"最后一公里"问题仍然存在，农业科技成果转化效率低、农业技术推广供需错位、农业科技人才短缺，农业提质增效和农民增收致富受阻。再次，农民合作致富能力总体不强。过去十多年来，中国农村地区涌现了乡村旅游、光伏、电子商务等新业态，但这些新产业的发展没有有效形成合力；与此同时，在有关政策的支持下，农村地区涌现出了一定数量的新型经营主体，但由于利益连接机制不健全，对农民增收的带动作用不明显，同时，部分地区出现了大量"空壳合作社"，带动农民就业增收的能力有限。农村集体经济组织基础薄弱，"空壳村"、

"空壳社"问题普遍，集体经济带动农村发展和农民增收的作用有限。此外，由于农业投资长周期、慢见效、高风险的特点，社会资本参与农业农村发展的作用尚未显现。最后，支持农民持续增收的政策和机制有待优化。农村居民财产性收入比例低，工资性收入不稳定，表明农村资源资产化利用率低，农村资源闲置低效利用问题突出；在经济下行压力背景下，农村居民就业压力不断加大，改善农民工就业环境和增收条件面临较大压力。此外，农村居民投资和资金使用规划严重不足，部分地区出现农村居民外出务工几个月，返乡报复性消费或无计划消费几天，然后再外出务工等现象，反映了农村居民攀比心理严重，缺乏长期规划和计划，导致资本性投资不足，持续增收困难。

5.3.8 乡村振兴成效测度困难

乡村振兴政策措施、工作责任是否落实到位，推进乡村振兴战略实施过程中是否存在苗头性问题或倾向性问题，乡村振兴的进展、成效如何等这些问题都离不开科学测度乡村振兴成效。科学测度或评价乡村振兴的成效对实现乡村振兴的目标至关重要。近年来，国家密集出台《关于实施乡村振兴战略的意见》（2018年）、《乡村振兴战略规划（2018—2022年）》（2018年），颁布实施《中华人民共和国乡村振兴促进法》（2021年），制定《乡村振兴责任制实施办法》（2022年），旨在推进建立乡村振兴成效考核制度和评价体系，建立乡村振兴实施监督检查机制，明确乡村振兴考核目标、考核内容、考核重点和考核办法（新华社，2018，2021c，2022）。可见，国家层面对乡村振兴成效评估提出了明确的要求，考核评估可以有效发挥"指挥棒"的作用，以评促改，但是对乡村振兴成效的评估内容、评估指标体系、评估方法、评估标准等核心内容目前尚未有明确的规定。乡村振兴是一项复杂的系统工程、民生工程和民心工程，是推动构建全球人类命运共同体的重要举措，其涉及乡村的各个方面。科学合理地评价乡村振兴成效至关重要，而乡村振兴成效评估需要科学设计评价指标体系，有效开展乡村振兴成效评估离不开评价指标的科学设计。乡村振兴成效评估可以有效监测各地推进乡村振兴战略的进度，诊断实施过程中面临的问题，及时纠偏倾向性问题、苗头性问题，总结乡村振兴典型经验与成功模式，全方位推动乡村振兴战略落地见效（毛锦凰，2021）。然而，由于乡村振兴涵盖范围广、地域差异大、政策实施效果滞后、资料数据可得性限制、部分指标难以量化等因素，乡村振兴成效测度评价指标体系构建和科学测度乡村振兴成效面临诸多挑战。具体主要体现在以下五个方面：一是乡村振兴涉及范围广。乡村振兴涵盖了农村经济、社会、文化、生态、组织等多个领域的发展目标。这些目标涉及产业发展、农民增收、基础设施建设、环境治理、生态保护、民生保障等方面，各方面的评估指标繁杂，增加了成效评估的难度。二是地域差异大。中国地域广阔，地区间和地区内部自然资源禀赋状况、经济发展水平、地理条件、历史文化背景各异，乡村振兴战略在不同地区的推进状况和实施效果亦各不相同，比如东部地区乡村振兴水平与中西部地区难以用一把尺子度量。要科学识别乡村振兴的区域瞄准、综合判定乡村发展演化的趋势、系统诊断乡村地域类型的主导制约因素，并根据乡村系统的地域分异特征制定差异化的政策分类推进乡村发展（刘彦随，2018；郭远智和刘彦随，2021）。因此，科学测度乡村振兴成效应综合考虑地区差异。三是政策实施效果具有一定的滞后性。乡村振兴战略是一项长期的战略任务，诸多乡村振兴政策和措施的成效短期内可能难以显现。比如"十三五"时期实施的易地扶贫搬迁政策，对迁出区而言短期内不会有太大的生态效应，但随着人口的迁出，人类活动对脆弱生态系统的扰动不断减弱，生态系统的自我恢复能力得以逐渐增强，长期来看，易地扶贫搬迁政策对迁出区生态环境的改善起到至关重要的作用。因此，需要动态评价乡村振兴的成效。四是资料数据可得性限制。相比城市，中国农村地区信息化水平相对较低，微观数据收集、监测和统计等方面的不足会影响乡村振兴成效评估的准确性。全国有50余万个行政村，给全面评估乡村振兴成效带来了挑战。科学评估乡村振兴成效宜采取空间分层抽样方法，通过抽样样本反映全国乡村振兴水平。五是乡村振兴成效难量化。一方面，乡村振兴成效既涉及可量化的经济指标，也涉及难以量化的社会、文化、生态等指标；另一方面，什么样的村实现了乡村振兴，什么样的指标值实现了乡村振兴的目标，目前缺乏统一的评价标准。目前，学界从省域、市域、县域等层面构建了乡村振兴成效测度的评价指标体系，为推进乡村振兴战略全面实施提供了理论支持（涂丽和乐章，2018；吴儒练和李洪义，2022；易小燕等，2020），但目前仍然缺乏统一的评价指标体系和评价标准。村庄是乡村振兴的基本单元，以省域、市域、县域为尺度的乡村振兴成效评价难以捕捉到乡村振兴的本质，乡村振兴评价应以村域或乡镇为基本单元（周扬等，2020；杜国明等，2021）。在具体指标方面，现有乡村振兴评价多立足乡村振兴"产业兴旺、生态宜居、乡风文明、治理有效、生活富裕"20字方针，构建乡村振兴评价指标体系（张挺等，2018；修长百等，2020）。乡村振兴是一项复杂的系统工程，构建乡村振兴评价指标难以面面俱到，宜立足乡村振兴战略目标，抓住各目标的关键环节和关键点，建立通俗易懂、针对性和可操作性强，以及指示意义明确的评价指标体系。同时，通过示范县、示范村的长期定点观测，因地制宜建立科学测量乡村振兴成效的评价标准或乡村振兴指标的振兴阈或振兴度。

5.3.9　外部环境变化

在全球化的大背景下，外部环境变化对中国推进乡村振兴战略带来了新的挑战。外部环境的不确定性和不稳定性增大对实施乡村振兴战略的影响主要体现在三个方面（丛书编写组，2020）。一是国际农产品贸易不确定性加大。当前，国际经贸规则面临重构，贸易摩擦多发、频发，农产品贸易环境日益复杂，市场风险明显上升，中国农产品贸易面临较大挑战。经济全球化受阻，贸易保护主义频繁抬头，贸易战由全面多领域竞争转向重点在科技领域，加大农产品贸易风险，对中国农产品进出口带来一定的冲击。二是国际形势变化使全球贸易规则调整，对中国农业支持保护政策产生不利影响。三是国际形势纷繁复杂，乌克兰危机、巴以冲突等战争乃至极端情形会对中国国际国内粮食供应链产生巨大冲击。全球经济的波动性增强，包括国际市场需求的不确定性、国际贸易摩擦的频繁发生，以及全球供应链的不稳定，直接或间接地影响着中国乡村经济的发展。特别是在中国乡村产业在全球市场中所占比重日益增加的情况下，外部经济环境的不稳定性更加剧了乡村经济的发展风险。虽然中国主要农作物自主选育品种播种面积占比超过95%，农作物良种覆盖率在96%以上，主粮作物种子实现了自给自足，但经济作物种子对外依存度居高不下，对外依存度一直保持在80%以上（含80%），部分蔬菜品种如胡萝卜、菠菜、洋葱、高端品种番茄，以及甜菜和黑麦草等种子的进口依赖度超90%（人民日报，2020）。钾肥对外依存度基本保持在50%以上，并且进口来源主要集中在俄罗斯、白俄罗斯、加拿大和美国等地（侯殿保等，2023）。极端情形下，农资对外依存度较高一定程度上可能会对国内粮食供应链的生产环节出现断链风险，对农业生产带来不利影响。

地缘政治的冲突和竞争也为中国乡村振兴战略带来挑战。地缘政治冲突极大地增加了世界经济复苏的难度和不确定性，加剧了全球粮食市场动荡。在国际政治格局的重塑过程中，中国作为世界上最大的发展中国家，其乡村振兴战略的实施不可避免地受到国际政治经济形势的影响。例如，地缘政治的紧张关系可能导致农产品贸易受限，影响中国农业出口，进而影响乡村产业的发展和农民的收入水平。

此外，全球气候变化也对乡村振兴构成挑战。气候变化导致的极端天气事件频发，不仅影响农业生产，还可能引发粮食安全和农业可持续发展的问题。如何在应对全球气候变化的同时推进乡村振兴，成为中国面临的一项重大课题。国际科技竞争和知识产权保护问题也为中国乡村振兴的科技创新带来了挑战。在全球科技创新高速发展的背景下，如何在保护知识产权的前提下加强乡村科技创新和科技成果转化，以提高农业生产效率和产品附加值，是中国乡村振兴战略需要解决的问题。

综上所述，中国在推进乡村振兴战略的过程中，必须充分考虑和应对外部环境变化和地缘政治冲突带来的挑战，通过增强内部经济的韧性、促进国际合作、应对气候变化、加强科技创新和知识产权保护等措施，稳步推进乡村振兴战略的实施。

5.4 推进乡村振兴需要处理好的十大关系

5.4.1 人与土地

人地关系作为人类社会的基本关系，其失衡或不协调是乡村衰退的内在驱动力（周扬等，2019）。乡村振兴本质上是一场人地关系的重构过程（刘彦随，2018）。乡村振兴战略的实施需解答"为什么需要振兴""乡村振兴是什么"及"如何实现乡村振兴"的问题。其中，"为什么"需要分析乡村衰退或不可持续的动力机制，"是什么"需要在乡村振兴的必要性基础上定义其内涵，"怎么办"则涉及具体的政策措施以及实施主体，以及"谁来振兴"。

在乡村振兴中，人是主体，产业、文化、生态则是客体。乡村"五个振兴"离不开人的支撑，离开人的乡村振兴，就是无源之水、无本之木。乡村振兴需要广泛动员和激发农村居民的参与热情，确保他们在规划、产业发展、社区建设等方面发挥积极作用，并保障他们的合法权益。土地作为乡村产业振兴和生态振兴的空间载体，是乡村振兴的重要支撑要素。乡村振兴需要科学地、可持续地利用土地资源，意味着在推动农业发展的同时，要避免过度开发和环境破坏，保护土地的生态功能，实现经济和环境的双赢。

在乡村振兴战略的实施过程中，人地关系应作为不可分割的整体来考虑。农民作为土地的主体，他们的生计、文化、社会生活深深依赖于土地。乡村振兴的关键在于处理好人与地的有机结合，使人口和土地相得益彰。乡村振兴的最终目标是通过人地关系的重构，实现人地关系的协调，促成人与自然和谐共生的现代化。

综合来看，理解和处理好人与地的关系是乡村振兴战略长期成功的关键。这要求政策制定者和实施者在推动乡村振兴时，综合考虑农民需求、土地可持续利用和乡村社会稳定等多方面因素。在推进乡村振兴战略中，必须坚持土地集体所有制的基本原则，保障农民集体经济组织对土地的所有权和管理权，确保土地资源的合理利用和有效保护。保障农民对土地的承包权和经营权，是处理好人与土地关系的关键。政府应保障农民的土地承包权益，防止农民土地权益受到侵犯，第二轮土地承包到期后再延长 30 年，是保障农民权益的重要举措。在土地流转过程中，应确保流转自愿、价格合理，维护农民的合法利益。针对乡村振兴的实际需要，推动土地制度的创新与改革。例如，探索土地股份合作制、农村土地托管等新型土地经营模式，激发土地资源的活力。在土地制度改革中，既要考虑土地资源的高效利用，也要兼顾农民的利益和社会稳定。总体而言，妥善处理人地关系不仅有助于实现农村全面现代化的目标，还能促进农民福祉提升、农业可持续发展及乡村社区健康发展。

5.4.2 新型城镇化与乡村振兴

新型城镇化与乡村振兴并非对立关系，而是相辅相成、协同推进的两个重要方面。城市与乡村作为国家发展的两个关键组成部分，通过优势互补、协同发展，能够更加有效地促进国家的整体发展。城镇化的推进离不开乡村资源要素的支持，而乡村振兴则需要城镇化的带动和辐射。城市化为乡村提供了发展机会和条件，而乡村振兴则注重发掘乡村独特的资源和优势，共同实现区域协调发展（姜德波和彭程，2018）。

新型城镇化和乡村振兴的双轮驱动战略，强调城市和乡村是经济发展的"双引擎"。城市是经济增长的主要引擎，乡村则作为城市的重要后盾和资源支持。这种策略意味着城乡关系转变为不仅仅是城市导向，而是追求城乡共同发展、相互促进的目标。

中国的产业结构演进、城市化、工业化和农业现代化之间的关系表明，国内仍存在城市化和农业现代化滞后的问题。产业结构与就业结构的不协调是农业现代化滞后的根本原因。城市化滞后于工业化主要是由于产业结构的非农化未能有效带动就业结构的非农化，城市工业发展未能充分吸引农村人口向城市转移。城市化的进一步发展有助于减少农业劳动力，解决城市化与农业现代化双重滞后的问题（黄祖辉，2018）。

新型城镇化与乡村振兴的双轮驱动战略强调空间的优化配置，避免传统城市扩张带来的资源浪费和环境问题，同时注重乡村的整体规划，推动乡村产业结构升级和生态环境保护。通过协同推进、合理规划、资源共享、创新治理，新型城镇化与乡村振兴可以相互促进、取长补短，为中国全面建设现代化国家目标提供更为可持续和全面的发展路径。

新型城镇化与乡村振兴作为相互促进、相互补充的双轮驱动战略，在政策制定和资源配置上，注重城乡间的平衡，确保城市发展与乡村振兴同步推进，实现区域协调发展。构建城乡一体化的发展模式，强化城乡间的经济联系、社会联系和文化联系，促进城乡间的互动与融合。促进城市对农村的辐射带动作用，同时，发展农村特色经济，形成城乡互补的发展格局。加强农村基础设施建设，提升农村公共服务水平，实现城乡基础设施和公共服务的均等化，这包括交通、教育、医疗、文化等方面。在农村，推动产业结构的优化升级，发展现代农业，加强农业与第二产业、第三产业的融合发展，在城市，促进产业转型升级，发展高新技术产业和服务业，提高城市的经济质量和效益。提供必要的政策支持和资金投入，推进制度创新，以保障新型城镇化与乡村振兴的有效结合，包括土地制度、财政税收制度、社会保障制度等方面的创新。

5.4.3　长期目标与短期目标

习近平总书记强调，实施乡村振兴战略是一项长期而艰巨的任务，要遵循乡村建设规律，着眼长远谋定而后动，坚持科学规划、注重质量、从容建设，聚焦阶段任务，找准突破口，排出优先序，一件事情接着一件事情办，一年接着一年干，久久为功，积小胜为大成。要有足够的历史耐心，把可能出现的各种问题想在前面，切忌贪大求快、刮风搞运动，防止走弯路、翻烧饼。

因此，实施乡村振兴战略需要合理处理好短期目标与长期目标之间的关系，这涉及如何在追求即时效果与规划长远发展之间找到平衡点，既要满足当前的实际需求，又要着眼于未来的可持续发展。短期目标的实现对乡村振兴具有重要意义。短期目标通常关注解决乡村当前面临的迫切问题，如改善基础设施、提高农民收入、改善生活条件等。这些目标的实现能够立即较快提高农民的生活水平，增强他们对乡村振兴战略的信心和满意度。此外，短期成效的显现也有助于增强政策的公信力，为乡村振兴战略赢得更广泛的社会支持。然而，过分强调短期目标容易导致盲目追求高指标、高速度等问题，造成资源的浪费。

乡村振兴战略是长期战略，着眼于乡村的持久发展，包括建立可持续的农业生产体系、培育乡村文化、促进社会和谐、加强生态环境保护等长期目标。长期目标的实现有助于确保乡村发展的稳定性和连续性，避免短视和急功近利的做法。为了实现长期目标，需要根据乡村建设和发展的客观规律制定科学的战略规划，合理配置资源，加强法制建设，保持政策实施的连贯性和一致性。同时，长期目标的实现需要培养农民的可持续发展意识，提升他们的整体素质和能力。

乡村振兴战略需在短期目标与长期目标之间找到合理的平衡点。这要求政策制定者和实施者在注重短期成效的同时，不能忽视长期发展的需求。在解决当前迫切问题的同时，应充分考虑行动对未来发展的影响，避免损害长期利益。例如，可以通过科学规划和合理投资，将短期措施与长期规划相结合，确保短期行动符合长期发展的方向。同时，加强对乡村振兴战略实施效果的监测和评估，及时调整和优化政策措施，确保短期行动与长期目标的一致性和协调性。

综上所述，乡村振兴战略的成功实施，需要在短期目标和长期目标之间找到恰当的平衡。通过科学规划、合理调配资源、强化政策的连贯性和一致性，以及持续的监测和评估，可以确保乡村振兴战略既能解决当前的迫切问题，又能实现长远的可持续发展，从而促进乡村全面振兴，实现农业现代化和农村全面发展。

5.4.4　效率与公平

乡村振兴战略的实施中，处理好效率与公平之间的关系是实现全面振兴的关键。效率和公平是乡村发展的两个基本维度，正确处理两者的关系，对于推动乡村经济的健康发展、保障农民福祉和促进社会公平具有重要意义。

首先，效率在乡村振兴中的作用不容忽视。效率是衡量乡村经济发展水平和生产力水平的关键指标，体现在资源配置的合理性、生产效率的提升和经济增长速度等方面。在推进乡村振兴战略中，提高效率意味着优化资源配置、促进农业现代化、加快农村产业结构调整。这不仅有助于提高农村地区的经济效益，还能促进农村产业的升级和技术创新，增强乡村经济的竞争力。然而，单纯追求效率可能导致资源向效率更高的地区或群体集中，从而加剧地区间和人群间的不平等，影响社会稳定和持续发展。

其次，公平是乡村振兴的基本原则之一。公平不仅体现在资源分配的均衡性，也体现在发展机会的均等性和参与权利的平等性。在乡村振兴过程中，确保公平意味着要防止资源过度向少数人或少数地区集中，保障各类农民，尤其是弱势群体的基本权益，确保他们能够公平地共享乡村振兴的成果。公平还包括推动区域间的均衡发展，减少城乡差距，缩小不同地区之间的发展差异。实现公平需要政府在政策制定和资源配置中采取更加精准和有效的措施，确保资源能够公平地流向不同地区和不同群体。

最后，实现效率与公平的平衡是乡村振兴战略的核心。在推进乡村振兴过程中，需要通过科学合理的政策设计和资源配置，既追求经济效率的最大化，又兼顾社会公平。这要求政府在制定乡村振兴政策时，不仅要考虑如何提升农业生产效率，还要关注资源分配的公平性，防止社会贫富分化和矛盾的加剧。在不同地区和不同领域，根据实际情况制定差异化策略，兼顾效率与公平。在资源丰富、发展潜力大的地区，可以重点推动效率优先的发展策略；而在欠发达、弱势群体多的地区，则应更多考虑公平和普惠。同时，政府需要在保障基本公共服务、提供社会保障和激励农民创新创业等方面下更大的功夫，以实现获得经济效益与社会福祉的双重目标。综合运用财政、税收、转移支付等政策工具，加大对欠发达地区和低收入群体或特殊困难群体的支持力度，促进区域间和人群间的均衡发展。

综上所述，处理好效率与公平之间的关系，对乡村振兴战略的顺利实施至关重要。这不仅涉及如何通过提升效率促进乡村经济的快速发展，还涉及如何在保障公平的基础上实现社会的全面和谐发展。只有实现效率与公平的有机结合和平衡发展，乡村振兴战略才能真正取得成功，实现乡村的全面振兴和可持续发展。

5.4.5 生产与生活

在乡村振兴的过程中，处理好农村生产与生活之间的关系是一项至关重要的任务。乡村振兴不仅关注农业生产现代化和效率提升，更着眼于提高农村居民的生活质量和社会福祉，这要求在推进农业生产力发展的同时，充分考虑和改善农民的生活条件和社会环境。

首先，农村生产的现代化是乡村振兴的关键。现代农业生产依赖先进的农业技术、设备和管理模式，以及科学合理的土地利用和农业结构调整。提高农业生产效率和产出质量，对于增加农民收入、推动乡村经济发展具有重要意义。然而，农业生产的现代化不应仅仅局限于产量和效率的提升，更要注重生态环境的保护和可持续发展。这意味着在推进农业生产过程中，要避免过度开发和资源浪费，保护农村生态环境，确保农业生产与生态保护的和谐共生。

其次，农村生活质量的提升是乡村振兴的核心目标之一。农民的生活水平不仅体现在物质生活的丰裕，更体现在文化生活、社会参与、医疗保障和教育资源的充足。因此，乡村振兴策略需要兼顾农村居民的生活质量提升，通过改善基础设施、增加公共服务、丰富文化生活等措施，提高农民的幸福感和满意度，具体措施包括但不限于改善农村的住房条件、水电供应、交通设施，提供更好的教育和医疗服务，以及丰富的文化娱乐活动。通过提升农民的生活质量，可以有效促进社会全面和谐发展，增强农民对乡村振兴战略的认同感和归属感。

最后，农村生产与生活之间的和谐发展是乡村振兴战略的终极目标。这要求政府和社会各界在推动农业现代化的同时，充分考虑农村社会的整体发展，实现农业生产力提升与农民生活质量改善的双重目标。在这一过程中，应注重生产与生活的相互促进，使农业生产更加注重生态环境保护，同时使农民的生活更加丰富多彩和充满活力。这需要政府制定有效的政策和措施，引导资源和资金向农村流动，支持农业和农村的全面发展。同时，需要强化农民的主体地位，鼓励他们积极参与乡村振兴，共同推动农村生产与生活的和谐发展。

综上所述，处理好农村生产与生活之间的关系，不仅需要科学的规划和合理的政策支持，更需要社会各界的共同努力。通过这种综合性的发展策略，可以促进乡村振兴战略的全面实施，实现农业和农村的可持续发展，提高农民的整体生活水平，为建设现代化农村奠定坚实基础。

5.4.6　乡村建设与生态保护

乡村建设不仅追求经济效益，而且强调生态环境的可持续性；乡村发展模式应遵循绿色低碳、循环经济的原则，保证发展活动与生态环境保护相协调。推进乡村振兴战略中的乡村建设与生态保护是相辅相成的关系，在追求乡村经济社会发展的同时，必须坚守生态文明建设的原则，共同构建绿色高质量发展的乡村新格局，为全面推进"美丽中国"建设贡献力量。

推进实施乡村振兴不可避免会涉及乡村、水、电、路、网等基础设施，以及医疗、养老、教育、文化等公共服务设施建设。乡村建设和基础设施投入应因地制宜，充分考虑人口规模、产业发展、交通区位条件等因素，避免重复建设和资源浪费，同时注重乡村文化遗产的保护。

乡村建设不应陷入"千村一面"、形式主义的错误。乡村建设是一项长期性工作，需避免急功近利，不能仅追求乡村外在形态的变化，而应着眼于乡村文化和原生态的保护。乡村建设应保留乡村风貌，留住乡村原生态，不能照搬城镇建设模式。乡村原始风貌与现代生活应融为一体，注重生态保护，禁止不当的开发活动，要保护文物古迹、传统村落、民族村寨、传统建筑、农业遗迹、灌溉工程遗产。

乡村振兴的目标是实现农业强、农村美、农民富。必须贯彻"绿水青山就是金山银山"的理念，打造"看得见山、望得见水、记得住乡愁"的和美家园。只有正确处理好乡村建设与生态保护之间的关系，才能实现生态产业化与产业生态化的转化，实现乡村振兴战略的长远发展目标，使乡村成为宜居宜业的美丽家园。总体而言，在推进乡村振兴的过程中，应通过科学规划、严格的环保标准、有效管理等手段，处理好乡村建设与生态保护之间的关系，确保乡村振兴在可持续的基础上实现。

5.4.7 充分发挥市场决定性作用和更好发挥政府作用

习近平总书记强调，实施乡村振兴战略要进一步解放思想，推进新一轮农村改革，从农业农村发展深层次矛盾出发，聚焦农民和土地的关系、农民和集体的关系、农民和市民的关系，推进农村产权明晰化、农村要素市场化、农业支持高效化、乡村治理现代化，提高组织化程度，激活乡村振兴内生动力。要以市场需求为导向，深化农业供给侧结构性改革，不断提高农业综合效益和竞争力。同时，要优化农村创新创业环境，放开搞活农村经济，培育乡村发展新动能，要发挥政府在规划引导、政策支持、市场监管、法治保障等方面的积极作用。

乡村振兴既要坚持发挥市场决定性作用，又要更好发挥政府作用，两者缺一不可。政府与市场作为资源配置的两种基本方式，在乡村振兴中各自扮演着独特且互补的角色（陈文胜，2023）。政府在乡村振兴中可以发挥引导和规划的作用，通过明确政策、提供支持和制定规划，引导资源向乡村倾斜。同时，应当引入市场机制，以激发企业和农民的活力，推动乡村产业的发展（张旭，2014）。政府应加强在基础设施、教育、医疗等公共服务领域的投入，以提高农民的生产力和生活水平，为乡村振兴创造良好的社会环境。乡村振兴战略的全面推进需借助市场机制推动产业升级和创新，政府可通过激励政策和税收优惠等方式，引导企业参与乡村产业，推动经济多元化发展和高效发展。同时，政府需要建立健全的市场监管机制，防范市场失灵和不公平竞争，确保市场在乡村振兴中能够发挥积极作用。市场的"无形之手"以其资源配置的高效性能，通过供需关系自发调节资源分配，在乡村振兴中发挥重要作用，引导资源向农村领域流动，提高资源配置效率（黄祖辉，2018）。

政府的"有形之手"在非竞争性和非排他性的资源配置及公共产品供给方面应发挥主导作用。政府在乡村振兴中可以在制度改革、规划引导、政策支持、市场监管、法治保障、提供基础设施和公共服务等方面发力。比如，政府可以推动土地制度改革，赋予农民更多的土地使用权，鼓励参与现代农业经营，同时通过规范和引导确保土地的合理利用和生态环境的保护。政府还应通过法制建设优化营商环境，激发各类市场主体活力，促进公平竞争和保障有序发展。政府应加强在基础设施、教育、医疗等公共服务领域的投入，以提高农民的生产力和生活水平，为乡村振兴创造良好的社会环境。但需要注意的是，政府不能大包大揽，要发挥市场的决定性作用，以市场的力量推动农业全面升级、农村全面进步、农民全面发展。同时，要防止唯市场论、市场万能论。坚持有效市场和有为政府结合，市场化与法治化并重，激发乡村发展的内在动力，产生乘数效应（杨华，2023）。

处理好充分发挥市场决定性作用和更好发挥政府作用的关系，需要激发市场主体活力，吸引企业和投资者参与农村产业发展，促使农村经济活跃起来。吸引社会资本参与乡村振兴，通过引导社会投资，实现政府与社会资本合作，推动基础设施建设和产业发展。市场机制还能促进农村人口向城市和其他地区有序流动，推动城乡一体化发展。总体而言，妥善处理政府与市场的关系，更好地发挥市场机制的作用，是推动乡村振兴战略顺利实施、实现农村经济可持续发展的关键。

5.4.8 顶层设计与基层探索

实施乡村振兴战略需要正确处理好顶层设计与基层探索之间的关系。习近平总书记强调，党中央已经明确了乡村振兴的顶层设计，各地要解决好落地问题，制定出符合自身实际的实施方案。要发挥亿万农民的主体作用和首创精神，调动他们的积极性、主动性、创造性。实施乡村振兴战略，要把广大农民对美好生活的向往化为推动乡村振兴的动力，统筹推进农村经济建设、政治建设、文化建设、社会建设、生态文明建设和党的建设。

第一，乡村振兴需要考虑顶层设计的重要性和基层探索的灵活性。顶层设计提供了乡村振兴的总体方向和策略框架。党中央制定的乡村振兴战略，旨在指导和激励全国各地区按照共同的目标前进，确保政策的连贯性和统一性。虽然顶层设计确定了大方向，但各地区的自然条件、经济发展水平、文化传统等差异巨大，这就需要基层探索来适应地方实际情况。基层探索强调的是"因地制宜，精准施策"，通过对本地实际情况的深入理解，制定出更加贴合当地需要的实施方案。

第二，顶层设计和基层探索并非是孤立的，而是需要互相补充和反馈的。一方面，基层探索在顶层设计框架下进行，确保各项措施和活动与国家战略保持一致；另一方面，基层的实践经验和创新成果可以反馈给上层，为调整和完善顶层设计提供依据。这种动态的相互作用有助于不断提高政策的针对性和有效性。

第三，乡村振兴战略强调要发挥亿万农民的主体作用，这意味着农民不仅是乡村振兴的受益者，更是参与者和创造者。通过激发农民的积极性、主动性和创造性，充分调动他们的首创精神，可以更好地实现基层探索的目标，也为顶层设计提供了丰富的实践经验和创新思路。

5.4.9 小农户经营与现代农业发展

在推进乡村振兴的过程中，平衡规模经营与小农户经营之间的关系，采取差异化发展路径，既兼顾现代农业的发展要求，又保护农民利益，是实现可持续发展和农村发展共赢的关键。农业现代化往往要求较大规模的农业生产，以提高生产效益、降低成本、引入先进技术。然而，小农户经营面临规模较小、资金有限、技术水平较低的问题，使其难以完全适应现代农业的要求（严海蓉和陈义媛，2015）。通过整合小农户资源，实现规模化生产，有助于提升农业生产效益，减少资源浪费，提高土地利用效率。规模化经营有利于最大化现代农业技术和管理方式的应用，推动农业向更高效、科技化、可持续的方向发展。

鉴于中国各地农业资源禀赋、经济发展水平等的差异性，集中连片规模经营受到地域限制，农业生产经营的规模必须因地制宜，避免"一刀切"的做法。因此，现代农业发展策略应根据不同地区的特点和条件进行差异化设计。在资源丰富、自然条件优越的地区，可以重点推动农业规模化、集约化发展；在资源有限、条件较差的地区，则应注重发挥小农户的灵活性，通过适度规模经营、特色农业等方式促进发展。另外，考虑到中国"大国小农"的基本国情，小农户经营在一定时间内仍将是农业生产的重要形式。

农业现代化还要求建立健全粮食供应链体系和强化供应链韧性，包括生产、加工、储备、流通等和消费各环节的协同发展；而单一小农户往往难以满足这一要求，需通过合作社、农业企业等形式整合。应充分发挥新型农业经营主体的带动作用，促进家庭农场高质量经营，培育各类专业化市场化服务组织，提升小农生产经营的组织化程度。通过发展农业合作社、家庭农场，或者引入社会资本，促使小农户参与到现代农业价值链中来。在这一过程中，政府应发挥引导作用，通过提供政策支持、技术培训等方式，帮助小农户适应现代农业的要求，提高小农户的生产效率和市场竞争力。总体而言，乡村振兴战略的顺利实现需要妥善处理小农户经营与现代农业发展之间的关系，既要发挥小农户的优势，又要引导其适应现代农业发展趋势。为此，需要发展多种形式适度规模经营，培育新型农业经营主体，健全农业社会化服务体系，实现小农户和现代农业发展有机衔接以实现乡村的全面振兴，提高农民收入水平，推动现代农业发展。

5.4.10　增强群众获得感和适应发展阶段

实施乡村振兴战略需要正确处理好增强群众获得感与适应发展阶段的关系。习近平总书记指出，实施乡村振兴战略要围绕农民群众最关心最直接最现实的利益问题，加快补齐农村发展和民生短板，让亿万农民有更多实实在在的获得感、幸福感、安全感。要科学评估财政收支状况、集体经济实力和群众承受能力，合理确定投资规模、筹资渠道、负债水平，合理设定阶段性目标任务和工作重点，形成可持续发展的长效机制。要坚持尽力而为、量力而行，不能超越发展阶段，不能提脱离实际的目标，更不能搞形式主义和"形象工程"。

首先，实施乡村振兴战略要以人民为中心，解决农民群众最关心的利益问题。乡村振兴战略的核心应放在农民群众最关心、最直接、最现实的利益问题上。这意味着在规划和实施乡村振兴的过程中，必须将保障农民的基本生活需求和提高生活质量作为出发点和落脚点，确保政策措施能够切实解决农村地区面临的教育、医疗、就业、住房等问题，从而直接提升农民的获得感、幸福感和安全感。

其次，实施乡村振兴战略需要科学评估和合理规划。实施乡村振兴战略需要科学评估财政收支状况、集体经济实力及群众的承受能力。这要求政府和决策者不仅要准确把握乡村发展的实际情况，还要根据实际情况合理确定投资规模、筹资渠道和负债水平。同时，需要设定阶段性的目标任务和工作重点，确保乡村振兴战略的实施既有序又可持续，避免出现资源的浪费和目标的盲目设定。

再次，持续推进乡村振兴战略需要长效机制。为确保乡村振兴战略能够可持续发展，需要形成一套长效机制。这包括但不限于加强乡村治理、优化政策支持框架、建立健全农村金融服务体系等。长效机制的建立能够保证乡村振兴不是仅靠一时的政策推动，而是一个持续推进的过程，能够适应不断变化的经济社会环境。

最后，推进乡村振兴战略需要秉持实事求是的原则。在乡村振兴过程中，必须坚持尽力而为、量力而行的原则，避免提出脱离实际的目标。这意味着所有的规划和实施应建立在现实基础之上，既不能超越当前的发展阶段，也不能仅仅为了追求表面的"形象工程"，而忽视了实际效果和群众的真实需求。

5.5 本章小结

在民族复兴的伟大征程中，乡村振兴占据着举足轻重的地位。中国在脱贫攻坚战中取得的历史性胜利，成功消除了绝对贫困，为全面推进乡村振兴战略奠定了坚实的基础。然而，乡村振兴的任务在广度、深度和难度上都不亚于脱贫攻坚，这不仅是农业和农村发展的需要，更是全面建设社会主义现代化国家的必然要求。

中国已经基本建立健全了乡村振兴的制度框架和政策体系，法制建设方面也取得了显著进展，这为乡村振兴的有序推进提供了坚实的制度基础和法制保障。目前，中国乡村振兴在产业兴旺、生态宜居、乡风文明、治理有效、生活富裕等方面均取得了实质性进展，为后续推进乡村全面振兴奠定了良好的基础。然而，推进乡村全面振兴面临乡村人口大规模流失、乡村人口快速老龄化、村庄空心化、农民主体性缺失、乡村发展用地指标严重不足、乡村振兴资金需求巨大、农民持续增收困难以及外部环境日益复杂化等多方面的现实挑战。

乡村振兴战略需要在多方面发挥体制机制的优势，综合处理好一系列关键的基本关系，包括人地关系的和谐共生、新型城镇化与乡村振兴的协同推进、短期目标与长期目标的统筹兼顾、效率与公平的综合考量、乡村生产与生活的共同提升、乡村建设与生态保护的平衡、充分发挥市场决定性作用与更好发挥政府作用的协同、顶层设计与基层探索的良性互动、小农户经营与现代农业发展的融合、增强群众获得感和适应发展阶段的协调。这些基本关系是乡村振兴战略实施中的基本维度，需要在整体规划和实施过程中得到充分的考虑和妥善的处理。

6 中国乡村振兴的作用机理、实现路径及典型实践

民族要复兴，乡村必振兴，全面建设社会主义现代化国家，实现中华民族伟大复兴，最艰巨最繁重的任务依然在农村，最广泛最深厚的基础也依然在农村。乡村是保障国家粮食安全的主要阵地和维持社会稳定的大后方。中国在推进现代化进程中，长期的城乡割裂和重城轻乡造成严重的城乡区域发展不平衡、乡村发展不充分，成为了制约共同富裕的瓶颈。党的十九大审时度势提出实施乡村振兴战略。然而，全面推进乡村振兴战略面临城乡、地区和群体差距较大，人口老龄化程度不断加深，农村"三要素"（土地、劳动力、资金）净流出，产业基础薄弱，数字化发展落后，生态质量退化，人地矛盾突出等系统性问题。在中国式现代化的理念指导下，中国的乡村发展应该是全方位、高质量的，中国的乡村振兴必须走可持续发展道路。本章主要从系统论的要素—结构—功能视角诠释了乡村振兴的作用机理与实现路径。

6.1 中国乡村振兴的作用机理

6.1.1 基于系统论要素—结构—功能的乡村振兴作用机理

乡村发展是中国社会和经济转型的关键领域，乡村可持续发展是乡村系统要素不断重组、结构不断优化和功能不断提升的过程。乡村系统要素包括人口、土地、产业、资金、技术、组织、信息、文化、资源、环境等，其中人口、土地、

产业、资金是核心要素。这些要素不仅是乡村发展的基础，更是推动乡村振兴的动力源泉。人口是乡村系统的基本组成部分，包括居民的数量、年龄结构、职业分布等，直接关系到乡村的社会结构、劳动力供给和社会服务需求。土地是乡村系统中至关重要的资源，涉及土地面积、土地利用结构、土地所有权关系等，其与农业生产、生态环境、乡村规划等密切相关。产业是乡村经济的支柱，包括农业、畜牧业、工业、服务业等，涉及产业结构、生产方式、技术水平等，对乡村经济的发展产生重要影响。资金是乡村经济运行的重要支撑，包括投资、贷款、补贴等，直接关系到乡村的基础设施建设、农业生产投入、产业升级等方面。信息要素是推动乡村发展的动力之一，包括科技信息、市场信息、教育信息等，对提升乡村的生产效率、创新能力和市场竞争力具有重要作用。技术要素包括农业生产技术、农村数字化技术、农产品加工技术、农村信息技术等，先进的技术有助于提高农作物和养殖业的产量和质量，提升农业生产效益，推动农村产业升级。资源要素包括自然资源和社会资源，如水资源、森林资源、文化资源等，与乡村的生态环境、文化传承等密切相关。组织要素涉及农村的组织结构、管理体系和社会组织等方面；乡村的基层组织是乡村系统的基础，它通过领导层、农村自治机构等，实现对乡村事务的组织和协调，合理有序的组织体系有助于农民的自我管理和自治，促进乡村资源的优化配置，推动社区建设和农村治理现代化。农村合作社是整合农业生产要素的有效方式，通过农业、畜牧、渔业等合作社，农民能够实现资源共享，降低成本，提高生产效益，促进农村经济的多元化和可持续发展。文化是乡村的灵魂，传统文化的传承有助于形成乡村的独特魅力。这些要素相互关联、相互作用，共同构成了乡村系统的基础。

系统要素按照不同比例、不同组织方式相互关联形成乡村系统的结构。不同要素比例和组织方式决定乡村系统的形态和特征。乡村系统的人口、土地、产业、资金、信息、技术、组织、文化等要素按照不同的比例和组织方式相关联形成乡村系统的人口结构、土地利用结构、产业结构、资金结构、信息结构、文化结构等。其中，人口结构包括乡村居民人口的性别、年龄、教育水平、职业等方面的分布；土地利用结构涉及乡村地区内不同土地用途的分布，包括农田、林地、水域、建筑用地等，决定农村地区的经济活动和资源分配；产业结构涉及乡村地区内不同产业的分布和比例，包括农业、乡村工业、服务业、乡村旅游、电子商务等，反映乡村地区的经济多样性和特点；社会组织结构包括农村社区和组织的组成和互动方式，如村庄层面的社区组织、合作社、互助组织等，对社区协作、社会资本和共同决策具有重要影响。

乡村系统结构失衡影响乡村系统的功能。乡村系统的结构失衡主要体现在七个方面：一是乡村人口结构失调。主要表现为青壮年人口外流、老龄化、少子化、家庭结构单一化、性别结构失衡、农村人才流失等问题，人口结构失调可能导致乡村社会、经济和文化方面的不可持续。二是土地利用结构的失调。突出表现在耕地撂荒、耕地非农化、农田细碎化、耕地质量退化、建设用地快速扩张、建设用地利用低效化等方面。土地利用结构失调可能导致农业生产能力下降、农业生产效益降低，影响农业经济的可持续发展；土地利用结构失调还可能导致农业生产结构不合理，例如过度依赖单一农产品的种植，缺乏多元化和可持续性；过度开发和不合理利用土地可能导致生态环境破坏，影响自然资源的可持续利用，同时土地的浪费和不合理利用会导致资源的浪费和能源的不必要消耗，不利于乡村资源的可持续利用。三是乡村产业结构失调。主要表现在过度依赖传统农业，产业结构单一，缺乏多元化产业支撑，使乡村经济容易受到外部经济波动的冲击；农业产业链不完善，从生产到加工、销售环节缺乏有效的衔接，影响农产品附加值的提升；大量青壮年人口外流，导致乡村产业空心化。产业结构失调可能导致乡村经济增长受到限制，降低了整体产业的效益；缺乏多元化的产业发展可能导致就业机会不足，青壮年人口外流，乡村劳动力市场短缺；农业产业链不完善，导致农产品附加值较低，农民收入水平提升较为缓慢；同时，缺乏吸引力的产业结构可能导致乡村人口老龄化，进一步影响乡村的活力和可持续发展。四是乡村资金结构失调。表现为资金投入不足、资金投入渠道狭窄、资金流动性不足、乡村金融服务不完善等方面，这会使农村产业发展受限，缺乏资金支持阻碍农村经济的多元化和现代化。同时，缺乏对农业的科技创新和现代化的资金支持，可能使农业生产水平滞后，影响农业可持续发展；乡村金融服务不完善可能导致居民财务管理困难，限制了乡村居民的经济活动；缺乏融资支持可能导致乡村企业难以进行技术创新和规模扩大，限制了其竞争力和可持续发展。五是信息结构失调。表现在信息不对称、数字鸿沟、信息孤岛、农业生产信息不畅等。信息不对称可能导致资源在乡村内部的配置不合理，阻碍农业、产业等要素的优化配置，还可能导致乡村居民对社会事务的了解程度低，社会参与度降低，影响了乡村社会的健康发展；信息不畅通可能导致农民在农业生产中难以获取到有效的技术指导和市场信息，降低农业生产的效益；缺乏信息支持可能导致乡村企业难以获取市场需求和发展机会，乡村经济活力不足。更重要的是，信息结构失调可能影响乡村可持续发展规划的科学性和实施效果，制约了乡村可持续发展的长远规划和战略实施。六是组织结构失调。表现为农村基层组织弱化，降低基层治理效率；农民参与农村组织的积极性低，组织参与度不高；农村社会组织薄弱，农村社会创新力不足，应对外界冲击的韧性较弱等。七是文化结构失调。表现在优秀传统文化衰落、文化传承不足、文化设施不足，可能会导致文化多样性减弱，乡村失去了原有的文化底蕴，影响了乡村的独特性；由于文化差异和文化传承不足，可能导致社会凝聚力降低，乡村社区内部的互动和合作减弱（见图6-1）。

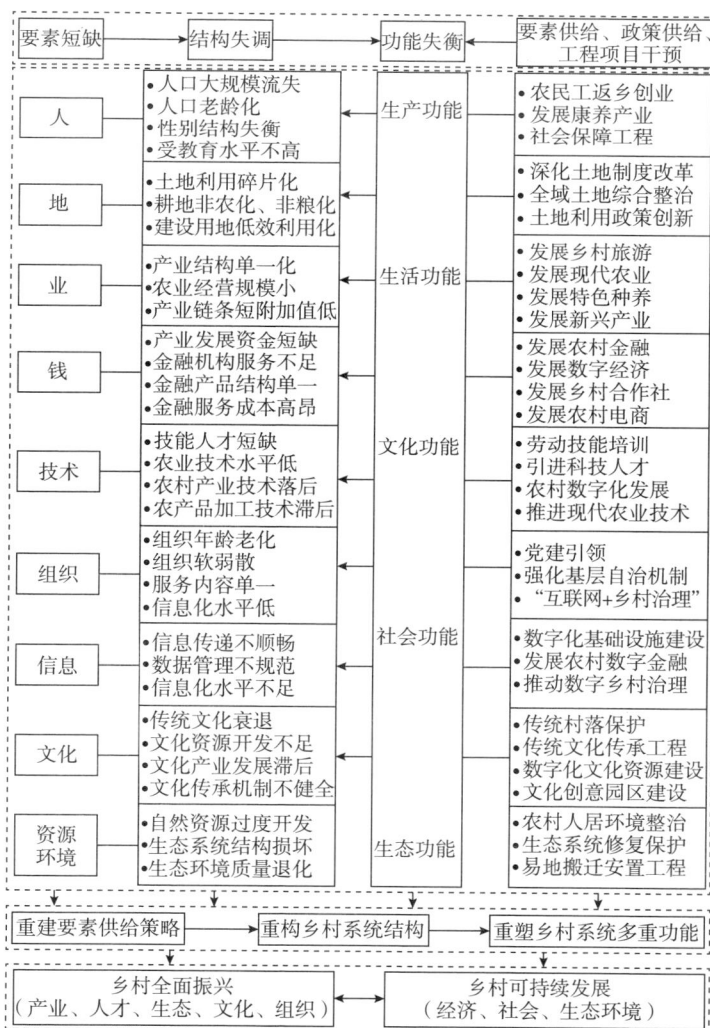

图6-1 中国乡村振兴的作用机理与实现路径

系统的结构影响和决定其功能。乡村系统功能包括生产功能、生态功能、生活功能、文化功能和社会功能。乡村系统的各功能之间并非相互对立的，而是相互联系、相互影响的。农业生产是乡村系统的核心功能，农民在农村地区从事种植、养殖、渔业等农业活动，为粮食和农产品的生产提供支持。乡村系统是农村经济的基础，支持着农村地区的经济活动。乡村系统的生活功能还表现在乡村是居民生活居住的场所，是住宅、社区设施、文化娱乐等的空间载体。乡村的文化功能主要体现在乡村是文化的重要发源地和延续地，是传统文化的重要载体，村民是文化的传播者和继承者。乡村的生态功能主要体现在保护和改善乡村生态环境、维护乡村生态平衡、保障乡村生态安全等方面。乡村的社会功能主要体现在乡村具有社会凝聚、文化传承、社会互动、知识传递、互助和社会支持等方面的重要作用。乡村系统的主导功能受到多方面因素的影响，而且这种主导功能可能会随着时间、区域、社会经济发展阶段、政策导向、技术创新等因素的变化而不断发生变化。比如一个地区初期可能以农业生产功能为主导，而随着经济结构的转型，可能会逐渐强调产业升级、服务业发展等其他功能。传统农区乡村系统的主导功能是农业生产功能，生态保护区的主导功能是生态功能，城郊融合区乡村的主导功能是生产和生活功能。

6.1.2　乡村振兴的实现路径

系统要素在乡村系统内部和系统之间不断流动，信息和能量在不断传递。当某个系统的要素流动不畅、受阻和短缺时，就会影响乡村系统的结构与功能。在现实发展过程中，乡村系统的要素经常出现短缺，系统结构失衡，从而导致功能失调。例如，人口流失、人口老龄化会导致劳动力短缺，农业创新受限，影响乡村的生产功能；老年人口的增加可能带来社会服务需求的增加，增加养老、医疗等方面的社会负担，影响乡村居民生活质量和生活功能；人口老龄化还可能会导致对土地资源的不合理利用，导致土地荒芜、环境保护意识降低、土地利用退化，影响乡村系统的生态功能。产业结构失调可能导致农村产业不平衡发展，某些产业可能得不到充分发展，影响乡村整体经济效益，从而影响乡村系统的生产功能；产业结构失调可能导致就业机会减少，影响居民的收入水平，间接影响居民生活水平和质量，从而影响乡村系统的生活功能；不合理的产业结构可能导致资源过度开发和环境污染，对乡村的生态系统造成负面影响，影响乡村系统的生态功能。不合理的土地利用结构可能导致农业生产不稳定，土地荒芜或过度开发都可能影响农业产出，影响乡村系统的农业生产功能；土地利用结构失调可能导致生态环境问题，如水土流失、生态系统破坏等，影响乡村的生态功能。土地利用不合理可能导致社区内部矛盾，造成失地农民问题，影响社会功能稳定。资金短缺、资金结构不合理可能导致乡村产业投入不足，制约了农村经济生产功能，同时缺乏足够的资金支持可能导致社会服务设施不完善，影响社会功能的提供。缺乏有效的组织结构可能导致农业合作社、农村企业等的发展受阻，制约了生产效益的提高，影响乡村的生产功能；组织结构不健全可能导致社区管理和协作机制的不完善，影响社区的社会功能。文化结构失调可能导致社会凝聚力降低，影响社区内部的互动和社会功能。

与乡村可持续发展相对应，乡村不可持续发展是指由于乡村系统的要素短缺、结构失调、功能失衡共同导致乡村人口流失、产业经济衰退、生态系统破坏、环境持续退化、组织文化衰落等的系统性过程，表现为社会、经济、生态、环境等乡村子系统的不可持续。乡村衰退是指伴随着城镇化和工业化的快速发展，农村地区在经济、社会、人口等多个方面出现逐渐减弱、发展停滞甚至恶化的现象。本质上，乡村衰退是乡村系统多功能失衡的结果，乡村人口流失、产业经济衰退、文化教育衰落、生态退化是乡村系统衰退的外在表现。乡村衰退是在城市拉力和乡村推力共同作用下形成城乡势能差导致的结果，城市拉力表现为与乡村相比，城市具有较为便利的交通条件、更多就业机会和更高收入、更加优质的教育资源和更好的医疗服务水平；乡村推力主要是由于比较优势的存在，种粮不赚钱，相对城市较为落后的教育资源和医疗服务水平、更加落后居住条件和人居环境，城乡发展差距形成了城乡发展势能差，驱动乡村人口不断向城市迁移，农业部门就业人口不断向第二产业、第三产业转移，导致乡村人口大规模流失、产业衰落、教育衰退和传统优秀文化衰落，最终导致村庄空心化、村庄衰退甚至消失。乡村人口减少，乡村衰落，进一步加剧了人口外流（王晓毅，2021）。城乡二元体制和城乡二元结构是中国乡村衰落的主要推动力。

乡村振兴就是要通过一系列的政策干预、资金投入、工程建设等措施，补齐乡村系统短板要素、调节优化乡村系统结构、重塑乡村系统多重功能，促进乡村系统由失衡走向再平衡的过程。乡村振兴实质上是一个通过一系列政策、措施，重组乡村系统要素供给策略、重构优化调整乡村系统结构、重塑乡村系统多功能的过程。针对不同的要素、不同的结构和不同的功能，应对乡村不可持续或衰退的政策措施着力点不同。比如应对人口结构失调的措施包括支持农民工返乡创新创业、实施社会保障工程等，通过这些措施解决村庄人口流失和村庄空心化问题，增强村民在乡村建设中的主体性地位，同时发展康养产业和乡村旅游是应对乡村人口快速老龄化的有效途径。应对土地利用结构失调的措施包括深化土地制度改革、全域土地综合整治、土地利用政策创新等，这些措施旨在优化国土空间结构、提高土地利用效率、保障粮食生产安全等，从而有效解决乡村产业用地指标不足问题，促进乡村一二三产业的融合发展。应对产业结构失调的措施包括发展乡村旅游、发展现代农业、智慧农业、有机农业等，还可以利用乡村丰富的太阳能、风能、水能资源发展新能源产业，千方百计促进农民增收。这些措施有助于增强农户的自我发展能力和地区的"造血"能力，从根本上促进农民增收致富，有利于处理长期目标与短期目标的关系。应对资金结构失调的措施包括完善健全农村金融体系，以及发展农村金融、数字经济、乡村合作社、电子商务等，解决乡村振兴资金短缺问题；还可以加大县域内涉农资金整合力度，提高整合资金使用效率。农村金融抑制导致农村资金净流出的现象长期存在，农村居民长期面临融资难、融资贵等问题。通过健全农村金融体系等应对资金结构失调的措施有利于提高金融服务"三农"的能力与水平，有利于处理好效率与公平的问题。应对技术短缺的措施包括劳动技能培训、职业教育培训、引进科技人才、发展农村数字化等，以解决乡村建设人才短缺的困境。应对组织振兴的措施包括加强党建引领、强化基层自治等，推进"互联网+乡村"治理体系建设，提升乡村综合治理能力。应对信息结构失调的措施主要包括推进数字化基础设施建设、发展农村数字金融、推进数字乡村治理等。推进乡村文化振兴的措施包括传统村落保护、传统文化传承、数字化文化资源建设等。应对信息结构失调、推进乡村文化振兴的措施有利于改善乡村基础设施水平，提高居民生活质量，有利于处理好乡村生产与生活的关系，促进乡村生产与生活的共同提升。推进乡村生态振兴的主要举措还包括实施农村人居环境整治、生态系统修复与保护等工程，对"一方水土难养一方人"的地区，易地搬迁安置也是一种有效的方案，其有助于缓解人类活动对脆弱生态系统的压力，践行"绿水青山就是金山银山"的发展理念，推动人地关系协调。

6.1.3 实现乡村振兴的支撑体系

推进实现乡村振兴是一项复杂的系统工程，需要从政策支持、资金保障、法律法规、人才培养、成效评价体系等方面给予支持和保障，构建实现乡村系统全方位振兴的支撑体系（见图6-2）。

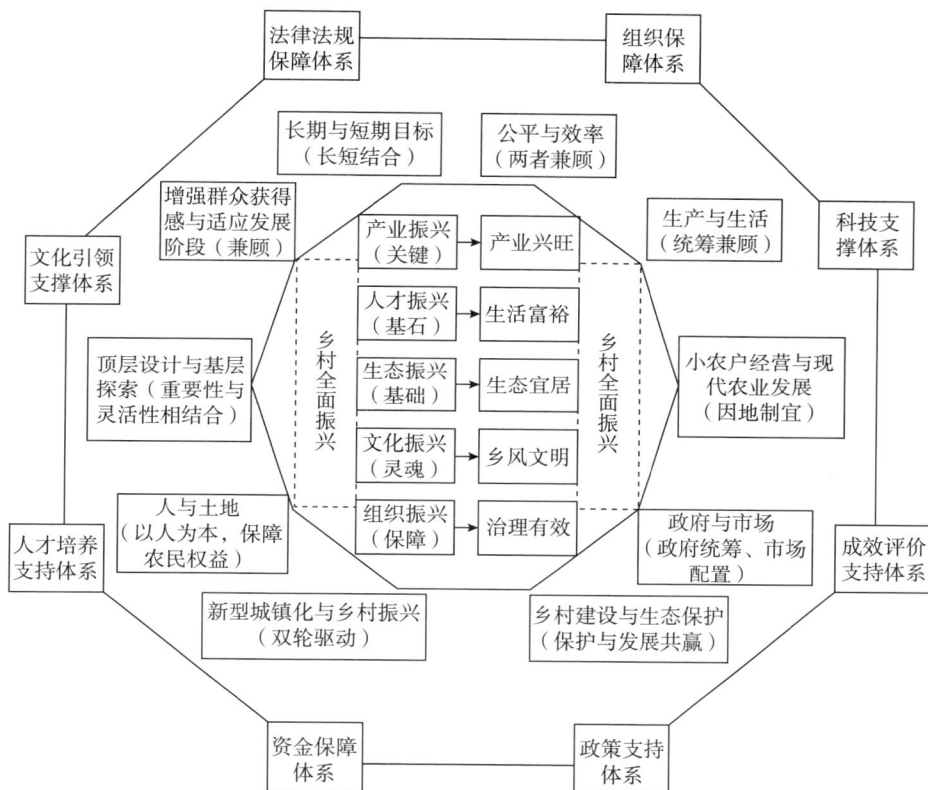

```
                ┌──────────┐              ┌────────┐
                │ 法律法规 │              │组织保障│
                │保障体系  │              │ 体系   │
                └──────────┘              └────────┘

           ┌──────────────┐   ┌──────────────┐
           │长期与短期目标│   │公平与效率    │
           │（长短结合）  │   │（两者兼顾）  │
           └──────────────┘   └──────────────┘

  ┌──────────┐  ┌──────────────┐         ┌──────────────┐  ┌────────┐
  │          │  │增强群众获得   │         │生产与生活    │  │科技支  │
  │文化引领  │  │感与适应发展   │         │（统筹兼顾）  │  │撑体系  │
  │支撑体系  │  │阶段（兼顾）   │         └──────────────┘  └────────┘
  └──────────┘  └──────────────┘
```

图中框内文字：

产业振兴（关键）→ 产业兴旺

人才振兴（基石）→ 生活富裕

生态振兴（基础）→ 生态宜居

文化振兴（灵魂）→ 乡风文明

组织振兴（保障）→ 治理有效

乡村全面振兴

顶层设计与基层探索（重要性与灵活性相结合）

小农户经营与现代农业发展（因地制宜）

人与土地（以人为本，保障农民权益）

政府与市场（政府统筹、市场配置）

文化引领支撑体系

人才培养支持体系

成效评价支持体系

新型城镇化与乡村振兴（双轮驱动）

乡村建设与生态保护（保护与发展共赢）

资金保障体系

政策支持体系

图6-2　实现乡村振兴的支撑体系

资料来源：笔者自行绘制。

政策是引导和推动乡村振兴的基石，乡村振兴战略的顺利推进离不开政策体系的有效支撑。政府需要创新出台一系列符合乡村发展规律和乡村多样化需求的政策，激活乡村沉睡的资源，确保资源的有效配置和合理利用，这包括农业、土地、教育、医疗、环保等领域的政策创新，强化政策有效供给，消除不利于推进乡村振兴战略的体制机制障碍，优化农村的生产、生活和生态环境，为乡村振兴提供坚实的政策保障。充分发挥乡村振兴战略规划顶层设计和规划引领作用，确保各项政策与国家发展目标和农村实际需求相契合，因地制宜，因势利导推进制定综合性、多层次的政策体系。明确乡村振兴的财政支持政策，保证充足的资金

147

投入，特别是对基础设施建设、生态保护、公共服务等方面的支持。鼓励地方政府根据当地实际情况创新政策，实施灵活多样的乡村振兴策略，对成功的地方经验进行总结推广，形成可复制、可推广的模式。定期对乡村振兴政策进行效果评估，及时了解政策实施情况和存在的问题，并建立有效的政策反馈机制，不断优化和调整政策内容，提高政策的有效性和适应性。

资金是乡村振兴的重要支撑。针对乡村振兴巨大的资金需求，需要增加公共财政对乡村振兴的投入；建立健全有效的社会资本投入机制，鼓励和引导私人和社会资本投资农村，形成政府投入和社会资本共同参与的资金保障机制。政府应出台相应政策，引导金融机构加大对农业和农村的信贷投放，特别是对农业基础设施、农村创新创业等关键领域的支持。同时，通过财政补贴、风险补偿等措施，降低金融机构服务农村市场的成本和风险。金融机构应根据乡村振兴的特殊需求，创新金融产品与服务。这包括为小微企业、家庭农场等提供差异化的贷款产品，开发适合农村市场的保险产品，以及提供农产品市场信息、技术咨询等增值服务，还应加强对"互联网+"模式的运用，拓展金融服务在农村的覆盖面和便捷性。强化农村金融市场的建设，是构建金融支持体系的重要一环。应促进农村金融市场多元化发展，如支持设立农村合作银行、农村信用社等，增强金融机构服务农村的能力。同时，推进农村金融监管体系的建立和完善，加强对农村金融市场的监管，防范和控制金融风险。加强农村金融教育，提高农民的金融知识和风险意识，是保证金融支持体系有效运行的基础，可通过举办金融知识讲座、发放金融教育资料等方式，增强农民的金融意识和风险防范能力。

完善与乡村振兴相关的法律法规体系，是保障乡村振兴顺利进行的前提。深入分析乡村振兴的实践需求，完善与农村发展相关的法律法规，确保法律体系能够全面覆盖乡村振兴的各个方面；对现有涉农法律法规进行审视，创新法律制度，以解决农村土地、农业生产、环境保护、农民权益等方面的实际问题。应建立健全涉及土地、农业、环境保护、农民权益等方面的法律法规，保护农民的合法权益，维护乡村社会的稳定和谐。建立健全法律监督机制，确保法律在农村地区的正确实施；设立法律反馈渠道，收集农民和基层组织的意见和建议，不断优化和完善法律体系。加强农业、司法、环保等部门之间的协调与合作，形成促进乡村振兴的法律支撑合力；通过跨部门协作，确保法律政策的一致性和有效性。

乡村振兴需要社会各界的广泛参与。除政府外，企业、社会组织、志愿者等都应成为乡村振兴的参与者。鼓励和支持各类社会组织，包括非政府组织、志愿组织、专业协会等参与乡村振兴，这些组织能够在农村教育、医疗卫生、文化传承、环境保护等领域发挥重要作用。企业作为社会支撑体系的重要力量，应承担起社会责任，通过投资、技术支持、产品服务等方式参与乡村振兴；政府应提供政策激励和支持，鼓励企业在农村创业、技术创新、农产品深加工等方面投入，以实现产业带动和就业促进。强化公众对乡村振兴的认识和参与，鼓励市民尤其是乡村原住民参与到乡村振兴的各项活动中，强化村民在乡村振兴中的主体性；加强社区动员，通过社区组织的力量，激发农村居民的主动性和创造性，形成自下而上的乡村振兴动力。

科技创新是提升农业生产力和效率的关键。建立以农业科技创新为核心的支撑体系，涵盖种植、养殖、农产品加工等多个领域。这需要政府、科研机构、高等院校和企业的共同参与，形成一个集研发、推广、应用于一体的综合体系。建立覆盖农村的科技服务网络，将科技成果有效传输到农村，提升农业生产的科技含量。推进农业信息化和数字化建设，利用大数据、云计算、物联网等现代信息技术，提高农业生产的智能化和精准化水平。应加大对农业科技的研发投入，推广现代农业技术，提高农业的科技含量。将科技支撑融入乡村振兴的各个方面，如农业产业升级、农村生态保护、农村公共服务等，同时应利用信息技术等手段，提升农村的信息化水平，为乡村振兴提供科技支撑。

人才是乡村振兴的核心资源。针对乡村振兴人才匮乏的现实需求，亟须建立健全人才培养机制、人才引进机制、人才激励和保障机制，构建乡村振兴的人才支撑体系。在人才培养机制方面，着重加强农业和农村相关专业的教育培养，开设与乡村振兴相关的课程，如现代农业技术、农村经济管理、农村社会服务等；在职业教育和技术培训中增设与农村发展相关的课程，提高农民的职业技能和综合素质。人才引进方面，实施人才下乡计划，鼓励和支持高校毕业生、技术专家、退伍军人等到农村工作，通过提供政策优惠、创业支持、生活便利等措施吸引外部人才到农村地区工作和生活。对在乡村振兴中做出突出贡献的个人和团队给予物质和精神上的奖励，提供必要的职业发展机会，如培训、晋升和研究机会，以提升人才的职业吸引力。建立乡村人才信息服务平台，为乡村人才提供就业、培训、项目信息等服务，促进人才信息的共享，增强人才流动的灵活性和效率。完善人才相关的政策体系，包括人才评价、激励、流动等方面的政策，创造有利于人才成长和发挥作用的环境。通过教育和培训，切实培养一批懂农业、爱农村、爱农民的专业人才。

乡村振兴目标的实现离不开文化的引领作用，文化是乡村振兴的灵魂和根基。农村文化的振兴不仅涉及传统文化的保护和传承，还包括现代文化元素的融入，以及新的文化价值观的塑造，这要求深入挖掘和弘扬农村的历史文化，同时引导农村文化与时俱进，适应现代社会的发展。乡村文化的发展应与乡村经济、社会、生态等方面的发展相结合，形成文化引领下的乡村综合振兴格局。这包括利用文化资源开发乡村旅游，促进传统手工艺复兴，以及通过文化活动增强村落凝聚力。发挥文化在促进乡村经济发展中的作用，文化旅游、特色手工艺等可以成为乡村经济发展的新动力，文化的振兴也能提升农村产品的附加值。强化文化在维护社会稳定、增进社会和谐中的功能，文化活动能增强农民的归属感和认同感，促进社区成员间的交流和团结。

最后，乡村振兴目标的实现需要客观科学的评价体系。建立涵盖经济发展、社会进步、文化繁荣、生态保护等多个方面的综合评价指标体系，这些指标应具体、可量化，能够准确反映乡村振兴的各项成果和存在的问题。指标体系的构建需要综合考虑区域差异，制定灵活的评价标准，以适应不同地区乡村振兴的实际情况。引入第三方机构，开展乡村振兴成效年度评估和动态监测，通过以评促改，推动乡村振兴各项政策措施落地见效，建立动态的评价机制，定期对乡村振兴的进展情况进行评估，包括短期效果的评估和长期成效的跟踪，以便及时调整和完善乡村振兴战略，并强化结果导向，注重评价结果在政策调整和资源配置中的应用。

6.2 中国乡村振兴的典型实践

乡村振兴战略的重要意义在于其全面推进农业农村现代化的核心目标，致力于解决"三农"问题，促进城乡协调发展，实现社会主义现代化国家的全面建成。通过推动农业向现代化转型、加强农村基础设施建设、改善农村生活环境、促进农村文化传承与发展、实施生态保护与修复，乡村振兴战略为农村发展注入了新的动力，为实现中华民族伟大复兴的中国梦提供了坚实基础。在推进乡村振兴战略实施过程中，各地因地制宜、积极探索、大胆尝试、勇于创新，通过党建引领、全域土地综合整治、深化土地制度改革、发展新产业、劳动力就业培训、搬迁安置等途径解决乡村发展过程中面临的人口、土地、产业、资金等问题，全面推进乡村振兴战略落地，探索出了适合自身发展的乡村振兴道路，积累了乡村振兴的宝贵经验，为全面推进乡村振兴战略提供了经验借鉴，也为实现农业农村现代化奠定了坚实的基础。本部分主要通过典型案例解析乡村振兴的典型实践与经验。

6.2.1 党建引领乡村振兴

党建作为乡村振兴的核心与灵魂，其在乡村振兴中的领导作用和有效性构成了乡村振兴成功的关键。通过加强党的基层组织建设，深化党内民主，强化服务功能，创新党建活动，构建新型党群关系机制，以及发挥党员的模范带头作用，基层党组织的凝聚力和战斗力得以显著提升。这不仅有助于乡村振兴战略的有效实施，还增强了农民群众的获得感、幸福感与安全感，为实现社会主义现代化国家的全面建设奠定了坚实基础。在此过程中，党建发挥着重要的引领作用、组织动员作用、监督保障作用。作为乡村振兴方向的指南针，党的思想和政策通过教育和培训使农村基层党组织能够引导农民树立正确的发展观，增强发展动力。作为乡村组织的核心，党通过制定和执行相关政策，引领和规范基层组织的行为，保证乡村治理与国家政策的一致性，提高治理效能。在思想教育和意识形态引导方面，党建有助于形成共同的理念和价值观，凝聚组织成员的共识，增强组织的凝聚力和稳定性。同时，党建工作确保中央政策在农村的有效执行，通过基层党组织将政策落到实处，确保农村发展得到政策支持。党组织的强化监督作用，有助于确保乡村振兴过程中的公正与公平，防止资源的不合理分配和滥用，整合社会资源，提供更优质的社会服务，促进乡村治理的全面发展，通过统一的组织架构有效调配资源，满足基层组织和乡村居民的需求。总体而言，党建在乡村治理和基层组织凝聚力方面的作用机制是多方面的，涵盖思想引导、组织建设、资源整合等，共同推动乡村的可持续发展。

2022年4月，河南省委党建工作领导小组发布《关于创建"五星"支部引领乡村治理的指导意见》（以下简称《意见》）。其中"五星"指的是支部过硬星、产业兴旺星、生态宜居星、文明幸福星、平安法治星。《意见》详细阐述了"五星"支部创建的各个环节和评估方案，是在乡村振兴的指导原则下，结合地方特色（即地方性）提出的创新性政策。若将乡村振兴战略视作总体规划与纲领，则"五星"支部建设工作即为具体的实施手段。每个"五星"支部均有明确的要求：例如支部过硬星要求村支书充分发挥带头作用，展现领导团队的服务意识，培养和规划村庄建设队伍，精心策划组织生活；产业兴旺星则要求村庄找到适合自身的产业方向，发展特色产业，注入乡村经济动力。

河南省在其发布的文件中明确指出，"五星"支部的建设是乡村振兴战略的具体实施措施。在五个支部星中，支部过硬星被视为核心，因其在农村基层党组织中扮演关键角色，贯彻党的政策，引领乡村振兴工作。基层党组织作为"五星"支部建设和推进乡村振兴战略的核心。产业兴旺星被视为乡村振兴实施的重点，关键在于增加农民收入和发展农村集体经济，村庄收入的增加为其他建设工作提供了必要的资金支持。生态宜居星和平安法治星被认为是乡村振兴的基础与保障，整洁的人居环境、干净的水源和清新的空气是构建生态宜居美丽乡村的首要目标。乡村法治是农村改革的重要保障，依法治理农村不仅体现结果正义，也是程序正义的展现，推动政府职能转变，为乡村振兴注入法治活力。文明幸福星的建设则对应乡村振兴中的文化振兴，乡风文明不仅体现了农民素质，也为乡村振兴提供了支持和精神动力，为农村基层民主建设奠定了基础，满足了农民对美好生活的需求。总体而言，"五星"支部的建设紧密围绕乡村振兴，每个星发挥着独特作用，同时协调一致，落实乡村振兴总体战略。

河南省"五星"支部建设作为一项创新举措，旨在提升乡村治理能力，实现治理体系的现代化。该建设通过完善基层党组织结构，有效激发了党员干部的积极性，并促进了党方针政策的落地实施。其核心目标是保障乡村振兴的全面实现，涵盖了支部过硬星、产业兴旺星、生态宜居星、文明幸福星及平安法治星等关键领域（见专栏1）。每个领域都具体化、量化了相关评价标准，以确保建设过程的真实性和高效性。为保证申报材料的真实客观，河南省精心设计了一套全面的评价体系。以产业兴旺星为例，该体系不仅评估了无大规模返贫现象和人均可支配收入同比增长等指标，还考虑了"一品一村"项目的成功实施、村集体经济年收益等具体目标。这种综合评价方式确保了"五星"支部建设过程中的真实性与高效性，同时使政策反馈更为精准有效。评定方法采用分级评定方式，由县级、市委、省委组织部门分别负责不同星级的评定。评定过程不仅包括激励性奖励，也包括对星级较低或存在问题的村庄的评价后支持与整改，形成了积极的反馈机制。

专栏1　"五星"支部建设推进乡村振兴案例——河南南顾庄村①

南顾庄村，位于河南省平顶山市石龙区的中心位置，总面积 5.5 平方千米，耕地面积达 780 亩，分为 7 个生产小组，居民共 924 户，3077 人，党员数量 104 人，人均收入 9524 元。20 世纪 80 年代至 90 年代，南顾庄村依靠当地丰富的煤矿资源，曾经辉煌一时。但随着生态环境保护意识的提高和可持续发展理念的深入人心，煤炭开采产业逐渐被取缔，村民的生活状况急转直下，收入缩减。长期的煤炭开采导致水资源污染，饮水问题成为村庄发展的重大挑战。

2022 年 4 月，河南省委党建工作领导小组发布了《关于创建"五星"支部引领乡村治理的指导意见》。南顾庄村积极响应，履行"五星"支部创建任务，旨在提高基层工作效率，加强基层党支部的引领建设（见图 1）。南顾庄村针对"五星"党支部建设进行了详细规划。为打造平安法治星，南顾庄村积极推广"国家反诈中心"APP，宣传赌博危害，实现村主要道路视频监控全覆盖，并至少每年举行一次自然灾害、安全生产等重大事件的救援宣传和应急演练，以及常态化疫情防控。村委会专门制定了"五星"支部创建细则，包含 113 条规定，每一项直接关联村民生活。目前，"五星"建设工作正按计划有序推进。

南顾庄村在党和国家相关政策的支持下，利用其地理优势，探索出一条地面工业化兴区之道，建设了众多工厂。南顾庄村委会为村民联系就业岗位，实现资源型村庄的成功转型。在石龙区经济的发展推动下，南顾庄村的边界不断扩大，发展成为城乡接合部，城镇化程度显著提升。南顾庄村以党建引领作为主要工作抓手，强化党组织的引领功能，突出四级联抓和部门联动，强调党员在带头引领和群众参与方面的作用，提高村党组织的凝聚力、战斗力和向心力，推动政策的有效宣传和实施，为实现乡村振兴奠定坚实基础。

---

① 本专栏资料由河南省石龙区南顾庄村委会提供。

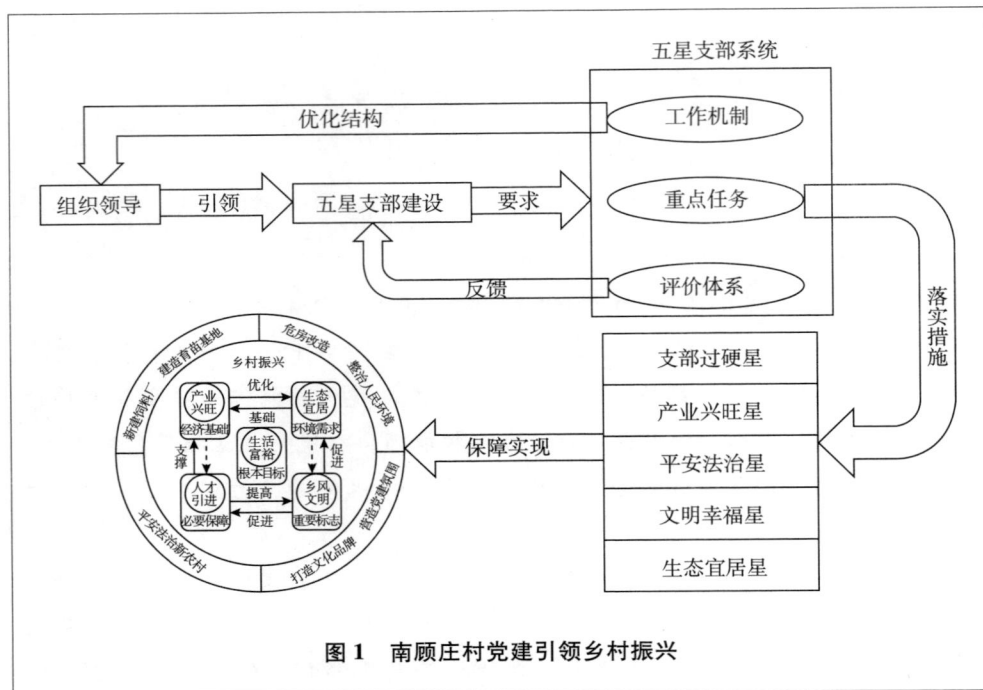

图1　南顾庄村党建引领乡村振兴

6.2.2　全域土地综合整治助推乡村振兴

土地作为乡村社会经济活动的空间载体，是乡村发展所依赖的基础资源（李红波等，2015）。土地整治在资源开发利用、保障粮食安全和脱贫攻坚等方面发挥了不可替代的作用（严金明等，2016；金晓斌等，2022）。然而，传统的单一要素、单一手段的土地整治方式难以有效解决乡村可持续发展面临的要素短缺、结构失调和功能衰退等问题（范业婷等，2021）。面对资源环境约束日益趋紧的挑战，2018年《乡村振兴战略规划（2018—2022年）》提出加快国土综合整治，实施农村土地综合整治重大行动，赋予了土地整治助推乡村振兴的新使命（新华社，2018；范业婷等，2021）。在浙江省开展全域土地综合整治与生态修复先行先试的基础上，自然资源部于2019年提出要以乡镇为基本单元，推进乡村"田水路林村"全区域全要素的全域土地综合整治，旨在通过农用地、低效利用建设用地、工矿用地、生态用地的整治及历史文化修复保护，调整优化乡村生产、生活、生态"三生"空间，提高土地利用效率，解决乡村发展用地难题，助力乡村振兴（周远波，2020）。国家"十四五"规划及2018～2023年中央一号文件均将全域土地综合整治作为实施乡村建设行动的重要内容（新华社，2021e）。2019 年，自然资源部启动全域土地综合整治试点工作，到 2021 年，在全国 28 个省（区、市）确定了 446 个以乡镇为单元的全域土地综合整治国家试点。全域土地综合整治是指以科学规划为前提，以乡镇为基本实施单元，整体开展农用地、建设用地整理和乡村生态保护修复等，对闲置、利用低效、生态退化及环境破坏的区域实施国土空间综合治理的活动（自然资源部，2019）。全域土地综合整治有助于破解推进乡村振兴战略过程中面临的乡村耕地碎片化、空间发展无序化、土地资源利用低效化、生态环境质量退化"四化"叠加（金晓斌等，2021；曲衍波等，2021；韩博等，2021；许恒周，2021）。全域土地综合整治有助于重建贫困地区城乡要素供给、重构乡村"三生"空间、重塑城乡人地关系（Zhou et al.，2019；Zhou et al.，2020）。

全国各地实践表明，不同地区全域土地综合整治的目标、手段和进展各异。东部经济较为发达的地区，如浙江、广东、江苏、上海等，全域土地综合整治侧重于服务城乡融合发展，注重产业用地更新，保障农村新产业、新业态的发展用地，统筹产业发展空间；对于中部的传统农区，其整治重点在于农村低效用地整治、空心村整治、生态用地整治及农用地集中连片整治，以推进农业规模化经营和现代农业发展（见专栏 2、专栏 3）；而在西部的山地丘陵区，整治工作则侧重于空心村整治、低效用地整治、农村人居环境整治，目的在于解决农村基础设施建设和产业发展用地不足的问题。

专栏 2 全域土地综合整治试点助推乡村振兴案例——无为市开城镇[①]

开城镇位于安徽省芜湖市，镇域总面积 118 平方千米，下辖 15 个村、2 个社区，耕地面积 10 万亩，存在耕地碎片化、建设用地资源利用低效和村庄空间布局无序等问题。在此背景下，开城镇积极申报探索全域土地综合整治国家级试点，于 2021 年 1 月成功申报。

---

① 本专栏资料由安徽省无为市开城镇提供。

开城镇在考察学习浙江海宁、嘉兴等地全域土地综合整治经验做法的基础上，结合全镇全域土地综合整治项目实际情况，摸清家底、精准核实，将整治项目分为新增耕地、增减挂钩和乡村生态保护修复3项。截至2021年12月，开城镇全域土地综合整治试点区已拆迁安置4个自然村，安置农户112户，拆除房屋面积9344平方米，迁坟300多座。拆迁的村庄点通过复垦共验收确认增减挂钩新增耕地面积103.50亩，确认节余指标102.57亩。建成高标准农田713亩，已验收新增耕地项目53.55亩。通过全域土地综合整治试点项目，项目区乡村振兴初见成效。一是村集体经济发展壮大，村集体以土地入股企业、为企业提供服务、集中存入"土地银行"赚取流转差价等方式，获得稳定可观的集体收入；二是农民增收渠道拓宽，增加了土地承包经营权流转收入、搬迁农民返聘入企的工资收入，如流转土地农民在惠生生态园务工，人均每年可获得3万余元工资收入；三是农业生产有了规模效应，新型经营主体可以进行规模化生产，使土地资源利用价值最大化，村庄农业产业得到发展；四是村庄布局更加科学合理，推进了村庄布局从自然形态向规划形态转变，改变了村庄"散、乱、小"的现象，村庄环境得到了改善；五是村庄建设用地效率提高，通过复垦项目区范围内村庄闲置宅基地，减少农村建设用地，增加了耕地面积，既盘活了农村闲置、低效用地，又解决了农村"空心村"现象、一户多宅等问题，提升了土地利用效率。

专栏3　全域土地综合整治试点助推乡村振兴案例——大英县卓筒井镇[①]

卓筒井镇位于四川省大英县，全域面积47平方千米，辖12个村、1个社区，总人口3.36万人，耕地面积2.3万亩，存在耕地碎片化、资源利用低效和村庄空间布局无序等问题。在此背景下，卓筒井镇积极申报探索全域土地综合整治国家级试点，并于2021年1月成功申报。试点区涉及6个行政村，

[①] 本专栏资料由大英县自然资源局提供。

区域面积 19.42 平方千米，共 4562 户、14976 人。第三次全国土地调查数据显示，试点区内耕地 15918 亩、建设用地 195 亩，"三区三线"划定永久基本农田 13949 亩。

卓筒井镇在考察学习浙江省桐乡市、桐庐县等地全域土地综合整治经验做法的基础上，结合全镇全域土地综合整治项目实际情况，将整治项目分为农用地整理、建设用地整理、乡村生态保护、乡村历史文化保护和其他项目 5 项，先后引进四川省土地发展集团和农业公司参与土地开发、城乡建设用地增减挂钩和发展农业产业。截至 2023 年 8 月，卓筒井镇全域土地综合整治项目累计垦造耕地 1049 亩，新建高标准农田 19140 亩。通过全域土地综合整治试点项目，项目区乡村振兴初见成效。一是通过土地整治推动产业"连片成带"，先后建成 200 亩的四季果园种植基地、305 亩的莲藕种植条格田、911 亩有机水稻高标准农田，以及规划打造中国宋风古井桃源乡游第一村，推出"一廊一库三环"精品乡游线路，助力乡村产业振兴。从 2017 年起，为干屏村年均接待客流量 40 余万人次，为本地村民创造 500 余个就业岗位，村集体经济年收入超 110 万元，帮助村民人均增收 6800 余元。二是通过土地整治提升乡村风貌，推进环境"美丽蝶变"。以保护修复与治理造景为依托，对生态功能退化的农田生态系统、大英河流域和蓄金水库、槐花水库进行生态环境综合整治，构建农田湿地和过滤缓冲带。截至 2022 年底，累计整治小河沟 1400 米、新建蓄水池池 3 座、建设和修复提灌站 5 个，推进形成生态农田—生态绿带—生态水系绿色格局。

6.2.3 荒山综合开发促进乡村振兴

欠发达地区乡村可持续发展普遍面临缺土地、缺资金、缺技术、缺人才，内生发展动力不足等现实困境，然而这些地区通常有丰富的后备资源，特别是山区未利用土地资源。荒山综合开发是指对未被利用的荒山进行综合治理和利用，使其转化为能够产生经济价值的土地资源。《中华人民共和国土地管理法》指出"不宜采取家庭承包方式的荒山、荒沟、荒丘、荒滩等，可以采取招标、拍卖、公开协商等方式承包，从事种植业、林业、畜牧业、渔业生产"。荒山综合开发可以发展多种形式的生态经济，提高环境治理水平，拉动人口就业，促进当地经济、社会和生态可持续发展。通过土地制度创新和荒山地综合开发，有助于解决欠发达地区缺土地（耕地）、缺资金、缺技术、缺人才"四缺"难题，把资源优势转换为后发优势，促进乡村转型发展乃至乡村全方位的振兴（见专栏4）。

专栏4　荒山地综合开发推进乡村振兴案例——河北阜平县[①]

河北阜平县地处太行山东麓，是深石山区、革命老区、脱贫地区。全县总面积2496平方千米，山区面积占87%，人口23万人，人均耕地面积0.96亩，有"九山半水半分田"之称。与全国其他贫困山区一样，阜平县发展面临缺土地、缺资金、缺技术、缺人才等现实困境，交通基础设施和公共服务设施建设落后，经济发展缓慢，农村人居环境差，人口流失严重，人口老龄化、村庄空心化问题突出。

2009年，阜平县第二次土地调查数据显示，阜平县有未利用地256万亩，其中坡度25°以下未利用地52万亩。2012年12月30日，习近平总书记在考察阜平时指出，扶贫开发要因地制宜、科学规划、分类指导、因势利导，"只要有信心，黄土变成金"。2015年，阜平县立足自身资源优势，借助原国土资源部对贫困地区的增减挂钩结余指标异地流转的支持政策，把推进荒山未利用地整治开发作为加快脱贫致富建小康的战略突破口，提出通过荒山地开发新增耕地20万亩的目标，探索提出了"政府统筹主导+村级组织推动+农户入股参与+企业开发经营"四位一体的荒山地开发利用模式。政府编制全县土地整治总体规划，从组织保障、土地流转、工程建设、后期管护、资金使用等方面进行规范化、制度化设计，引进龙头企业参与农业综合开发；村委会组织推动，做好群众工作，推动荒山地流转，代表农户与农业开发公司合作开发经营，经营效益与开发企业按5：5比例分红；农民以土地资源入股参与分红，通过流转荒山经营权，实现资源资本化。同时通过项目区务工及林果业园区管理，增加务工收入，农民成为"三金"（租金、股金、薪金）农民；

---

① 本专栏资料由阜平县乡村振兴局提供。

企业采用市场化运作，高标准整治土地，并将整治后的土地用于发展林果业。菌棒加工厂生产的菌棒投放到食用菌大棚进行种植，出菇结束后产生的废菌棒以及肉鸡养殖场和硒鸽养殖场产生的动物粪便通过有机肥处理厂，加工成生物有机肥，投放到周边林果基地还田，苗木间伐和替换下来的树木可以作为菌棒加工厂的原材料，用于生产菌棒，实现了资源的循环利用。实现了种植业、规模养殖、有机肥处理三个环节的转换，探索出了闭合的绿色循环经济体发展模式，实现了产业生态化与生态产业化的有机结合。比如在阜平县史家寨乡村振兴示范区食用菌种植、菌棒生产、高效林果、咽鸽养殖、肉鸡养殖以及有机肥加工等互相补充利用，实现了有机循环。

　　截至 2022 年底，阜平县已完成近 20 万亩荒山地整治工作，新增耕地面积逾 10 万亩。同时，该县建立了以苹果、桃、梨等为主的 10 万亩高品质特色林果基地，覆盖全县 135 个行政村。此举不仅实现了年增收 2.5 亿元人民币，还使土地亩均增值达 2 万~5 万元。通过土地流转和务工等方式，群众获得了稳定的经济收益，同时吸纳了 5000 余名劳动力参与种植和管护工作，带动全县 2 万余户农户实现就业，人均年增收超过 3000 元。新增耕地指标的异地流转为地方政府带来超过百亿元的财政收入，这些收入被投入基础设施和公共服务设施建设中。此外，阜平县共建成 102 个食用菌规模园区，食用菌种植面积达 2.12 万亩，年产值超过 9 亿元，覆盖全县 140 个行政村，为全县 3.8 万人提供就业机会，户均增收超过 2 万元。该县还建成了 376 个生猪、硒鸽、肉鸡等养殖小区，年产值达 14 亿元，覆盖 93 个行政村，带动 2.7 万人就业，人均年增收超过万元。通过扩大农业特色产业种植面积和养殖规模，农村特色产业年产值由 2020 年的 1503 万元增加至 2022 年的 19764.5 万元，特色产业带动农户人均收入从 2020 年的 5610 万元增加至 2022 年的 19764.5 万元，特色产业带动农户人均收入从 2020 年的 5610 元增加至 2022 年的 11264 元。林果业的发展不仅增加了森林覆盖率，还助力实现了碳达峰、碳中和目标。通过完善循环经济产业链，以种植业和规模养殖为基础，以有机肥处理转化为关键环节，形成了闭合的绿色循环经济体系，有助于减少温室气体排放强度，提升土壤固碳增汇能力。《阜平县 2022 年国民经济和社会发展统计公报》显示，2012~2022 年，阜平县农村居民人均可支配收入从 3262 元增长到 13404

元，增长了 4.11 倍。同期，居民存款从 44 亿元增长到 166 亿元，增长了 3.72 倍。脱贫攻坚以来，阜平县农村产业快速发展，农民生活水平显著提升，农村生态环境持续改善。阜平县先后被评为国家生态文明建设示范区和入选全国首批百个国家乡村振兴示范县。

河北阜平县充分利用其丰富的荒山土地资源，通过综合整治和开发利用，有效激活了沉睡的土地资产，有效破解了欠发达地区乡村发展缺土地、缺资金、缺技术、缺人才"四缺"困境。此外，阜平县将人才振兴作为乡村振兴建设的切入点，与涉农高校和科研院所长期合作，通过营造良好的发展环境，精准聚焦产业发展需求，纷纷出谋划策，引领产业发展；不断强化人才队伍建设，充分运用好技术帮扶资源，大力实施"传帮带"工程，培养了致富带头人，引进了一大批致富能手、产业专家、管理人才，实现了人才、产业相互促进的良性循环。荒山地综合开发过程中通过农户入股参与，增强了农户在乡村发展中的主体性作用，强化了基层组织的凝心聚力，实现了乡村组织振兴。阜平荒山综合开发促进乡村振兴的模式证明，欠发达地区可以充分发挥其资源优势，通过科学规划和创新实践，可以实现产业发展、农民增收和生态保育的共赢。

6.2.4 土地制度改革助推乡村振兴

中国农村土地制度改革自 2013 年以来，进入了全面深化的阶段，这一改革在中国经济发展进入新常态的大背景下，已成为重要的国家策略。党的十八届三中全会明确提出"全面深化农村改革"，强调赋予农民更多的财产权利作为农村土地制度改革的核心任务。2014 年，中央一号文件进一步明确了深化农村土地制度改革的具体措施，并在同年 11 月提出实施农村集体土地所有权、承包权、经营权的"三权分置"政策。紧接着，2015 年中央进一步明确了农村"三块地"改革，包括农村土地征收、集体经营性建设用地入市和宅基地制度改革，并在全国 33 个县（市、区）开展"三块地"改革试点。2018 年，中央一号文件进一步提出实施宅基地所有权、资格权、使用权的"三权分置"原则（毕国华等，2018）。这一系列政策的提出和实施，有效推动了中国农村土地制度改革的深入发展。农村土地制度改革在促进农村经济发展、增加农民收入、推动产业升级、促进社会公平等方面发挥了重要作用，在助力美丽乡村建设、生态文明建设、脱贫攻坚和乡村振兴等方面也不可或缺。作为农村"三块地"改革的重要举措之一，集体经营性建设用地入市改革通过盘活农村存量建设用地、促进土地资源的集约节约利用、推动农业规模化经营、创造就业机会、推动农村经济结构多元化发展等途径，助力乡村振兴。

湖南省浏阳市作为全国"三块地"改革试点之一，2017年以来，浏阳市在永安镇西湖潭村以集体经营性建设用地入市改革为重点，探索"党总支+合作社+公司+村民"的发展模式，积极推进集体经营性建设用地入市、农民入股，促进了乡村产业发展、农民增收，实现了乡村产业、人才、组织、生态和文化等全方位的振兴（见专栏5）。

专栏5 集体经营性建设用地入市改革推进乡村振兴案例——浏阳市永安镇西湖潭村①

永安镇是长沙市实施乡村振兴战略的示范镇，也是浏阳经济技术开发区（高新区）所在地，面临着产业发展用地指标不足的现实挑战。西湖潭村地处永安镇西北部，拥有优越的地理位置和发达的交通条件。2017年起，在永安镇党委镇政府的引领下，西湖潭村借助农村集体经营性土地入市改革之势，通过"党总支+合作社+公司+村民"的发展模式，秉承"产业强村、生态美村、治理安村、文化兴村"的原则，创新推出了"两入两统两保"的农村集体经营性土地入市新模式，即土地入市、农民入股；统一规划建设、统一安全环保；分红保收益、厂房保未来。通过开发建设家具制造产业聚集区项目，实现了"产业强""乡村美"的联动发展。

自2017年以来，西湖潭村的集体经营性建设用地入市改革取得了显著的社会经济效益。2023年西湖潭村提供的数据显示，通过集体经营性建设用地入市、农民入股，集体经济组织和村民每年获得稳定的土地收益，并每5年持续递增，确保了村集体和村民的长远利益。产业园区一期项目354.38亩于

---

① 本专栏资料由浏阳市永安镇西湖潭村委会提供。

2023年底全部建成，可入驻企业200余家，实现年产值30亿元以上，年纳税近1.2亿元，增加税收收入。产业园区目前提供2000多个岗位，其中90%是当地村民，解决了当地村民就业问题。西湖潭村集体经济收入由2016年的不足3万元增加到了2022年的220万元，村民人均年收入从1.8万元增加到6万元。西湖潭村的集体经营性建设用地入市改革取得了良好的社会经济效益。

实践表明，西湖潭村作为曾经的贫困村，是全国资源变股权、资金变股金、农民变股民"三变"改革的缩影。通过集体经营性建设用地入市改革，西湖潭村成功摘掉了贫困村的帽子，村民土地出租收益、村级集体经济收入翻倍增长，改善了基础设施建设、提供了就业岗位、带来了创业机会，促进了产业结构转型升级，实现了乡村产业、人才、生态、文化和组织的全面振兴。

6.2.5 乡村旅游支持乡村振兴

乡村旅游作为一种在农村地区进行休闲度假、体验生活、欣赏自然风光、参与农耕的旅游形式，已成为推动农村经济发展、保护乡村文化、改善农民生活的重要途径（郭焕成，2006）。

近年来，乡村旅游不仅已成为推进乡村产业振兴的重要手段，也成为了实现乡村产业融合、带动乡村建设、促进农民增收致富的有效途径。在传统农业受市场竞争和资源约束的背景下，乡村旅游为乡村提供了一种多元化的经济发展路径。农民能够将农田、农庄、农产品等资源转化为旅游资源，创造就业机会，促进农村劳动力的转移就业，缓解了农村劳动力过剩的问题。这一需求推动了农村产业结构的调整和升级，促进了传统农业与现代服务业、文化创意产业的融合，孕育了新型农业经营主体和新业态。乡村旅游的发展还对乡村建设产生了积极影响，为满足游客需求，乡村地区需要改善基础设施和公共服务，加强环境卫生管理和乡村景观整治，提升了乡村的整体形象和服务品质。乡村旅游的发展对农民增收致富起到了积极作用。农民可以通过提供农家乐服务、销售农产品、参与旅游活动等方式增加收入，带动了农产品加工、手工艺品制作等相关产业的发展，从而进一步提高了农民的收入水平。乡村旅游的发展促进了城乡之间的交流与互动，帮助城市居民深入体验农村的日常生活和风俗文化，缩小了城乡差距，推动了城乡一体化发展。

除促进乡村产业振兴之外，乡村旅游的发展需要各种人才，如旅游管理、服务、市场营销等，这促进了人才在乡村地区的流动和聚集，促进了乡村人才振兴。乡村旅游还可以提高乡村教育和培训水平，为当地居民提供更多的就业和创业机会，尤其是年轻人，这有助于减缓乡村地区的人才流失。乡村旅游强调可持续发展和环境保护，促进了乡村地区的生态保护和环境改善，通过发展生态旅游、绿色旅游，乡村地区的自然环境被有效保护和利用，从而实现乡村生态的振兴。与此同时，旅游活动需要有效的组织和协调，这促使村委会和其他乡村组织更加积极地参与到乡村治理和服务中，加强社区凝聚力，促进村民间的互助与合作，提升社区组织管理水平，推动乡村组织振兴。此外，乡村旅游鼓励村民保存和展示传统手工艺、乡土风情、民俗文化等，为游客提供独特的文化体验，有助于乡村优秀传统文化的保护与传承；同时，通过文化活动和节庆，乡村旅游可以弘扬本地文化，增强乡村居民的文化自信，同时提高外界对乡村文化的认识和尊重，助推乡村文化振兴（见专栏6）。总体来看，乡村旅游作为一种多元经济发展路径，为农村发展提供了新的动力来源。它不仅促进了农业产业的升级，还推动了乡村产业结构的多元化和高质量发展，有助于缩小城乡差距、优化乡村产业结构（郭焕成和韩非，2010；麻学锋等，2010；钟真等，2019）。乡村旅游业的发展需要结合当地的资源禀赋状况、区域条件、市场需求统筹谋划、分类推进，注重乡村旅游品牌效应、规模效应，注重乡村文化价值的挖掘。通过这些措施，乡村旅游业将继续蓬勃发展，为乡村振兴和农民增收做出更大贡献。

专栏6　乡村旅游助推乡村振兴案例——湖南望城区光明村[①]

光明村位于长沙市望城区白箬铺镇，西接宁乡，东临长沙，属于长沙大河西先导区，距白箬铺镇7.5千米，距长沙近郊、望城、宁乡均为25千米，地处金三角地段，金州大道东西向穿越全村，交通便利。全村辖44个村民小组，截至2021年底共有1074户，3717人。村域总面积7.5平方千米，其中耕

[①]　本专栏资料由湖南师范大学贺艳华教授提供。

地 232 公顷。2021 年底，光明村依托土地合作社，集中流转耕地 3000 亩；村集体经济年收入 447 万元，产业发展势头良好。村域内山、水、田特色分明，自然生态环境优美，农田集中成片，森林资源较为丰富，2019 年被评为国家森林乡村。村内河流、水质情况较好，生态维护效果颇佳。光明村具有一定的文化底蕴，是古代兵马粮草驿站，同时承载着深厚的红色文化。

光明村重点发展休闲观光、生态体验、教育研学等产业，已引进贝拉小镇、蝴蝶谷等项目，塑造了"光明蝶谷"品牌，同时充分利用村域山水生态、农林资源、红色文化等，正在建设"五谷""八景"等项目。与望城区共青团合作，在村内设置青年乡村振兴孵化中心——"白箬之光"，吸引大学生及优秀青年人才来村调研、规划策划，为光明村宣传建设。同时，光明村以儿童友好为主题发展，除了产业方面引进广受儿童喜爱的贝拉小镇等产业以外，服务设施方面建设了多个适于儿童娱乐的小广场，配套有儿童活动中心，路旁贴有儿童手绘导视牌、科普牌等，积极开展"手绘家园""农时、农事、农趣"等活动。

村集体收益由经营性收益（众大文旅产业发展有限公司、集体经济发展合作社）、物业管理、培训收益等多项组成，自 2018 年的 29.8 万上升至 2020 年的 100 多万，再至 2021 年的 447 万，集体收益增速快速提高。全村为村民提供 600 个就业岗位，其中包括专门的残疾人岗位，众大文旅产业发展有限公司及"白箬山美"等平台加强对村民生产的产品及土特产的宣传与销售，光伏发电也带来了一定的收入。随着旅游业的发展，周边农家乐、民宿、停车等也为部分村民带来了一定的收益。通过发展乡村旅游，光明村实现了乡村产业、人才、生态、文化和组织的全方位振兴。

6.2.6 康养产业助力乡村振兴

康养产业是指以促进人体健康、提高生活质量为目标的产业，包括一系列与康复、保健、养生、休闲相关的服务和产品（何莽，2017）。康养产业的核心是"养和防"，要通过提供健康促进、健康改善、疾病预防、康复锻炼、休闲娱乐等满足人们身心健康的服务。康养产业的发展得益于社会对健康和生活质量的日益重视。随着人口老龄化趋势的加剧和健康教育普及，人们对健康的关注度不断提高。康养产业为人们提供了更多选择和机会，使人们能够主动管理和改善自身健康状况。国民生活水平的提高及生活理念的变化，使更多的老年人向往返璞归真的田园风光，这不仅给农村发展康养产业带来了新机遇，而且有助于主动应对我国人口老龄化带来的医疗和养老问题。据统计数据显示，2022年末，中国60岁及以上人口为2.8亿，占全国总人口的19.8%；65岁及以上人口2.1亿，占全国总人口的14.9%。据国家卫生健康委员会（2022）预测，2035年，中国60岁及以上人口将突破4亿，占总人口的比例将超过30%；中国农村60岁及以上人口占比将达到37%。大力发展养老事业和康养产业是积极应对中国人口老龄化的重要举措。国家"十四五"规划明确提出，要发展普惠托育和基本养老服务体系来积极应对人口老龄化。党的二十大报告也首次聚焦发展养老事业和养老产业。近年来，中国康养产业在现实需求与国家政策的驱动下，实现了从无到有、从少到多、从弱到强、从单一产业到多元化业态的跨越式发展（前瞻网，2023）。2016~2020年中国健康养老产业的市场规模不断扩大，健康养老产业产值从2.9万亿元增加到4.9万亿元，年均增长14个百分点（沙利文，2023）。当前中国健康养老产业占国民生产总值的比例不到7%，远低于欧美等发达国家25%的水平（经济参考报，2023）。

康养产业与休闲农业的结合，为乡村地区带来了新的发展动力。休闲农业通过农业观光、采摘体验、农家乐等活动，吸引城市居民体验乡村生活。康养产业的发展进一步丰富了休闲农业的内容，提供了更多关于健康、养生和休闲的服务与活动。首先，这种结合不仅满足了人们对自然环境和健康生活的追求，也为农村地区带来了经济增长和新的就业机会。其次，乡村旅游的发展为康养产业提供了广阔的市场空间。随着人们对身心放松和健康体验的需求日益增长，乡村旅游的兴起为康养产业的发展提供了有力支撑。乡村地区的自然环境和宜居氛围为康养产业创造了理想的发展环境，再次，康养产业的快速发展也为农村地区带来了经济效益和可持续发展的动力。此外，农村基础设施和公共服务设施的不断完善为乡村康养产业的发展提供了有力支撑。随着农村改革和发展的推进，农村地区在道路、供水、供电、通信等方面的基础设施得到了显著改善，为人们参与乡村康养活动提供了便利条件。最后，医疗、教育、文化等公共服务的加强，为康养产业提供了人才培养、健康管理和文化娱乐等方面的支持，进一步为乡村康养产业的发展创造了良好的环境和条件。通过推动乡村康养产业与乡村传统产业的融合发展，可以有效激活乡村资源，提升产业附加值和韧性，加速乡村传统产业的创新升级，带动区域发展（李俏和陶莉，2023）。康养产业的发展创造了更多的就业机会，农民可以通过提供康养服务、销售康养产品、经营农家乐等方式增加收入，改善生活水平。康养产业的发展强调环境保护，通过发展康养产业，可以激励乡村更加重视生态环境保护，实现可持续发展。乡村康养产业还有助于促进城乡人口、资本、知识、技术等要素的双向流动，吸引优秀人才下乡置业，带动城市要素流入乡村，促进城市居民消费，反过来推动乡村特色种养殖业和康养产品发展，提升乡村生产生活品质（何莽等，2023）。一些地区正利用农村的后发优势，发展集旅游、研学、健康、养老、养生等功能于一体的乡村康养产业模式，将生态环境优势转化为经济优势，促进了文旅康养与农业农村的融合发展，实现了绿水青山向金山银山的价值转化，推动乡村产业、生态、文化、组织和人才的全面振兴（见专栏7）。

专栏7　康养产业助力乡村振兴案例——山西上党区振兴村[1]

上党区，隶属于山西省长治市，面积483平方千米。地处山西省东南部，太行山脉中段西麓，居上党盆地腹地，东邻壶关县、西接长子县、南毗高平市和陵川县、北倚潞州区。振兴村位于山西省东南部上党区振兴小镇境内，总面积6.6平方千米，农业人口2309人，村集体收入6900万元，村民人均收入5.69万元。

2018年7月30日，振兴村成立了经济联合社。经济联合社采用了"公司+农业+农户"的形式，流转土地6331亩，积极推进农村"三变"改革，通过民企变村企、资源变资产、村民变股民，不断壮大集体经济。振兴村整合利用各类资源资金，包括闲置的各类房产设施、集体建设用地等，以集体开发、合资合作等方式发展相应产业，建成文旅康养设施36处。在"康养+农文旅"的模式下，建成了全新国潮文化项目——振兴不夜村，将上党文化、传统文化、美丽夜景及民俗演绎等有机结合，积极构建夜游、夜赏、夜食、夜购、夜宿

[1] 本专栏资料整理自长治市上党区人民政府门户网站。

"五夜"产品体系，有效带动景区餐饮、住宿、购物、娱乐等业态的收入。

依托"夏养山西、康养山西""太行山水名城""清凉上党"的区位优势，融合景观、美食、文化、旅游等特色资源，构建观养、食养、疗养、文养、动养、住养的康养产业体系。将农业、制造业、商业、教育及民宿等资源进行串联，盘活现有资源，利用社交媒体、新媒体软件和网络服务平台，将振兴村避暑康养进行品牌化营销，形成新的网红打卡地。同时，积极支持农户创新创业，发展休闲农业、家庭手工业、文化创意产业，不断增加农民的经营性。通过不断集聚企业和产业，进一步拓宽农民的就业渠道，增加农民的工资性收益。农民通过产权入股等方式，还可分享资产增值收益。振兴村已实现1000人康养、2000人就餐、3000人培训的规模，直接带动周边农户就业3000余人，年接待游客100万人次，旅游综合收入5000万元。

6.2.7 光伏发电产业驱动乡村振兴

中国的光伏产业，已逐渐成为应对气候变化、推动能源转型、缓解能源贫困、助力脱贫攻坚和乡村振兴，以及促进地区经济社会发展的关键力量。作为一种利用太阳能光辐射产生电能的技术产业，光伏发电不仅在农民增收中发挥着重要作用，也是农业土地多元化利用的典范。农民通过租赁土地给光伏电站、参与分红或参与项目建设等方式，不仅增加了收入来源，还促进了农业结构的调整。这种良性互动不仅推动了农业朝高效、绿色的方向发展，也优化了农村基础设施，如道路、电网等，为乡村振兴提供了坚实的基础支撑。光伏发电项目在农村地区的推广，不仅提供了稳定的电力供应，改善了农村用电水平，还解决了能源短缺和供电不稳定的问题，从而提高了农业生产的电力利用效率和农村居民的生活品质。光伏产业的发展，通过光伏组件制造、安装、运维等环节，不仅培育了产业链，形成产业聚集效应，促进了乡村产业的多元化发展，也推动了农村科技水平的提升，有助于培养乡村人才，推动科技创新。

光伏产业的重要性在当前中国经济和生态文明发展中越发凸显。它不仅作为"光伏+三农"模式的重要组成部分，促进可再生能源的高质量发展和乡村新产业、新业态的发展，还在实现国家"双碳"目标方面扮演着重要角色。中国农村地区的太阳能资源丰富、土地资源和屋顶资源充足，为分布式光伏电站建设提供了良好条件。光伏发电作为最具竞争力的可再生能源之一，其技术不断进步，成本逐渐降低。通过规模化光伏电站和分布式光伏发电系统的建设，不仅能够满足农村地区的电力需求，还可为城市供能，推动能源互联互通。

光伏产业作为新能源领域的重要组成部分，在中国乡村振兴中扮演着日益重要的角色。其作用主要体现在三个方面：一是为乡村地区提供了清洁能源。光伏产业的发展使许多偏远乡村地区得以接入稳定的电力供应，改善了当地居民的生活质量。二是推动了乡村经济多元化发展。光伏项目的实施不仅能带来电力销售收入，还能通过"光伏+农业""光伏+旅游"等模式，促进乡村产业的升级和转型（见专栏8）。三是带动了当地就业和增加农民收入。光伏项目的建设和运维需要大量劳动力，为乡村居民提供就业机会，并促进非农收入增加。

专栏8　光伏产业助力乡村振兴案例——海南和乐镇勤赛村[①]

　　万宁市位于海南岛东南部沿海，陆地面积1883.5平方千米，海域面积2550.1平方千米，海岸线长109千米。勤赛村位于和乐镇的最北边，总人口约1454人，农业耕地面积934亩，村里的主要经济来源是种植水稻瓜菜和外出务工。当前勤赛村乡村振兴发展存在无产业支撑、抵御风险能力弱、土地撂荒较多等问题。

　　2022年，万宁市政府引进"农光互补"项目，在勤赛村建设大唐和山农光互补光伏电站。该"农光互补"光伏项目占地面积1200多亩，装机总容量为70兆瓦，按照"棚上发电、棚下种植、农光互补"的模式和理念设计，采用钢制骨架上覆盖太阳能电池板施工建设，由16万多块太阳能电池板组成。光伏板离地面的高度都不低于2.5米，在建成的光伏组件前后排之间空隙内及光伏组件下方采用间种、套种的方式，种植绿叶菜，养殖畜牧，上方的光伏板发电，实施"农光互补"立体农业生产模式。

---

　　① 本专栏资料整理自新华社及万宁市人民政府门户网站。

勤赛村的"农光互补"项目产生了良好的经济、社会和生态效益。"板下经济"有效带动了农民就业，促进农民增收。启动后，除了固定土地租金收入外，还能够增加 1000 个就业岗位。这一项目不仅提高了土地的综合利用效率，还减少了减少空巢老人和留守妇女儿童的数量，促进了村庄和谐稳定发展。据测算，自 2022 年 12 月 19 日建成并网以来，光伏电站累计发电 1500 万千瓦时，每年可节约标准煤 35250 吨，减少排放氮氧化物约 1621 吨、二氧化碳约 107806 吨、二氧化硫约 3243 吨。

6.2.8　数字经济赋能乡村振兴

数字经济是指以数字技术为基础，通过数字化、网络化和智能化的手段，推动产业升级，提高生产效率，创造新的商业模式和价值链，从而推动经济的发展和社会的变革（新华社，2021d）。数字经济在农业生产与管理、农产品营销和电子商务、农村金融和支付、农村教育和培训、农村医疗和健康、农村社区发展和治理等方面推动数字乡村建设。近年来，中国密集出台数字经济政策，加快推进乡村地区数字经济发展。比如，2018 年中央一号文件首次提出实施数字乡村战略。2019 年中共中央办公厅、国务院办公厅联合印发了《数字乡村发展战略纲要》，提出要把数字乡村建设融入信息化规划和乡村振兴重点工程，大力发展数字乡村，弥补城乡数字鸿沟，助力乡村振兴。2022 年 1 月，中央网络安全和信息化委员会办公室等部门发布《数字乡村发展行动计划（2022—2025 年）》提出，要加快推进数字乡村建设，充分发挥信息化对乡村振兴的驱动引领作用，助力农业农村现代化发展。在诸多国家政策的支持下，党的十八大以来，中国数字经济取得了长足的发展，数字经济规模快速增长，数字经济发展水平不断提高。根据国家互联网信息办公室发布的《数字中国发展报告（2022 年）》显示，2022 年，中国数字经济规模达到 50.2 万亿元，同比名义增长 10.3%，占 GDP 比重达到 41.5%，蓬勃发展的数字经济在乡村振兴中释放的潜能巨大。

数字经济发展是推动乡村振兴的新动能和新引擎（张旺和白永秀，2022）。数字经济通过优化农业农村发展要素、推动调整农业生产方式、引领农村产业结构优化调整、带动农村消费结构升级和缩小城乡发展差距，促进农村发展，赋能乡村振兴，助力农业农村现代化发展。数字要素注入农业农村领域，能有效提高农业资源利用效率和劳动生产率，有效解决乡村资源要素稀缺与错配问题，避免资源的闲置浪费（肖若晨，2019）。农村数字基础设施的完善和互联网普及，有助于培养现代农业经营主体，变革农业生产方式，推动农村产业升级，缓解农村人口老龄化对农业生产的冲击（韩旭东等，2018；陈彦斌等，2019；殷浩栋等，2020）。互联网、大数据、人工智能等数字技术的融入，促进了农村一二三产深度融合，延伸了农业产业链，发展了乡村旅游、电商等新产业、新业态，实现乡村多功能价值（葛和平和吴福象，2021）。农村电子商务的发展不断挖掘农民的潜在消费需求，使农民能够充分共享数字经济在消费领域的发展成果，推动农村消费结构升级、消费品质提升（赵佳佳等，2022）。《中国数字经济发展白皮书（2023 年）》数据显示，2022 年，中国农产品电商零售额达到 5313.8 亿元，同比增长 9.2%。数字经济还可以使当地农民收入增长 3%左右，促进城乡收入差距的缩小（Couture et al.，2018）。总体而言，数字经济通过将数据要素纳入农业生产，将数字产品和服务融入农民生活，将数字化思维融入农村政务服务，助力乡村产业多元化与集约化、农民技能提升与精神生活富足、乡村治理数字化与智能化，助力乡村产业、生态、人才、文化和组织的全方位振兴（张蕴萍和栾菁，2022；何雷华等，2022；钟钰等，2023）。数字经济助推乡村振兴的过程中，信息技术的应用使资源得到更加高效的利用、农产品更好地融入全球市场，进而提升了乡村的综合竞争力。在这一过程中，政府、企业、社会组织等多方协同发力，共同推动了数字经济与乡村振兴的有机融合。

专栏9 电子商务助力乡村振兴案例——浙江新建镇笕川村[①]

　　笕川村位于浙江省丽水市缙云县西乡，是新建镇的东大门，至今已有 1400 多年历史。村庄距离缙云县城 12 千米，距金丽温高速公路缙云出入口 3 千米、距高铁西站 7.5 千米，交通便利地理位置优越。2019 年第三次土地调查数据显示全村有耕地面积 2139 亩，山林面积 4774 亩，水域面积 5 平方千米，

---

① 本专栏资料整理自缙云县人民政府门户网站、丽水日报及缙云发布。

主要依托省级重点培育示范中心村、宜居乡村建设，大力发展以香菇种植和茭白种植为主的农业，以及以花海为依托，集农业观光于一体的休闲旅游产业，是全国第三批历史文化古村落、国家 AAA 级景区、省级休闲农业与乡村旅游示范点、省级美丽宜居示范村优秀村庄。

数据显示，2013 年 5 月，在镇党委、镇政府的大力支持下，34 岁的电商青年朱凯创立了缙云墨颜文具用品有限公司。2015 年冬，墨颜文具成功引进12 家网商落户笕川，解决创业青年开头难、创业难、资金难、技术难、无货源等一系列问题。自此，笕川村依托新建镇文创产业的繁荣和市场的需求，精准定位，把文具作为企业的主打方向，经营文具、办公用品、工艺礼品等的制造和销售。当地电商便以文具产业为基础，对接本地企业，形成"企业产品生产＋众人电商销售"的模式，助推文具产业发展。

自 2015 年以来，笕川村电商，以文具作为主打产品，在淘宝、拼多多等平台销售，"笕川出品"已成为全国文创市场的知名标识，同时带动周边就业近 2000 人，吸引了 60 多位大学生回乡创业。2016 年，墨颜文具所在的笕川村被评为中国淘宝村，同时带动了附近洋山村的电商发展，2018 年，洋山村也被评为中国淘宝村。截至 2021 年 6 月，笕川村发展了网商 61 户，网店 300 多家，快递日发件量 1 万件以上，带动周边就业近 500 人，销售额达 1.2 亿元。当地农村电商规模持续增长，以电商实现产业和就业发展、增加居民收入，不断激发乡村活力，助力乡村振兴。

6.2.9　农村金融支撑乡村振兴

中国农村金融的演进是一个持续探索和改革的过程。自 20 世纪 80 年代开始，中国农村金融经历了一系列结构性变革。1996 年，中国启动农村金融体制改革，标志性地将农村信用社从农业银行中独立出来，为农村金融体系的形成奠定了基础。2003 年，中国开始对农村信用社进行深化改革，这一过程中，部分农村信用社转型为商业银行或合作性银行和信用社联合社。2006 年，国家进一步放宽了农村金融准入条件，促进了农村金融机构的多元化和快速发展。截至2022 年 6 月底，中国共有 3883 家农村金融机构，涵盖了农村商业银行、农村信用社、农村合作银行、村镇银行及农村资金互助社等多种形式（陆敏，2023）。

农村金融在中国脱贫攻坚战中发挥了至关重要的作用，在乡村振兴战略的实施中也扮演了关键角色。随着农业现代化的加速推进，新型农业经营主体不断涌现，对金融服务的需求日益增长和多样化，对农村金融产品和服务的质量提出了更高的标准。农村金融机构通过提供贷款、信贷等金融产品，为农村地区提供资金支持，这些资金不仅用于农业生产、农村企业发展、基础设施建设，还涵盖了光伏产业、乡村旅游、康养产业等新兴领域，全方位促进乡村经济发展。农村金融的发展对降低农村居民和农业生产者的融资成本具有积极影响。金融市场的介入不仅便利了农民获得资金的途径，还推动了融资成本的下降。此外，农村金融的支持对农村产业升级起到了推动作用，特别是在支持农村企业的技术创新、设备更新和市场拓展等方面。农村金融也为农业科技创新提供了支撑，包括农业的数字化、智能化和现代化转型等方面，有助于提升农业生产效率，助力农业可持续发展。农村金融机构的建设和发展不仅引导资金流入农村地区，缓解城乡金融资源不平衡问题，也为农村地区经济发展提供了动力。农村金融通过提供储蓄、贷款、保险等服务，有助于提升农民的收入水平，通过金融服务的发展，使得农民能够更有效地管理财产，提升经济收益。同时，农村金融机构在风险管理方面的作用不容忽视，它们通过提供保险和信贷风险管理服务，帮助农村居民和企业应对自然灾害和市场波动等风险，从而稳固乡村的经济基础。

完善农村金融服务体系对乡村振兴具有至关重要的作用。农村金融服务体系的优化能够有效发挥其在资金支持、风险分担和资本配置效率方面的基础功能，从而增强乡村发展的内生动力。通过提供贷款及其他金融工具，农村金融支持农村企业、农业生产和农民个体经济的发展，推动农业现代化，提高生产效益。金融支持促使农村企业进行技术创新和产业升级，从而推动乡村经济结构的转型和新兴产业的培育。乡村产业的兴旺和农民生活的富裕则反过来产生持续的金融需求，推动乡村金融体系的进一步完善。在实践"绿水青山就是金山银山"发展理念的过程中，生态产业化和产业生态化的价值转化将会产生庞大的优质资产，刺激银行贷款需求，进而促进农村金融产品和模式的创新。乡村治理能力的提升和文明乡风的建设将改善农村的信用环境，缓解金融机构在提供服务时面临的信息不对称问题，降低交易成本，提高金融配置的效率和安全性。自党的十八大以来，中国农村金融业实力不断提升，支农惠农金融政策法规逐步完善，农村金融监管和风险防控体系日益健全，农村金融服务体系逐渐完备。多元化的服务主体和多样化的产品服务为推动农业农村高质量发展和支持乡村振兴奠定了坚实基础。农村金融更好服务于乡村振兴迫切需要完善农村基层金融服务体系，科学合理布局各类金融机构，优化金融机构网点和人才队伍配置；加快完善农村信用体系建设，优化农村金融生态环境，为乡村振兴提供更加坚实的金融支撑（见专栏10）。

专栏 10　农村金融助力乡村振兴案例——浙江青田县方山乡①

方山乡位于浙江省丽水市青田县东南部，是田鱼之乡、生态之乡，拥有全球重要农业文化遗产青田稻鱼共生系统。稻鱼共生系统拥有 1300 多年的历史，是该县农业的主导产业。方山乡全乡稻鱼种养总面积 4000 亩，打造稻鱼共生主导产业示范基地 13 家，2022 年稻鱼产业产值 4500 多万元。

青田县积极承接丽水普惠金融服务乡村振兴改革试验区的试点任务，探索青田金融服务乡村振兴新模式，鼓励青田农商银行等创新普惠金融服务。近年来，浙江省丽水市青田县金融发展中心联合各个金融机构优化配套乡村振兴金融服务，推出了"惠民易贷""农家乐贷"等金融产品，重点支持涉农龙头企业及特色种养产业。青田农商银行开发了"民宿贷""共富贷""农家乐贷""粮链贷"等金融产品。截至 2023 年 9 月底，该行共发放"民宿贷""农家乐贷""粮链贷"等贷款余额 2.11 亿元，惠及村民 1096 户。

作为青田县乡村振兴主办行，浙江农商银行系统的青田农商银行持续探索创新打造"生态+金融"的青田模式。该行创新产品"丰收农合通"，为青田县稻鱼产业农合联会员提供授信支持，授信率达 100%；推广农民专业合作社贷款、生态公益林收益权、农村房屋所有权、林权等农村各类资源要素相关贷款产品，助力打造"合作社+基地+农户"的稻鱼种养模式。截至 2023 年 9 月底，该行共发放"稻鱼共生"系统及农遗相关贷款余额 4.96 亿元，支持稻鱼共生产业面积年均增长约 5000 亩。同时，该行主动对接当地侨乡农品城"5122"计划，为青田县侨乡农业发展公司提供 4800 万元信贷支持，用于

---

① 本专栏资料整理自新华社、青田县人民政府官网及《农村金融时报》。

"青田青""青田稻鱼米"品牌建设及运营，打造青田一码通线上商城、丰收购农产品等电商平台，精准支持青田稻鱼米、青田田鱼干等农产品生产养殖、加工、销售各环节，推动稻鱼米价格从每千克4~6元提高到每千克20多元，形成了较好的品牌效应。青田农商银行通过金融助力稻鱼共生产业增量提价，推动了当地共同富裕的进程。

6.2.10 劳动技能培训支持乡村振兴

劳动技能培训，旨在通过系统的教育和训练程序，提高劳动者的专业技能和工作效率，包括职业技能提升、再就业技能培训及针对特定行业的专业技能培训等多种形式。自改革开放以来，随着经济的快速发展和产业结构的不断优化升级，劳动技能培训在中国经历了从起步到快速发展的过程。初期，劳动技能培训主要集中在解决城镇下岗职工的再就业问题上，逐渐发展到涵盖广泛劳动者群体，支持产业转型升级，提升国家竞争力。近年来，随着人工智能、数字经济等新兴产业的兴起，中国加大了对劳动技能培训的投入，特别是在新型职业技能培训上的探索和实践，推动了职业教育和终身教育体系的建设，努力实现劳动力市场的供需匹配和人才优化配置。

劳动技能培训和职业教育在中国乡村振兴中发挥着多方面的作用，通过有针对性地开展劳动技能培训和职业教育，可以有效推动乡村人才、产业、生态、文化和组织的全面振兴。其作用机理主要体现在以下五个方面：一是劳动技能培训和职业教育是乡村人才振兴的关键。劳动技能培训提升农民的专业技能和综合素质，培养多层次、多类型的乡村人才，包括农业技术人才、农村经营管理人才等。通过培养具有现代农业知识和技能的农村劳动者，可以有效提升乡村劳动力的整体素质。开展面向农民的技能培训和继续教育，如现代农业技术、农村电商、乡村旅游等领域的培训，可以提高农民的就业能力和创业能力。二是劳动技能培训和职业教育能有效促进乡村产业结构的优化升级，助力乡村产业和人才振兴。通过专业化、技术化的培训，可以促进传统农业向现代农业转型，推动乡村产业多元化发展。通过提升劳动力技能，推动农村产业结构调整和升级，促进农业向现代化、多功能化方向发展，引导农民参与到现代农业、特色小镇建设、乡村旅游等新兴产业中，推动一二三产业融合发展。三是在生态振兴方面，劳动技能培训和职业教育能增强农民对生态保护的意识和能力。通过劳动技能培训，可以促进农民了解和掌握生态农业知识，提高农民对可持续发展、生态农业的认识，引导农民采用生态友好型农业技术，推动农业绿色发展。四是劳动技能培训和职业教育可促进乡村文化遗产的保护与传承。劳动技能培训不仅提供技术知识，还能传承和弘扬乡村文化，通过教育培训融入乡土文化知识，增强农民的文化自信和文化认同感，提升农民对本地文化的认知和传承能力，同时开发与乡村文化相关的旅游、手工艺等产业。五是通过劳动技能培训和职业教育，可以培养一批懂技术、会经营、善管理的新型农民，提高农村基层组织的治理能力。劳动技能培训还可以增强农民组织的凝聚力和组织能力，通过提升成员的能力，增强农民合作社、家庭农场等新型农业经营组织的服务和管理能力。例如，四川眉山技术学院通过劳动技能培训，系统性地提升农村劳动力的技能水平和综合素质，为乡村振兴的全方位发展提供了坚实的人才支持和智力支持，全面助力乡村人才振兴（见专栏11）。

专栏 11　职业教育助力乡村振兴案例——眉山技术学院[①]

　　四川省眉山市是重要的粮食经济作物生产基地，是全国最大的泡菜和晚熟柑橘生产基地，并致力于建设粮油保障基地、生猪生产基地，打造"味在眉山"千亿产业。眉山职业技术学院（以下简称"学院"）立足区域需求，对接产业发展，构建"人才保障+技术支撑"职业教育助力乡村振兴新范式，有效解决职业教育与产业两个系统脱节的问题。

　　学院从产业需求端和人才供给端入手，依托专业布局产业链，保障专业与产业的高度匹配。同时，学院将新技术、新标准、新工艺、新资源纳入教材，以真实应用驱动教学改革，校企共建实践教学基地和产教融合基地，按照实际生产过程开展教学；企业技术人员作为兼职教师，实施"现代学徒制"教学，教师作为企业的技术顾问护航生产全程，实现农业技术从教室到田间

---

　　① 本专栏资料整理自央广网。

的有效衔接，使人才培养更加符合行业、产业、企业实际用人需求。此外，学院着眼于竞赛活动方案制定、新品种新技术示范推广、职业农民专题培训和生产技术问题化解等方面，连续7年开展水稻"一优两高"生产竞赛活动，保障竞赛活动落地生效。

学院联合四川农业大学果蔬研究所，推广晚熟柑橘新品种栽培技术5项、新技术8项，辐射面积30万亩，并牵头成立眉山市晚熟柑橘协会，学校提供场地、人员和技术等支持，助推眉山成为全国最大的晚熟柑橘基地，眉山晚熟柑橘被农业农村部、财政部确定为优势特色产业集群；组建眉山泡菜产业学院，挖掘泡菜产业关键技术，推进泡菜标准制定，推动泡菜行业高端化发展，将"东坡泡菜"打造成为具有国内外影响力的引领型产业。对接发展粮油、生猪两大战略产业对人才的需求，重点建设现代农业技术、畜牧兽医专业。学院与四川省眉山万家好种猪繁育有限公司校企共建省级生产性实训基地——动物疾病诊断中心，进行猪、禽、牛、羊等动物疫病的实验室检测工作，检测项目20余个。动物疾病诊断中心自建成以来，辐射四川眉山、乐山、雅安等区域，服务养殖企业（户）200余个，累计检测样品30000余份，并长期为20余家养殖企业（户）制定疫病防治方案，提供专业技术咨询、出诊及技术培训等服务，合作企业四川省眉山万家好种猪繁育有限公司被农业农村部遴选为国家生猪核心育种场。此外，学院依托合作育人平台，先后为乡村振兴培养技术技能人才10000余人；依托四川省现代农业技术培训基地和高技能人才培训基地，大力开展基层农业技术人员提能培训40余期，培养技术推广人才5000余人；育训并举，大力开展技术培训，培养乡土实用人才8000余人次。通过职业教育，为乡村提供智力支持和人才保障，助力乡村人才振兴。

6.2.11 易地搬迁安置支持乡村振兴

作为精准扶贫战略的主要举措，"十三五"期间，中国实施了大规模的易地搬迁工程，将近1000万生活在自然条件极度恶劣、缺乏生产生活条件的农村贫困人口搬迁到基础设施较好、就业机会较多、生活条件较优的地区，以此来彻底改变他们的贫困状况。易地扶贫搬迁工程聚焦"搬得出、稳得住、能致富"的目标，通过搬迁解决了一大批贫困人口的住房安全问题，同时配套实施了就业培训、教育、医疗等社会服务措施，确保搬迁人口能够在新居地安居乐业，实现可持续发展。

易地搬迁为乡村振兴战略的推进奠定了坚实的基础。通过搬迁，改善了农村居民的居住环境，提高了生活质量，为他们的发展提供了更加坚实的物质基础。搬迁通常伴随着就业培训和产业支持计划，为搬迁人口提供就业机会，促进当地经济发展。通过发展本地特色产业、促进农业现代化等措施，易地搬迁人口得以参与到乡村振兴的经济活动中，推动乡村产业升级和经济结构优化。搬迁后，地方政府还注重社区建设和社会治理，通过建立有效的社区管理体系和服务网络，增强了乡村的社会凝聚力，提升了公共服务水平，为乡村振兴奠定了良好组织基础。此外，搬迁有助于减轻迁出区人类活动对生态环境的压力，特别是对于生态脆弱区的人口搬迁，有助于生态恢复和保护。同时，通过发展绿色产业、生态旅游等，促进了乡村的绿色发展和可持续发展。总体来看，搬迁有助于实现乡村产业振兴、组织振兴和生态振兴（见专栏 12）。

专栏 12　易地搬迁助力乡村振兴案例——云南鲁甸卯家湾安置区[①]

全国最大的建档立卡户跨县安置区，云南省昭通市鲁甸卯家湾安置区累计承接安置鲁甸、巧家、彝良、永善、盐津等区县 9100 多户近 4 万人，涉及 16 个少数民族 3091 人。迁出地距离迁入地远近差异较大，迁出地涉及昭通市 5 个区县的 46 个乡镇 297 个村，搬迁距离均在 10 千米以上，最远距离在 200 余千米。其中 10~50 千米 483 户，占比 5.30%，50~100 千米 3778 户，占比 41.45%，100 千米以上 4854 户，占 53.25%。卯家湾安置区于 2019 年底建成，建设安置房 66 栋，配建社区卫生室 6 个、1 所高中、1 所九年一贯制学校、1 所小学、4 所幼儿园。昭通市创造性提出了"进城、入镇、进厂、上楼""跨县安置"的安置模式，打破县域行政区划，统一组织实施。

---

① 本专栏资料由昭通市乡村振兴局提供。

安置区同步配套建设教育、卫生、一水两污、市政道路等基础设施和公共服务设施；市县两级在面临巨大财政压力的情况下，积极通过融资、市场化运作等方式，按照"缺什么补什么"的原则，加大安置区基础设施和公共服务设施建设，实现安置区必备设施功能到位。在后续就业和产业帮扶方面，卯家湾安置区立足当地资源优势，整合东莞、中山、深圳和恒大、万科等发达地区和企业的帮扶资源和产业扶贫资金，建设农业产业基地、扶贫车间、配套商铺，把产业发展作为安置区搬迁群众持续增收的重要抓手。安置区着力盘活迁出地"三块地"资源，保障权益收益。依托退耕还林、生态公益林补偿等政策，积极推行"公司+党支部（村集体经济组织）+基地+农户""党支部+专业合作社+农户"等多种经营模式，提高组织化程度，鼓励和引导搬迁群众对耕地、林地、宅基地采取市场化的方式由村级集体经济组织或新型经营主体进行流转经营，统一规划，规模发展，保障了搬迁群众的权益和收益。搬迁群众住进新居、开启新生活，同步实现就近就业、就医、就学，搬迁后绝大多数群众实现了稳定就业和持续增收。易地搬迁的科学安置方式帮助移民群众积累生计资本，增强了生计可持续性，不仅搬得出，而且稳得住、能发展、可致富。

6.3　本章小结

本章从系统论的要素—结构—功能视角出发，系统探讨了中国乡村振兴的作用机理、实现路径及其典型实践。在乡村振兴战略的实施过程中，乡村系统的核心要素包括人口、土地、产业、资金、信息、技术、组织和文化等。这些要素在乡村系统内部和系统之间不断流动，信息和能量在不断传递，从而形成了乡村系统的结构，并最终影响其功能。乡村系统的功能包括生产功能、生态功能、生活功能、文化功能和社会功能，这些功能相互联系、相互影响，共同构成了乡村发展的基础。通过科学规划和政策引导，优化乡村系统要素配置，提高乡村系统的整体功能，是实现乡村振兴的关键。

　　乡村系统的失衡主要体现在人口流失、产业结构单一、资金投入不足、信息不对称、组织结构弱化和文化传承不足等方面。这些问题导致了乡村发展的不可持续，表现为人口流失、经济衰退、生态环境恶化和文化衰落等现象。要实现乡村振兴，必须通过政策干预、资金投入和工程建设等措施，补齐乡村系统的短板要素，调节优化乡村系统结构，重塑乡村系统的多重功能，促进乡村系统由失衡走向再平衡。具体措施有支持农民工返乡创新创业、实施土地制度改革、推进农业现代化、发展农村金融服务、加强基层党组织建设等。通过多方协同发力，形成政策合力和资源共享机制，为乡村振兴提供坚实保障。

　　通过本章对"五星"支部创建、全域土地综合整治、荒山综合开发、土地制度改革、乡村旅游发展、康养产业、光伏产业和数字经济等典型实践的解析，可以看到，这些措施在乡村振兴中发挥了重要作用。这些实践不仅有效解决了乡村系统的要素短缺和结构失衡问题，还促进了乡村系统的功能提升，实现了乡村的全面振兴。例如，河南省通过"五星"支部创建，强化基层党组织建设，提升治理效能；四川大英县全域土地综合整治优化土地资源配置，推动农业规模化经营；河北阜平县荒山综合开发实现了生态保护与经济发展的双赢；湖南浏阳市农村土地制度改革盘活了农村土地资源，促进了农村经济多元化发展。此外，乡村旅游、康养产业和光伏产业的发展为乡村注入了新的经济活力，推动了产业融合与升级；数字经济赋能乡村，为乡村现代化发展提供了新动能。这些成功经验和实践模式，不仅为中国乡村振兴提供了实践支撑，也为全球乡村可持续发展提供了宝贵经验。

参考文献[①]

［1］ Bhandari P B. Rural Livelihood Change? Household Capital, Community Resources and Livelihood Transition ［J］. Journal of Rural Studies, 2013 （32）: 126-136.

［2］ CEC （Commission of the European Communities） . The Future of Rural Society ［R］. Brussels, CEC: 1988.

［3］ Cloke P. Conceptualizing Rurality ［J］. Handbook of Rural Studies, 2006 （18）: 18-28.

［4］ Couture V, Faber B, Gu Y Z, et al. E-commerce Integration and Economic Development: Evidence from China ［M］. Cambridge, MA: National Bureau of Economic Research, 2018.

［5］ Elkington J. Enter the Triple Bottom Line ［A］//The Triple Bottom Line. Routledge, 2013: 1-16.

［6］ Heley J, Jones L. Relational Rurals: Some Thoughts on Relating Things and Theory in Rural Studies ［J］. Journal of Rural Studies, 2012, 28 （3）: 208-217.

［7］ Holmes J. Impulses Towards a Multifunctional Transition in Rural Australia: Gaps in the Research Agenda ［J］. Journal of Rural Studies, 2006 （22）:142-160.

［8］ Liu Y, Zhou Y. Reflections on China's Food Security and Land Use Policy under Rapid Urbanization ［J］. Land Use Policy, 2021 （109）: 105699.

［9］ Liu Y, Li Y. Revitalize the World's Countryside ［J］. Nature, 2017, 548 （7667）: 275-277.

---

① 所列网站截至 2024 年 1 月均能打开。

［10］ Newby H. Locality and Rurality: The Restructuring of Rural Social Relations ［J］. Regional Studies, 1986, 20 (3): 209-215.

［11］ Renting H, Rossing W A H, Groot J C J, et al. Exploring Multifunctional Agriculture. A Review of Conceptual Approachesand Prospects for an Integrative Transitional Framework ［J］. Journal of Environmental Management, 2009 (90): 112-123.

［12］ Van Huylenbroeck G, Vandermeulen V, Mettepenningen E, et al. Multifunctionality of Agriculture: A Review of Definitions, Evidence and Instruments ［J］. Living Reviews in Landscape Research, 2007, 1 (3): 1-43.

［13］ Wang H, Huang W, Wang S Y, et al. Has the Largest-scale Poverty Alleviation Relocation in Human History Promoted Urbanization? ［Z］. An Empirical Analysis from China, Applied Economics, 2023.

［14］ Wilson G A. The Spatiality of Multifunctional Agriculture: A Human Geography Perspective ［J］. Geoforum, 2009 (40): 269-280.

［15］ Wu J. Landscape Sustainability Science: Ecosystem Services and Human Well-being in Changing Landscapes ［J］. Landscape Ecology, 2013 (28): 999-1023.

［16］ Zasada I. Multifunctional Peri-urban Agriculture—A Review of Societal Demands and the Provision of Goods and Services by Farming ［J］. Land Use Policy, 2011, 28 (4): 639-648.

［17］ Zhang M, Li G, He T, et al. Reveal the Severe Spatial and Temporal Patterns of Abandoned Cropland in China over the Past 30 Years ［J］. Science of the Total Environment, 2023 (857): 159-591.

［18］ Zhou Y, Guo L, Liu Y. Land Consolidation Boosting Poverty Alleviation in China: Theory and Practice ［J］. Land Use Policy, 2019 (82): 339-348.

［19］ Zhou Y, Huang H. Geo-environmental and Socioeconomic Determinants of Poverty in China: An Empirical Analysis Based on Stratified Poverty Theory ［J］. Environmental Science and Pollution Research, 2023, 30 (9): 23836-23850.

［20］ Zhou Y, Li Y, Xu C. Land Consolidation and Rural Revitalization in China: Mechanisms and Paths ［J］. Land Use Policy, 2020 (91): 104-379.

［21］ Zhou Y, Liu Y. The Geography of Poverty: Review and Research Prospects ［J］. Journal of Rural Studies, 2022 (93): 408-416.

［22］Zhou Y，Liu Z，Wang H，Cheng G. Targeted Poverty Alleviation Narrowed China's Urban-rural Income Gap：A Theoretical and Empirical Analysis［J］. Applied Geography，2023（157）：103000.

［23］Zhou Y，Zhong Z，Cheng G Q. Cultivated Land Loss and Construction Land Expansion in China：Evidence from National Land Surveys in 1996，2009 and 2019［J］. Land Use Policy，2023（125）：106-496.

［24］安树伟，李瑞鹏. 东西差距还是南北差距？——1978 年以来中国区域差距的演变与机理分析［J］. 中国软科学，2023（4）：109-120.

［25］白暴力，程艳敏，白瑞雪. 新时代中国特色社会主义生态经济理论及其实践指引——绿色低碳发展助力我国"碳达峰、碳中和"战略实施［J］. 河北经贸大学学报，2021，42（4）：26-36.

［26］白瑞雪，白暴力. 新时代中国特色生态经济理论的理论来源与实践基础［J］. 经济纵横，2022（6）：41-51.

［27］毕国华，杨庆媛，张晶渝，等. 改革开放 40 年：中国农村土地制度改革变迁与未来重点方向思考［J］. 中国土地科学，2018，32（10）：1-7.

［28］边燕杰，丘海雄. 企业的社会资本及其功效［J］. 中国社会科学，2000（2）：87-99+207.

［29］陈茹，李晓峰，黄燊. 传统聚落现象的逻辑结构探析［J］. 新建筑，2020（3）：12-17.

［30］陈文胜. 中国乡村何以兴？［M］. 北京：中国农业出版社，2023.

［31］陈锡文. 实施乡村振兴战略，推进农业农村现代化［J］. 中国农业大学学报（社会科学版），2018，35（1）：5-12.

［32］陈向义. 论国内可持续发展理论研究的局限性［J］. 社会科学辑刊，2018（2）：15-20.

［33］陈彦斌，林晨，陈小亮. 人工智能、老龄化与经济增长［J］. 经济研究，2019，54（7）：47-63.

［34］丛书编写组. 深入实施乡村振兴战略［M］. 北京：中国计划出版社，2020.

［35］杜国明，薛濡壕，王介勇. 村域尺度乡村振兴评价及推进路径——以黑龙江省拜泉县为例［J］. 经济地理，2021，41（8）：19-27.

［36］杜志雄，郜亮亮."坚持农业农村优先发展"的重要意义及实现路径

［J］. 中国发展观察，2019（Z1）：14-17.

［37］范业婷，金晓斌，张晓琳，等. 乡村重构视角下全域土地综合整治的机制解析与案例研究［J］. 中国土地科学，2021，35（4）：109-118.

［38］方创琳. 城乡融合发展机理与演进规律的理论解析［J］. 地理学报，2022，77（4）：759-776.

［39］房艳刚，刘继生. 基于多功能理论的中国乡村发展多元化探讨——超越"现代化"发展范式［J］. 地理学报，2015，70（2）：257-270.

［40］冯凯辉，李琼慧，黄碧斌，等. 中国农村能源发展关键问题［J］. 中国电力，2022，55（6）：1-8.

［41］高云才，常钦，郁静娴. 1.3 万亿斤以上，连续 9 年的丰收答卷［N］. 人民日报，2023-12-19.

［42］葛和平，吴福象. 数字经济赋能经济高质量发展：理论机制与经验证据［J］. 南京社会科学，2021（1）：24-33.

［43］规划实施协调推进机制办公室. 乡村振兴战略规划实施报告 2018-2022［M］. 北京：中国农业出版社，2022.

［44］郭焕成，韩非. 中国乡村旅游发展综述［J］. 地理科学进展，2010，29（12）：1597-1605.

［45］郭焕成. 发展乡村旅游业，支援新农村建设［J］. 旅游学刊，2006，21（3）：6-7.

［46］郭文华，郝晋珉，覃丽，等. 中国城镇化过程中的建设用地评价指数探讨［J］. 资源科学，2005，27（3）：66-72.

［47］郭晓鸣，卢瑛琪. 促进农民持续增收需要实现五大突破［J］. 农村工作通讯，2023（5）：43-45.

［48］郭远智，刘彦随. 中国乡村发展进程与乡村振兴路径［J］. 地理学报，2021，76（6）：1408-1421.

［49］郭远智，周扬，刘彦随. 贫困地区的精准扶贫与乡村振兴：内在逻辑与实现机制［J］. 地理研究，2019，38（12）：2819-2832.

［50］国家发展和改革委员会. 全国"十三五"易地扶贫搬迁规划［EB/OL］.（2016-09-23）. https://www.gov.cn/xinwen/2016-10/31/5126509/files/86e8eb65acf44596bf21b2747aec6b48.pdf.

［51］国家统计局. 第三次全国农业普查主要数据公报［EB/OL］.［2017-12-

06］．https：//www. stats. gov. cn/sj/tjgb/nypcgb/.

［52］国家统计局．脱贫攻坚战取得全面胜利　脱贫地区农民生活持续改善——党的十八大以来经济社会发展成就系列报告之二十［EB/OL］．［2022-10-11］．http：//www. stats. gov. cn/xxgk/jd/sjjd2020/202210/t20221011_1889191. html.

［53］国家统计局农村社会经济调查司．2000-2023 年中国农村统计年鉴［M］．北京：中国统计出版社，2023.

［54］国家脱贫攻坚普查领导小组办公室（国家脱贫普查办）．国家脱贫攻坚普查公报（第二号）——建档立卡户"两不愁三保障"和饮水安全有保障实现情况［EB/OL］．［2021-02-25］．https：//www. gov. cn/xinwen/2021-02-25/content_5588891. htm.

［55］国家脱贫攻坚普查领导小组办公室（国家脱贫普查办）．国家脱贫攻坚普查公报（第四号）——国家贫困县基础设施和基本公共服务情况［EB/OL］．（2021-02-25）［2023-10-05］．https：//www. gov. cn/xinwen/2021-02-25/content_5588894. htm.

［56］国家脱贫攻坚普查领导小组办公室（国家脱贫普查办）．国家脱贫攻坚普查公报（第一号）——国家脱贫攻坚普查如期完成［EB/OL］．（2021-02-25）［2023-10-05］．https：//www. gov. cn/xinwen/2021-02-25/content_5588890. htm.

［57］国家卫生健康委员会．2035 年左右中国将进入重度老龄化阶段［EB/OL］．中国新闻网．［2022-09-20］．https：//www. chinanews. com. cn/gn/2022/09-20/9856433. shtml.

［58］国务院．"十三五"脱贫攻坚规划［EB/OL］．2016b.（2016-11-23）［2023-10-05］．https：//www. gov. cn/zhengce/content/2016-12/02/content_5142197. htm.

［59］国务院．交通运输部印发"十三五"交通扶贫规划［EB/OL］．2016a.（2016-08-11）［2023-10-05］．https：//www. gov. cn/xinwen/2016-08/11/content_5098829. htm.

［60］国务院办公厅．关于深入开展消费扶贫助力打赢脱贫攻坚战的指导意见［EB/OL］．（2019-01-04）［2023-10-05］．https：//www. gov. cn/zhengce/content/2019-01/14/content_5357723. htm.

184

［61］国务院发展研究中心农村部课题组，叶兴庆，徐小青．从城乡二元到城乡一体——我国城乡二元体制的突出矛盾与未来走向［J］．管理世界，2014（9）：1-12．

［62］国务院扶贫开发领导小组办公室（国务院扶贫办）．关于促进电商精准扶贫的指导意见［EB/OL］．（2016-11-04）［2023-10-05］．https：//www.nrra.gov.cn/art/2016/11/23/art_624_55721.html．

［63］国务院新闻办公室．国新办举行《人类减贫的中国实践》白皮书新闻发布会［EB/OL］．［2021-04-06］．https：//nrra.gov.cn/art/2021/4/6/art_2241_510.html．

［64］韩博，金晓斌，顾铮鸣，等．乡村振兴目标下的国土整治研究进展及关键问题［J］．自然资源学报，2021，36（12）：3007-3030．

［65］韩俊，高云才，朱隽，等．新时代乡村振兴的政策蓝图［N］．人民日报，2018-02-05．

［66］韩俊．新中国70年农村发展与制度变迁［M］．北京：人民出版社，2019．

［67］韩文秀．推进乡村全面振兴的根本遵循和行动指南［N］．人民日报，2023-12-14．

［68］韩旭东，杨慧莲，郑风田．乡村振兴背景下新型农业经营主体的信息化发展［J］．改革，2018（10）：120-130．

［69］何雷华，王凤，王长明．数字经济如何驱动中国乡村振兴？［J］．经济问题探索，2022（4）：1-18．

［70］何莽，彭菲，杜洁，等．中国康养产业发展报告（2022-2023）［M］．北京：社会科学文献出版社，2023．

［71］何莽．基于需求导向的康养旅游特色小镇建设研究［J］．北京联合大学学报（人文社会科学版），2017，15（2）：41-47．

［72］何仁伟．城乡融合与乡村振兴：理论探讨、机理阐释与实现路径［J］．地理研究，2018，37（11）：2127-2140．

［73］贺艳华，邬建国，周国华，等．论乡村可持续性与乡村可持续性科学［J］．地理学报，2020，75（4）：736-752．

［74］侯殿保，贺茂勇，陈育刚，等．资源优化配置与循环经济在钾资源开发利用中的应用［J］．化工进展，2023，42（6）：3197-3208．

［75］黄祖辉．准确把握中国乡村振兴战略［J］．中国农村经济，2018（4）：2-12.

［76］季晓莉，张守营，崔立勇．从"量的积累"向"质的跃升"转变［N］．中国经济导报．［2022-12-20］．http：//www.ceh.com.cn/epaper/uniflows/html/2022/12/20/01/01_61.htm.

［77］贾璇．欠发达省份的脱贫故事［J］．中国经济周刊，2022（20）：74-75.

［78］姜长云．我国推进农业强国建设的战略思路和现实举措［J］．社会科学辑刊，2022（6）：128-135.

［79］姜德波，彭程．城市化进程中的乡村衰落现象：成因及治理——"乡村振兴战略"实施视角的分析［J］．南京审计大学学报，2018，15（1）：16-24.

［80］金凤君，陈卓．新时代交通强国的地理内涵与目标［J］．经济地理，2023，42（2）：1-9.

［81］金晓斌，罗秀丽，周寅康．试论全域土地综合整治的基本逻辑、关键问题和主要关系［J］．中国土地科学，2022，36（11）：1-12.

［82］金晓斌，张晓琳，范业婷，等．乡村发展要素视域下乡村发展类型与全域土地综合整治模式探析［J］．现代城市研究，2021（3）：2-10.

［83］孔祥智，片知恩．新中国70年合作经济的发展［J］．华南师范大学学报（社会科学版），2019（6）：28-37.

［84］雷明，于莎莎，陆铭．多维理论视域下的全面乡村振兴［J］．广西社会科学，2022（2）：130-140.

［85］黎洁，李亚莉，邰秀军，等．可持续生计分析框架下西部贫困退耕山区农户生计状况分析［J］．中国农村观察，2009（5）：29-38.

［86］李红波，张小林，吴启焰，等．发达地区乡村聚落空间重构的特征与机理研究——以苏南为例［J］．自然资源学报，2015，30（4）：591-603.

［87］李红波，张小林．乡村性研究综述与展望［J］．人文地理，2015，30（1）：16-20+142.

［88］李开宇．基于"乡村性"的乡村旅游及其社会意义［J］．生产力研究，2005（6）：107-108+169.

［89］李明．以中国特色社会主义制度和国家治理体系的显著优势彰显乡村振兴战略优势［EB/OL］．光明网．［2019-12-30］．https：//theory.gmw.cn/

2019-12/30/content_33440350. htm.

［90］李培林. 乡村振兴与中国式现代化：内生动力和路径选择［J］. 社会学研究，2023，38（6）：1-17+226.

［91］李俏，陶莉. 农村康养产业发展的理论阐释、多元实践与政策协同［J］. 南京农业大学学报（社会科学版），2023，23（3）：129-140.

［92］李实，陈基平，滕阳川. 共同富裕路上的乡村振兴：问题、挑战与建议［J］. 兰州大学学报（社会科学版），2021，49（3）：37-46.

［93］李伟. 社会主义新农村建设问题及对策研究综述［J］. 经济研究参考，2014（6）：47-57.

［94］李文华，刘某承，闵庆文. 中国生态农业的发展与展望［J］. 资源科学，2010，32（6）：1015-1021.

［95］李晓西，刘一萌，宋涛. 人类绿色发展指数的测算［J］. 中国社会科学，2014（6）：69-95+207-208.

［96］李雪莲，李虹贤，郭向周. 现代农村经济管理概论［M］. 昆明：云南大学出版社，2020.

［97］李寻欢，周扬，陈玉福. 区域多维贫困测量的理论与方法［J］. 地理学报，2020，75（4）：753-768.

［98］廖彩荣，陈美球. 乡村振兴战略的理论逻辑、科学内涵与实现路径［J］. 农林经济管理学报，2017，16（6）：795-802.

［99］林若琪，蔡运龙. 转型期乡村多功能性及景观重塑［J］. 人文地理，2012，27（2）：45-49.

［100］林星，王宏波. 乡村振兴背景下农村基层党组织的组织力：内涵、困境与出路［J］. 科学社会主义，2019（5）：115-120.

［101］刘凤萍. 中国共产党乡村建设的百年历程、基本经验与未来展望［J］. 中共南京市委党校学报，2023（5）：24-32+90.

［102］刘凤权，李增秋. 农村经济发展与管理概论［M］. 北京：中国经济出版社，1991.

［103］刘红岩. 中国产业扶贫的减贫逻辑和实践路径［J］. 清华大学学报（哲学社会科学版），2021，36（1）：156-167+205.

［104］刘守英，龙婷玉. 城乡融合理论：阶段、特征与启示［J］. 经济学动态，2022（8）：141-155.

［105］刘彦随，龙花楼，陈玉福，等．中国乡村发展研究报告——农村空心化及其整治策略［M］．北京：科学出版社，2011．

［106］刘彦随，周成虎，郭远智，等．国家精准扶贫评估理论体系及其实践应用［J］．中国科学院院刊，2020，35（10）：1235-1248．

［107］刘彦随，周扬，李玉恒．中国乡村地域系统与乡村振兴战略［J］．地理学报，2019，74（12）：2511-2528．

［108］刘彦随，周扬．中国美丽乡村建设的挑战与对策［J］．农业资源与环境学报，2015，32（2）：97-105．

［109］刘彦随．精准扶贫成效评估技术与方法［M］．北京：科学出版社，2020．

［110］刘彦随．现代人地关系与人地系统科学［J］．地理科学，2020，40（8）：1221-1234．

［111］刘彦随．新时代乡村振兴地理学研究［J］．地理研究，2019，38（3）：461-466．

［112］刘彦随．中国新时代城乡融合与乡村振兴［J］．地理学报，2018，73（4）：637-650．

［113］刘永富．中国的脱贫攻坚［J］．中国政协，2022（14）：32-39．

［114］刘玉，刘彦随，郭丽英．乡村地域多功能的内涵及其政策启示［J］．人文地理，2011，26（6）：103-106+132．

［115］刘玉，刘彦随．乡村地域多功能的研究进展与展望［J］．中国人口·资源与环境，2012，22（10）：164-169．

［116］龙花楼，李裕瑞，刘彦随．中国空心化村庄演化特征及其动力机制［J］．地理学报，2009，64（10）：1203-1213．

［117］龙花楼，屠爽爽．论乡村重构［J］．地理学报，2017，72（4）：563-576．

［118］龙花楼，屠爽爽．乡村重构的理论认知［J］．地理科学进展，2018，37（5）：581-590．

［119］卢向虎，秦富．中国实施乡村振兴战略的政策体系研究［J］．现代经济探讨，2019（4）：96-103．

［120］陆敏．化解农村金融的成长烦恼［N］．经济日报．［2023-01-14］．http：//www.ce.cn/xwzx/gnsz/gdxw/202301/14/t20230114_38346535.shtml.

［121］陆益龙．百年中国农村发展的社会学回眸［J］．中国社会科学，2021（7）：44-62+205.

［122］吕方，黄承伟．国家减贫行动如何回应差异化需求——精准扶贫精准脱贫制度体系及其知识贡献［J］．中国社会科学，2023（12）：19-38+199-200.

［123］刘永富：到 2020 年实现"两不愁三保障"核心是"两个确保"［EB/OL］．中国政府网．［2015-12-15］．https：//www.gov.cn/xinwen/2015-12/15/content_5024145.htm.

［124］麻学锋，张世兵，龙茂兴．旅游产业融合路径分析［J］．经济地理，2010，30（4）：678-681.

［125］马历，龙花楼，屠爽爽，等．基于乡村多功能理论的贫困村域演变特征与振兴路径探讨——以海南省什寒村为例［J］．地理科学进展，2019，38（9）：1435-1446.

［126］"买买买"！脱贫攻坚中消费扶贫成效显著［EB/OL］．央视新闻．［2020-11-24］．https：//baijiahao.baidu.com/s？id=1684227761590376358&wfr=spider&for=pc.

［127］毛锦凰．乡村振兴评价指标体系构建方法的改进及其实证研究［J］．兰州大学学报（社会科学版），2021，49（3）：47-58.

［128］民政部．2022 年民政事业发展统计公报［R/OL］．https：//www.mca.gov.cn/n156/n2679/c1662004999979995221/attr/306352.pdf.

［129］瞄准产业刚需　发挥政企合力　探索老龄化时代康养产业之道［N/OL］．经济参考报．（2023-09-06）．http：//www.news.cn/fortune/2023-09-06/c_1129847576.htm.

［130］牛文元．可持续发展理论的内涵认知——纪念联合国里约环发大会 20 周年［J］．中国人口·资源与环境，2012，22（5）：9-14.

［131］农业农村部．农业农村部：目前贫困县登记认证绿色和有机农产品 1.1 万个［EB/OL］．［2020-12-16］．https：//finance.sina.com.cn/china/bwdt/2020-12-16/doc-iiznezxs7177786.shtml.

［132］农业农村部．农业农村部关于拓展农业多种功能促进乡村产业高质量发展的指导意见［EB/OL］．［2021-11-17］．https：//www.gov.cn/zhengce/zhengceku/2021-11/19/content_5651881.htm.

［133］彭建，刘志聪，刘焱序．农业多功能性评价研究进展［J］．中国农业

资源与区划，2014，35（6）：1-8.

[134] 瞿若频，吴永常，陈静，等．乡村价值理论与方法研究进展和展望[J]．中国农业资源与区划，2022，43（4）：139-149.

[135] 曲衍波，张彦军，朱伟亚，等．"三生"功能视角下全域土地综合整治格局与模式研究[J]．现代城市研究，2021（3）：33-39.

[136] 任嘉敏，马延吉．地理学视角下绿色发展研究进展与展望[J]．地理科学进展，2020，39（7）：1196-1209.

[137] "十三五"时期我国产业扶贫、消费扶贫成果丰硕[EB/OL]．人民资讯．[2021-02-25]．https：//www.chinanews.com.cn/cj/2021/02-27/9420503.shtml.

[138] 沙利文．2021年中国健康养老产业白皮书[EB/OL]．[2023-01-10]．https：//www.mca.gov.cn/images2/kffj/file/202305/1683162137044.pdf.

[139] 沈敬．社会主义新农村建设存在的问题及对策探讨[J]．经济研究导刊，2013（9）：50-51+97.

[140] 盛广耀．中国城乡基础设施与公共服务的差异和提升[J]．区域经济评论，2020（4）：52-59.

[141] 石忆邵．浅论中国乡村经济区划[J]．中国农业资源与区划，1991（2）：54-56.

[142] 宋洪远．中国农村改革40年：回顾与思考[J]．南京农业大学学报（社会科学版），2018，18（3）：1-11+152.

[143] 宋晓梧．百年未有之大变局下的贫富差距[J]．中国经贸导刊，2019（24）：15-19.

[144] 孙萍．"乡村性"的概念重构——数字时代的淘宝村建构[J]．社会发展研究，2021，8（1）：96-110+243.

[145] 孙新章．新中国60年来农业多功能性演变的研究[J]．中国人口·资源与环境，2010（1）：71-75.

[146] 谭雪兰，欧阳巧玲，于思远，等．基于CiteSpace中国乡村功能研究的知识图谱分析[J]．经济地理，2017，37（10）：181-187.

[147] 唐任伍．中国共产党百年城乡关系探索[J]．人民论坛，2021（36）：33-37.

[148] 童章舜．有效衔接乡村振兴战略　持续巩固拓展易地搬迁脱贫成果[EB/OL]．中国乡村振兴．[2021-03-08]．https：//m.thepaper.cn/baijiahao_

11611550.

[149] 涂丽, 乐章. 城镇化与中国乡村振兴: 基于乡村建设理论视角的实证分析 [J]. 农业经济问题, 2018 (11): 78-91.

[150] 屠爽爽, 龙花楼, 李婷婷, 等. 中国村镇建设和农村发展的机理与模式研究 [J]. 经济地理, 2015, 35 (12): 141-147+160.

[151] 万宝瑞. 我国农业三产融合沿革及其现实意义 [J]. 农业经济问题, 2019 (8): 4-8.

[152] 汪三贵, 曾小溪. 从区域扶贫开发到精准扶贫——改革开放 40 年中国扶贫政策的演进及脱贫攻坚的难点和对策 [J]. 农业经济问题, 2018 (8): 40-50.

[153] 汪三贵, 周诗凯. 构建过渡期后农村低收入人口帮扶机制——脱贫攻坚的经验与对农村低收入人口帮扶的启示 [J]. 华南师范大学学报 (社会科学版), 2023 (3): 5-19+205.

[154] 王国平, 赵敏. 农业多功能性理论解读农民素质 [J]. 求索, 2005 (8): 59-61.

[155] 王洁钢. 农村、乡村概念比较的社会学意义 [J]. 学术论坛, 2001 (2): 126-129.

[156] 王景新. 中国共产党百年乡村建设的历史脉络和阶段特征 [J]. 中国经济史研究, 2021: 13-25.

[157] 王万山. 生态经济理论与生态经济发展走势探讨 [J]. 生态经济, 2001 (5): 14-16.

[158] 王卫星. 美丽乡村建设要处理好六个关系 [J]. 中国财政, 2013 (22): 24-26.

[159] 王晓毅. 农村发展进程中的环境问题 [J]. 江苏行政学院学报, 2014 (2): 58-65.

[160] 王晓毅. 乡村振兴与乡村治理现代化 [J]. 山西师大学报 (社会科学版), 2022, 49 (1): 53-60.

[161] 王亚华, 苏毅清. 乡村振兴——中国农村发展新战略 [J]. 中央社会主义学院学报, 2017 (6): 49-55.

[162] 王亚华. 如何重振中国农村治理现代化前瞻 [J]. 农民科技培训, 2017 (12): 42-44.

[163] 王亚华．推进乡村振兴与建设农业强国［J］．求索，2023（1）：113-119.

[164] 魏后凯，崔凯．建设农业强国的中国道路：基本逻辑、进程研判与战略支撑［J］．中国农村经济，2022（1）：2-23.

[165] 魏后凯．加快构建中国特色的农村经济学［J］．中国农村经济，2023（7）：2-20.

[166] 魏后凯．中国乡村振兴综合调查研究报告（2021）［M］．北京：中国社会科学出版社，2022.

[167] 邬建国，郭晓川，杨劼，等．什么是可持续性科学？［J］．应用生态学报，2014，25（1）：1-11.

[168] 吴传钧．论地理学的研究核心——人地关系地域系统［J］．经济地理，1991（3）：1-6.

[169] 吴传钧．中国农业与农村经济可持续发展问题：不同类型地区实证研究［M］．北京：中国环境科学出版社，2001.

[170] 吴儒练，李洪义．中国乡村振兴水平评价及其障碍因素［J］．河北农业大学学报（社会科学版），2022，24（1）：66-75.

[171] 肖若晨．大数据助推乡村振兴的内在机理与实践策略［J］．中州学刊，2019（12）：48-53.

[172] 肖唐镖．乡村建设：概念分析与新近研究［J］．求实，2004（1）：88-91.

[173] 新华社．改水记［EB/OL］．［2020-08-20］．http：//www. xinhuanet. com/politics/2020-08/20/c_1126393160. htm.

[174] 新华社．我国数字经济加速发展 为构建新发展格局提供强大支撑［EB/OL］．2021e．［2021-04-27］．https：//baijiahao. baidu. com/s？id＝1698208725860122239&wfr＝spider&for＝pc.

[175] 新华社．习近平：在全国脱贫攻坚总结表彰大会上的讲话［EB/OL］．2021b．［2021-10-25］．https：//www. gov. cn/xinwen/2021-02/25/content_5588869. htm.

[176] 新华社．造就万千美丽乡村 造福万千农民群众——"千万工程"二十年启示录［EB/OL］．［2023-06-25］．http：//www. news. cn/politics/2023-06/25/c_1129715698. htm.

［177］新华社．中共中央办公厅　国务院办公厅印发《关于创新机制扎实推进农村扶贫开发工作的意见》［EB/OL］．［2014-01-25］．http：//www. gov. cn/gongbao/content/2014/content_2580976. htm.

［178］新华社．中共中央办公厅　国务院办公厅印发《乡村振兴责任制实施办法》［EB/OL］．［2022-11-28］．https：//www. gov. cn/xinwen/2022-12/14/content_5731828. htm.

［179］新华社．中共中央　国务院关于打赢脱贫攻坚战的决定［EB/OL］．［2015-12-07］．https：//www. gov. cn/gongbao/content/2015/content_2978250. htm.

［180］新华社．中共中央　国务院印发《乡村振兴战略规划（2018-2022年）》［EB/OL］．［2018-09-26］．http：//www. gov. cn/zhengce/2018-09/26/content_5325534. htm.

［181］新华社．中国的全面小康［EB/OL］.2021a．［2021-09-28］．https：//www. gov. cn/zhengce/2021-09/28/content_5639778. htm.

［182］新华社．中华人民共和国国民经济和社会发展第十四个五年规划和2035年远景目标纲要［EB/OL］.2021d．［2021-03-13］．http：//www. gov. cn/xinwen/2021-03/13/content_5592681. htm.

［183］新华社．中华人民共和国乡村振兴促进法［EB/OL］.2021c．［2021-04-29］．https：//www. gov. cn/xinwen/2021-04/30/content_5604050. htm.

［184］熊先根．世界农村发展及其演变［J］.人文地理，1992，7（2）：41-46.

［185］修长百，邢霞，闫晔．奈曼旗乡村振兴发展水平评价及其空间分异格局［J］.内蒙古民族大学学报（社会科学版），2020，46（6）：69-78.

［186］徐中民，张志强，程国栋．当代生态经济的综合研究综述［J］.地球科学进展，2000，15（6）：688-684.

［187］许恒周．全域土地综合整治助推乡村振兴的机理与实施路径［J］.贵州社会科学，2021，377（5）：144-152.

［188］薛来．十年，我们变了模样！［N/OL］.内蒙古日报．［2022-09-21］．https：//www. nmg. gov. cn/ztzl/xyesdjgxsd/ffsn/202209/t20220921_2138248. html?slb=true.

［189］西藏墨脱的交通变迁：告别溜索桥　招来游客输出特产［EB/OL］．

中国新闻网．[2021-01-16]．https：//www.chinanews.com.cn/sh/2021/01-16/9388744.shtml．

［190］严海蓉，陈义媛．中国农业资本化的特征和方向：自下而上和自上而下的资本化动力［J］．开放时代，2015（5）：49-69+6．

［191］严金明，夏方舟，马梅．中国土地整治转型发展战略导向研究［J］．中国土地科学，2016，30（2）：3-10．

［192］杨华．系统厘清乡村振兴的五大核心关系——评陈文胜教授新著《中国乡村何以兴》［J］．新疆农垦经济，2023（8）：2+93．

［193］杨园争．中国乡村治理体制机制的演变历程及发展特征［J］．河北农业大学学报（社会科学版），2021，23（2）：86-93．

［194］叶敬忠，刘娟．农民视角的乡村振兴［M］．北京：社会科学文献出版社，2023．

［195］叶敬忠，那鲲鹏．新农村建设中农民视角的生产发展［J］．农业技术经济，2007（6）：85-91．

［196］易小燕，陈印军，向雁，等．县域乡村振兴指标体系构建及其评价——以广东德庆县为例［J］．中国农业资源与区划，2020，41（8）：187-195．

［197］殷浩栋，霍鹏，汪三贵．农业农村数字化转型：现实表征、影响机理与推进策略［J］．改革，2020（12）：48-56．

［198］尹成杰．农业多功能性与推进现代农业建设［J］．中国农村经济，2007（7）：4-9．

［199］于爱水，李江涛，汪大海．习近平乡村振兴战略观的基本内涵、理论贡献与实践路径［J］．学术探索，2023（5）：1-7．

［200］于法稳．新时代农业绿色发展动因、核心及对策研究［J］．中国农村经济，2018（5）：19-34．

［201］郁静娴．我国首次对乡村产业发展做出全面规划　乡村产业等你来［N］．人民日报，2020-07-20．

［202］张富刚，刘彦随．中国区域农村发展动力机制及其发展模式［J］．地理学报，2008，63（2）：115-122．

［203］张海鹏．中国城乡关系演变70年：从分割到融合［J］．中国农村经济，2019（3）：2-18．

［204］张林波，李文华，刘孝富，等．承载力理论的起源、发展与展望

[J]．生态学报，2009（2）：878-888．

[205] 张琦，庄甲坤，李顺强，等．共同富裕目标下乡村振兴的科学内涵、内在关系与战略要点 [J]．西北大学学报（哲学社会科学版），2022，52（3）：44-53．

[206] 张强，霍露萍，祝炜．城乡融合发展、逆城镇化趋势与乡村功能演变——来自大城市郊区城乡关系变化的观察 [J]．经济纵横，2020（9）：63-69．

[207] 张全红，周强．中国农村多维贫困的测度与反贫困政策研究 [M]．武汉：华中科技大学出版社，2018．

[208] 张挺，李闽榕，徐艳梅．乡村振兴评价指标体系构建与实证研究 [J]．管理世界，2018，34（8）：99-105．

[209] 张旺，白永秀．数字经济与乡村振兴耦合的理论构建、实证分析及优化路径 [J]．中国软科学，2022（1）：132-146．

[210] 张文宏．社会资本：理论争辩与经验研究 [J]．社会学研究，2003（4）：23-35．

[211] 张小林．乡村概念辨析 [J]．地理学报，1998，53（4）：365-371．

[212] 张晓山．农村基层治理结构：现状、问题与展望 [J]．求索，2016（7）：4-11．

[213] 张晓山．实施乡村振兴战略的几个抓手 [J]．人民论坛，2017（33）：72-74．

[214] 张晓山．推动城乡融合发展　促进乡村全面振兴——学习《乡村振兴促进法》[J]．农业经济问题，2021（11）：4-11．

[215] 张旭．"政府和市场的关系"与政府职能转变 [J]．经济纵横，2014（7）：18-22．

[216] 张英男，龙花楼，马历，等．城乡关系研究进展及其对乡村振兴的启示 [J]．地理研究，2019，38（3）：578-594．

[217] 张远新，董晓峰．论脱贫攻坚的中国经验及其意义 [J]．浙江社会科学，2021（2）：4-10+155．

[218] 张蕴萍，栾菁．数字经济赋能乡村振兴：理论机制、制约因素与推进路径 [J]．改革，2022（5）：79-89．

[219] 张志强，孙成权，程国栋，等．可持续发展研究：进展与趋向 [J]．地球科学进展，1999，14（6）：589．

［220］张志新，李成，靳玥．农村劳动力老龄化、女性化与粮食供给安全 ［J］．华东经济管理，2021，35（1）：86-96.

［221］赵佳佳，孙晓琳，苏岚岚．数字乡村发展对农村居民家庭消费的影响——基于县域数字乡村指数与中国家庭追踪调查的匹配数据 ［J］．中国农业大学学报（社会科学版），2022，39（5）：114-132.

［222］赵连阁．农业劳动力"女性化"现象及其对农业生产的影响——基于辽宁省的实证分析 ［J］．中国农村经济，2009（5）：61-69.

［223］赵政．乡村振兴战略研究 ［M］．西安：西北工业大学出版社，2021.

［224］郑小玉，刘彦随．新时期中国"乡村病"的科学内涵、形成机制及调控策略 ［J］．人文地理，2018，33（2）：100-106.

［225］中国国务院新闻办公室（国务院新闻办公室）．《人类减贫的中国实践》白皮书 ［EB/OL］．［2021-04-06］．http：//www.gov.cn/zhengce/2021-04/06/content_5597952.htm.

［226］中华人民共和国中央人民政府．农业农村部就农村人居环境整治推进工作有关情况举行新闻发布会 ［EB/OL］．中国网．［2019-07-11］．https：//www.gov.cn/xinwen/2019-07/11/content_5408466.htm？utm_source=UfqiNews.

［227］中国银行．从国际比较看基础设施作用与我国基建发展空间 ［J/OL］．宏观观察，https：//pdf.dfcfw.com/pdf/H3_AP202112091533616064_1.pdf.

［228］自然资源部助力脱贫攻坚成效综述 ［N/OL］．中国自然资源报．［2019-10-17］．https：//www.mnr.gov.cn/dt/ywbb/201910/t20191017_2471911.html.

［229］中华人民共和国住房和城乡建设部．中国城乡建设统计年鉴 ［M］．北京：中国统计出版社，2023.

［230］中央农村工作领导小组办公室．有力有效推进乡村全面振兴 ［J］．求是，2024（2）.

［231］中央宣传部，中央农村工作领导小组办公室，农业农村部，等．伟大壮举——中国脱贫攻坚成就展（网络展）［EB/OL］．（2021-06-26）［2023-10-05］．https：//tpgj.cctv.com/.

［232］钟钰，甘林针，王芹，等．数字经济赋能乡村振兴的特点、难点及进路 ［J］．新疆师范大学学报（哲学社会科学版），2023，44（3）：105-115.

［233］钟真，余镇涛，白迪．乡村振兴背景下的休闲农业和乡村旅游：外来

投资重要吗？［J］．中国农村经济，2019（6）：76-93．

［234］周扬，郭远智，刘彦随．中国乡村地域类型及分区发展途径［J］．地理研究，2019，38（3）：467-481．

［235］周扬，黄晗，刘彦随．中国村庄空间分布规律及其影响因素［J］．地理学报，2020，75（10）：2206-2223．

［236］周扬，李寻欢，童春阳，等．中国村域贫困地理格局及其分异机理［J］．地理学报，2021，76（4）：903-920．

［237］周扬，李寻欢．贫困地理学的基础理论与学科前沿［J］．地理学报，2021，76（10）：2407-2424．

［238］周远波．全域土地综合整治若干问题思考［J］．中国土地，2020（1）：4-7．

［239］朱新武，王智垚．中国式乡村治理现代化的政策演进、理论逻辑与实践路径［J］．云南社会科学，2023（5）：19-29．

［240］种业自主创新有力支撑粮食连年丰收［EB/OL］．人民日报．［2020-12-19］．http：//politics. people. com. cn/n1/2020/1219/c1001-31971926. html．

［241］自然资源部门精准施策，助力贫困地区资源优势变发展优势［EB/OL］．人民日报．［2023-10-02］．https：//www. mnr. gov. cn/dt/ywbb/202102/t20210220_2614339. html．

［242］自然资源部．关于开展全域土地综合整治试点工作的通知［EB/OL］．［2019-12-10］．https：//www. gov. cn/zhengce/zhengceku/2019-12-18/content_5462127. htm．

［243］邹宜斌．社会资本：理论与实证研究文献综述［J］．经济评论，2005（6）：121-126．

［244］2022年中国人力资本报告发布［N/OL］．中国教育报．［2022-12-23］．http：//m. jyb. cn/rmtzcg/xwy/wzxw/202212/t20221221_2110984115_wap. html．

［245］2022年全国农村生活污水治理率较2020年提升约5.5个百分点——水美乡村景色新［EB/OL］．人民日报．［2023-06-12］．https：//www. gov. cn/yaowen/liebiao/202306/content_6885862. htm．

［246］2023-2028年中国康养旅游行业现状及模式分析［EB/OL］．前瞻网．［2023-10-16］．https：//www. qianzhan. com/analyst/detail/220/231012-7230dff8. html．